TRINITY

*Gewidmet
allen Menschen*

Silke Freudenberg

Die Seele als COACH

Verantwortlich und authentisch leben

TRINITY

Hinweis der Autorin:
Der Inhalt meines Buches ist lediglich zu Informationszwecken bestimmt und stellt in keiner Weise Ersatz für professionelle Beratung und Behandlung von Ärzten, Psychotherapeuten oder Heilpraktikern dar. Falls Sie Gesundheitsprobleme haben, empfehle ich Ihnen, einen Arzt oder Heilpraktiker Ihrer Wahl zu Rate zu ziehen.

Meine Coaching- und Seminar-Angebote dienen der Verbesserung Ihrer Lebensqualität. Sie sind für Menschen da, die ihr Potenzial entfalten oder einen neuen Umgang mit bestimmten Lebensbereichen erlernen wollen, sowie zur persönlichen Entwicklung. Mit meinen Bildern möchte ich Ihnen wertvolle Impulse für Ihr Leben geben, die Sie näher zu Ihrer eigenen Seele führen können.

© 2015 Trinity Verlag in der Scorpio Verlag GmbH & Co. KG München
Umschlaggestaltung: Guter Punkt, München | www.guter-punkt.de
unter Verwendung eines Motivs von © Silke Freudenberg
Originalbilder: © Silke Freudenberg
Fotos von den Originalbildern: Cover, S. 15, 39, 55, 121, 251: © Fotostudio Inge Hermann; S. 105, 239: © Christian Gehrig; S. 71, 151, 275, 183, 199, 227: © Erich Kraus; S. 29: © Josef Wiesen
Layout und Satz: BuchHaus Robert Gigler, München
Druck und Bindung: Print Consult GmbH, München
ISBN 978-3-95550-152-5

Inhaltsverzeichnis

Einleitung

Die Lehrmeister in unserem Leben sind heutzutage unsere Beziehungen, Erfolg bzw. Misserfolg im Beruf, Gesundheit, finanzielle Möglichkeiten oder Probleme sowie die häufig verloren geglaubte Sinnhaftigkeit unseres Lebens. Oft schütteln uns persönliche Krisen, und unser Alltag steht kopf. Dennoch haben diese Lebenserfahrungen ihren Sinn, da sie uns zur Selbsterkenntnis führen.

Wir stehen in unserem irdischen Dasein vor der Herausforderung, die seelisch-geistige Ebene mit der weltlichen Ebene zu verbinden. Wie finden wir Einklang und Balance zwischen dem Energiewesen in uns und den Anforderungen unseres Lebens als Mensch?

Irgendwann erkennen wir, dass eine Leere in uns mit keinerlei Ersatz zu füllen ist. Wir erwachen und begeben uns auf die herausfordernde, aber erfüllende Suche, zu erfahren, wer wir sind. Ich wünsche jedem Menschen, dass er sich als ein Teil der Einheit erlebt – als ein ganz individueller Teil eines großen, ewigen Lebens. Körper, Geist und Seele sind verschiedene Ebenen in unserem Menschsein, die wir bewusst erfahren können. Unsere Seele ist wie ein Gefäß für unseren Geist, unseren Spirit.

Irgendwann wird ein Wunsch in uns immer deutlicher: Ich will mich hier im irdischen Leben ausdrücken. Ich möchte meine Gaben einbringen und davon leben – aber wie kann das gelingen?

Ich möchte mich zeigen, wie ich bin. Ich möchte einen Weg gehen, auf dem ich mich von meiner Seele führen lasse, um meinen Spirit auf die Erde zu bringen, auf leichte, freudvolle und erfüllende Weise. Immer mehr Menschen sehnen sich nach so einem authentischen Leben. Ich selbst trage eine tiefe Liebe zum Leben und zu den Menschen in mir. Diese Liebe ist wertfrei. Durch diese innere Annahme, die mehr ist als nur Akzeptanz, fürchte ich mich nicht vor den seelischen Abgründen der Menschen. Ich kann ihr wahres Wesen erkennen, ihren echten Kern fühlen. In Verbundenheit mit der geistigen Welt, mit Bewusstheit, Stille und Humor begleite ich Menschen auf dem Weg ihrer Suche. Ich führe sie an den Punkt, an dem ihre Seele übernimmt, an dem sie von ihrer Präsenz geleitet leben können.

Mein faszinierender Weg zu diesem Buch

Der erste Anlauf

In den 24 Jahren meiner bisherigen Selbständigkeit war ich 15 Jahre in Unternehmen erfolgreich tätig, in Führung, Organisationsaufbau, Vertrieb und im Seminarbereich. Ich entwickelte und gab Schulungen für Führungskräfte und Mitarbeiter. Dabei war ich vielfach sehr enttäuscht von dem rücksichtslosen, unmenschlichen Führungsstil verschiedener Firmen. Chefs beauftragten mich, die Mitarbeiter und Teams eher auf Spur zu trimmen, als ihre Fähigkeiten weiterzuentwickeln. Sie hatten einen Tunnelblick, der zu mehr Umsatz führen sollte. Sich selbst hinterfragten sie hingegen nicht. Ihnen war überhaupt nicht klar, dass sie bestimmte Menschen in ihr Unternehmen ziehen. Sie änderten Dinge nur im Außen: gestalteten Büros zu Glaskästen, druckten Hochglanzbroschüren, fuhren große Autos, senkten Preise und Gehälter und tauschten Mitarbeiter wie Zahnrädchen aus. Während dieser Zeit begann ich ein Buch zu schreiben. Ich wählte für mich die Arbeitstitel »Ganzheitliche Führung«, »Sanfte Führung« oder »Medizin für Unternehmen«. Achtzig Seiten brachte ich zu Papier und verstand dann, dass das Schreiben für mich eher ein Selbstheilungsprozess war.

Es war zu dieser Zeit schmerzhaft für mich, zuzuschauen, wie Unternehmen rote Zahlen schrieben und eingingen. Erst das Anerkennen und Annehmen solcher Entwicklungen mit einem größeren Bewusstsein heilte diesen Schmerz. Ich hörte auf, Menschen oder Unternehmen retten zu wollen. Obwohl ich beruflich immer selbstständig gewesen bin, fühlte ich mich erst danach richtig frei.

Ein Buch in Bildern

Mein zweites Buchprojekt war und ist ein Bilderbuch an den Wänden. Als ausgebildete Malerin ließ ich meine tiefsten Erkenntnisse und Energien in meine Bilder fließen. Bilder transportieren Bewusstsein und können dies wie Musik aus dem Herzen vermitteln. »Das Wesentliche ist für das Auge unsichtbar, man sieht nur mit dem Herzen gut ...«, sagte schon der kleine Prinz. Betrachten wir ein Bild mit einem offenen, weichen Blick, fließen uns, am Verstand vorbei, Botschaften zu. Jede meiner vielen Ausstellungen war ein neuer Blick in dieses Bilderbuch unsichtbarer Energien. Ein Blick in die große Liebe.

Durch das Malen vieler persönlicher Seelenbilder sah und spürte ich die individuellen, wunderbaren Potenziale der Menschen. Ich war tief berührt von ihrer Schönheit und Größe. Die Frage »Wie kann ich Menschen unterstützen, ihre Gaben und Potenziale zu leben?« führte mich zu meiner ganz eigenen Arbeit.

Ein Leitfaden zur Lebensfreude?

Dieses Projekt war mehr ein Spaß unter Freunden. Von ihnen hörte ich immer wieder die Aufforderung: »Schreib doch mal ein Handbuch für angenehmes Leben – ein Handbuch für Lebensfreude.« Zum einen kam dies, weil ich das große Glück habe, mit allen Sinnen genießen zu können. Ich liebe die Köstlichkeiten des Lebens. Für die Menschen in meiner Umgebung war immer zu spüren, wie tief ich das Leben in mich hineinließ und wie sichtbar erfüllend dies wirkte.

Ich hatte einen Weg gefunden zu einem großen Urvertrauen ins Leben. Diese Freude zur Erde ist aber nur so besonders, da sie mit der Liebe des Himmels verbunden ist. Das Liebesspiel zwischen Himmel und Erde tanzt in jeder Zelle in mir. Ein »Handbuch für Lebensfreude« im Sinne von einem angenehmen Leben wäre für mich jedoch gleichbedeutend wie schwimmen lernen wollen, ohne nass zu werden.

Mein Seelencoach-Buch

Dieses Buch beinhaltet meine Erfahrungen, die ich in meinem Leben gemacht habe und in der gemeinsamen Arbeit mit vielen Menschen machen durfte, und geht doch weit über mein jetziges Leben hinaus. Es entstand, begleitet von einer unglaublichen, liebevollen Verbindung mit der geistigen Welt. Es ist das beste »Handbuch für Lebensfreude«. Für eine Freude, die bleibt und nie wieder verloren geht.

Die Seele als Coach ist unser größter Schatz! Und dieser ganz persönliche Coach zeigt uns einen Weg auf, Seelentiefe mit Erfolg zu leben.

Die Idee zu diesem Buch kam auf, als ein bekannter Verleger mich an meinem Seminarplatz aufsuchte. Nach drei Stunden Gespräch über unsere Lebenserfahrungen und meine Seminartätigkeit stand der Vorschlag im Raum, ein Buch darüber zu schreiben. Hier ist es!

Silke Freudenberg

Kapitel 1

Bewusstsein und Unterbewusstsein

Was können Sie durch Bewusstseinsarbeit verwirklichen?

Was brauchen Sie in Ihrem Erwachensprozess ganz besonders?

Erfahren Sie, wie Sie die Resonanz zu einem Lehrer weiterbringt und wie Sie das Energiefeld einer bewussten Gemeinschaft unterstützen kann.

Das Eisbergmodell

Die Ausbildung zum Seelencoach ist ein Bewusstwerdungs- und Selbstheilungsprozess. Gleichzeitig dient sie dem Erlernen vielfältiger Methoden für die Arbeit mit Menschen. Gerade durch seine Praxisnähe lässt sich der Seelencoach-Prozess mit dem persönlichen Alltag gut verbinden. Er ist Wegweiser für ein authentisches Leben und ein ganz persönlicher roter Faden für die Umsetzung der eigenen Berufung. Das eigene Erleben, während Sie dieses Buch lesen, ist Ihr wertvoller Erfahrungsschatz. Gleichzeitig lernen Sie in jedem Moment, in dem ich von der Arbeit mit anderen Teilnehmern berichte, etwas für sich selbst. Wir beginnen im Seelencoach-Prozess mit dem Spüren, von wo aus jeder Einzelne für sich startet und wie wir gemeinsam losgehen.

Es ist bekannt, dass ein Eisberg nur mit seiner Spitze über dem Wasser zu sehen ist. Der viel größere Teil liegt unter der Oberfläche. Daher ist der Eisberg ein ideales Symbol für unser Bewusstsein und Unterbewusstsein.

Nur der kleinere Teil des Sich-bewusst-Seins ist für uns greifbar und zugänglich. Damit können wir bewusst wählen und bewusst unser Leben gestalten. Der große, unbewusste Teil dieses »Eisbergs« ist uns nicht zugänglich. Er umfasst unbewusste Verletzungen, Gefühle, Glaubensmuster und Überzeugungen über uns selbst und die Welt. Er beinhaltet aber auch wertvolle Potenziale, von denen wir leider gar nicht wussten, dass sie in uns stecken.

In meiner Arbeit als Coach bringe ich Verborgenes an die Oberfläche: verborgene Verletzungen, damit sie heilen können, und ungeahnte Potenziale, damit wir die Möglichkeit bekommen, sie in unserem Leben zu entfalten.

Oftmals warten wir Menschen auf das »Leben« als Lehrmeister. Um unsere verborgenen, wunden Stellen zu berühren, trägt dieser Lehrmeister viele Gesichter. Sie heißen beispielsweise

»Liebe und Beziehung«, »Krankheit«, »finanzielle Not« oder »Macht«, und sie zeigen uns Ohnmacht und Kontrollverlust auf. In meinen Einzelcoachings fallen manche aus allen Wolken, wenn sie erkennen, dass ihr unbewusster Anteil eine »geheime Wahl« getroffen hat und damit in ihrem Leben konkrete Realität erzeugt. Diese unbewusste Wahl führt dann oft zu einer Realität voller Leid.

Die bewusste Auseinandersetzung mit diesen Situationen, mit denen uns das Leben konfrontiert, führt uns wieder zum Betrachten und Anerkennen dieser verborgenen inneren Anteile, Wunden und Überzeugungen. Sie bietet uns die Möglichkeit, uns von einer unbewussten Wahl zu »verabschieden« und eine neue, bewusste Wahl zu treffen.

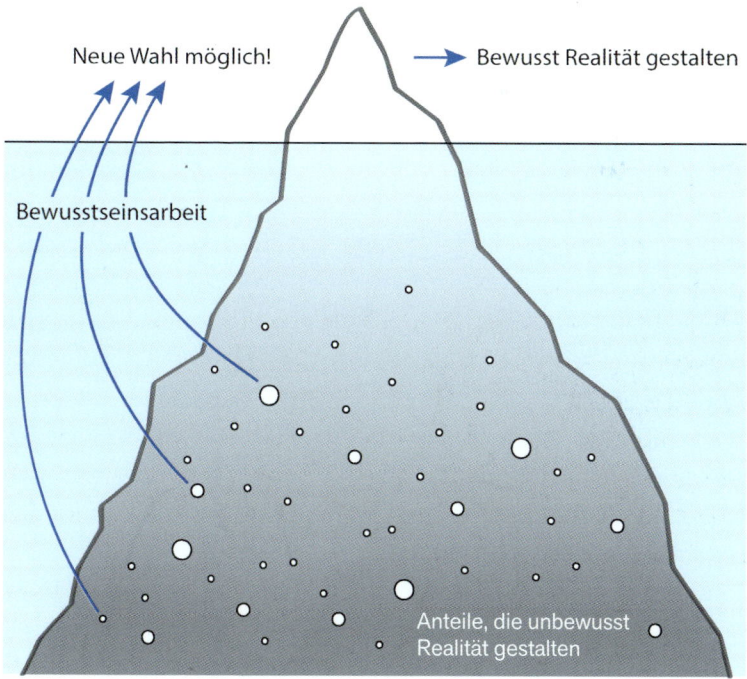

Neue Wahl möglich!

Bewusst Realität gestalten

Bewusstseinsarbeit

Anteile, die unbewusst Realität gestalten

Bewusstseinsarbeit als Erkenntnisweg

Bewusstseinsarbeit beleuchtet unsere tiefsten mentalen, emotionalen, psychischen und physischen Strukturen. Sie kann uns beispielsweise Konflikte zwischen unseren männlichen und weiblichen Anteilen aufzeigen und diese lösen und ausbalancieren. Bei dieser Arbeit gehen wir Glaubenssätzen auf den Grund und verändern alte hinderliche Überzeugungen von uns selbst. Dabei tauchen wir in unsere tiefste Gefühlswelt ein und lernen einen neuen Umgang mit Emotionen, die uns zuvor beängstigend oder unüberwindbar erschienen.

Das Wort »Arbeit« klingt für manche im Zusammenhang mit Bewusstsein paradox und unstimmig: Schließlich geht es darum, einfach offen und präsent zu werden. Was soll daran »Arbeit« sein?

Im Grunde sind Vertrauen und Empfangen unser natürlicher Zustand. Wir tragen allerdings oftmals Anteile in uns, die nicht vollkommen vertrauen können. »Arbeit« beschreibt also das Beschreiten des Weges, diese Anteile aufzuspüren und zu transformieren.

Der Prozess des Erwachens

Erwachende Menschen schauen bewusst in ihr Inneres und warten nicht passiv auf den äußeren Lehrmeister, das Leben. In gleichem Maße sind sie aber auch bereit anzunehmen, was das Leben ihnen spiegelt, und vermeiden nicht die Erfahrungen, die es zu durchleben gilt. Vielmehr entwickeln sie ein Vertrauen in sich, mit allen Situationen in ihrem Leben umgehen zu können und daran zu wachsen.

Die Erwachenden werden sich darüber bewusst, dass sie geistig-seelische Wesen und ein Teil der Einheit sind. Sie durchlaufen oft eine verwirrende Zeit, in der sie nicht wissen, ob sie

Fisch oder Fleisch, Männlein oder Weiblein sind. Ein Mensch erwacht, wenn die Seele ihm den Impuls dazu gibt. Oft kann derjenige selbst gar nicht begreifen, was da gerade vor sich geht. Es ist ein Gefühl wie im Schleudergang oder einfach nur unglaublicher Müdigkeit oder sogar extremer körperlicher Erschöpfung.

Viele erwachende Menschen kommen mit gesundheitlichen Problemen zu mir, denn sie stoßen mit ihren Beschwerden oft auf Ärzte oder Therapeuten, die nicht verstehen, was gerade mit ihnen geschieht. So werden bei ihnen oftmals die ausgefallensten Krankheiten diagnostiziert.

Patienten mit solch »kuriosen« Symptomen befinden sich vielleicht gerade in diesem natürlichen Entwicklungsprozess. Ihr Körper, ihr Denken und ihr Fühlen werden dabei verwandelt, und nicht selten haben sie das beklemmende Gefühl, als ginge ihr Leben in die Brüche.

Der Prozess des Erwachens nimmt sehr viel körperliche Kraft in Anspruch. Viele meiner Klienten fühlen sich oft wie zerschlagen. Sie haben keine Lust auf Dinge, die sie einmal mochten. Gar nichts kann sie so richtig begeistern. Sie erzählen mir, dass sie sich morgens schon beim Aufwachen allein, wie von der Umwelt abgeschnitten und nirgendwo mehr zu Hause fühlen. Es scheint, als wäre die Welt nicht mehr ihr Platz, und nichts kann mehr so bleiben, wie es war. Einige Menschen steigen aus ihrem alten Job aus oder verlieren ihn: Das Leben kommt ihnen dabei entgegen, denn ihre alte Arbeit passt nicht mehr zu ihnen.

Das bedeutet jedoch nicht, dass all diese Menschen versagt haben. Jeden Tag lassen sie sich auf die tiefe Veränderung ein, die in ihrem Inneren geschieht. Wenn ein Mensch diesen schwierigen Erwachensprozess auf sich nimmt und dadurch heilt, bringt er ein Potenzial für Frieden und Erwachen in die Welt. Leider beurteilt unsere Gesellschaft persönlichen Erfolg oft nur nach dem, was im Außen zu sehen ist. Es ist traurig, dass Menschen in dieser Phase ihres Lebens von der Gesellschaft zu wenig geachtet und finanziell unterstützt werden. So hart es für den Einzelnen auch sein mag, es ist ein Geschenk, sich aus der Abhängigkeit von äußeren Bewertungen, wie etwa »Was denken die anderen über mich?«, zu lösen.

In dem Gefühlschaos während des Erwachens lässt der Körper seine alten Muster und Strategien los. Viele unterdrückte Gefühle und Energien kommen aus der Tiefe an die Oberfläche. Ich weiß, wie viele Menschen in dieser Zeit tagelang weinen oder einfach nur wütend sind.

In dieser Phase hilft es, einfach zu atmen und darauf zu vertrauen, dass es gut so ist, wie es ist: Wir werden in unseren schwersten Stunden von der geistigen Welt begleitet. Tränen waschen die Seele rein. Gerade dann verabschiedet sich das alte Ich, und das wahre Seelenwesen wird geboren.

Ins Bewusstsein steigen jedoch nicht nur unbewusste Gefühle, sondern auch verdrängte Erinnerungen auf: Erinnerungen an die Kindheit zum Beispiel, die auf einmal wieder ganz nah sind. Es können sogar Erinnerungen auftauchen, die mit dem jetzigen Leben scheinbar gar nichts zu tun haben. Wenn wir aber auch diese schmerzlichen Erfahrungen segnen, können wir sie loslassen, nachdem wir ihre Essenz und ihre Weisheit für uns herausgefiltert haben. Diese werden dann zu unserem Schatz. Durch jede solche Erfahrung, die wir nicht mehr verurteilen, werden wir reicher und tiefer.

Alles Alte, nicht mehr Stimmige in uns löst sich auf. Wir können nichts festhalten und auf ewig bewahren. Im Zuge dieses tiefen Prozesses werden Gedanken über das Sterben wach. Wenn es Anteile in uns gibt, die nicht leben wollen, werden sie sich nun melden und tiefe Gefühle von Verzweiflung, Hilflosigkeit und Ohnmacht mit sich bringen. Wenn das Vertrauen jedoch groß genug ist, um sich in dieser schwierigen Phase treu zu bleiben und den Atem der Seele liebend zuzulassen, gibt es Licht am Ende des Tunnels.

Der Seelencoach-Prozess ist wie eine Neugeburt: Mit dieser Verwandlung – wie Phönix aus der Asche – eröffnet sich der Zugang zu einer ganzheitlichen Wahrnehmung. Danach gibt es so viel zu spüren und zu fühlen, denn das Leben, die Natur und die geistigen Wesen sprechen durch diese reine Wahrnehmung zu uns. Auch andere Menschen sind nun für uns wie ein offenes Buch. Ihre Seelenschönheit strahlt durch alle Schichten ihres Wesens hindurch. Zu Beginn kann diese Sensitivität Angst machen. Manche wissen nicht mehr, ob das, was sie fühlen, die eigenen Gefühle oder die der anderen sind. Das wird sich aber ausbalancieren und klarer werden.

In meiner Praxis erlebe ich immer wieder, je mehr ein Mensch erwacht, desto schwerer fällt es ihm oder ihr, in einem »normalen Job« zu arbeiten. Die Erwachenden verspüren plötzlich große Sehnsucht danach, ihre große Wahrheit zu leben und etwas Sinnvolles in die Welt zu bringen. Ich kann es allen diesen Menschen sehr gut nachfühlen, dass sie sich zu etwas Neuem hingezogen fühlen, aber noch nicht genau wissen, was es ist. In dieser Zeit – während wir mit dem alten System nicht mehr mitgehen – kann es zu finanziellen Einbrüchen kommen: Das Alte trägt nicht mehr – und das Neue ist noch nicht ganz reif. Es ist wichtig, dem Erwachensprozess dann weiter zu vertrauen, denn das ist der Weg, sich tiefer mit der Quelle der Fülle zu verbinden. Genau darum wird es in diesem Buch gehen: bewusster, aus der Stille heraus, die neuen Dinge entstehen zu lassen.

»Ein Lehrer des Erwachens ist jeder Mensch und jede Begegnung« – das wird die Erkenntnis sein, manchmal auch erst nach einem langen Stück Weg. Doch in dieser Phase, wenn wir so hilflos, ohnmächtig und verletzlich sind, suchen wir nach Halt und nach Menschen, an denen wir uns orientieren können. Gerade dann sind wir aber auch leicht von Menschen zu beeindrucken, die in Wirklichkeit gar nicht so sicher und frei sind, wie sie uns vorspielen. Es gibt Lehrer und Meister, die Menschen an sich binden und dadurch Macht ausüben wollen. Mich hingegen haben immer Menschen fasziniert, von denen eine tiefe Stille, Liebe und Freude ausging.

In meiner Praxis mit Klienten begegne ich vielen Menschen in lebensverändernden Notsituationen: mit Panik- und Angstzuständen, mit gesundheitlichen Problemen, mit Krebsdiagnosen, Trauernde nach dem Verlust eines lieben Menschen, auch Angehörige von Selbstmordbetroffenen. Oft erfahre ich auch von Beziehungs- und Trennungsproblematiken, finanziellen und existenziellen Drucksituationen, Konflikten im Berufsumfeld, Problemen mit Kindern und vielem anderen mehr.

Doch es finden auch immer mehr Menschen zu mir, die auf der Suche nach ihrem wahren Selbst sind. Sie wollen sich mit ihrer Seele rückverbinden und ihr verborgenes Potenzial wecken. Sie wollen sich entfalten und mit ihren Gaben beispielsweise eine berufliche Selbstständigkeit aufbauen. Ich begleite sie dabei, erfolgreich zu werden und gleichzeitig erfüllt zu sein. Beides schließt sich nicht aus.

Auch eine zeitgemäße, ganzheitliche Entwicklung von Führungskräften und die Neuausrichtung von Unternehmenskulturen liegen mir sehr am Herzen. Ich bin Inspiration für beseelte Organisationen, vermittle Wissen und begleite Wandlungsprozesse. Da ich das kreative Potenzial von Unternehmen öffne, entstehen ungeahnte neue Möglichkeiten für sie.

Was brauchen wir für unseren Erwachensprozess?

Der erste Schritt ist, Verantwortung zu übernehmen für den Weg unserer Seele. Wie Sie dies tun können, beschreiben die nächsten Kapitel.

Der Erwachensprozess ist ein Weg, der uns viel abverlangt. Wie »schnell« wir ihn gehen können, hängt davon ab, welchen

Stellenwert wir ihm in unserem Leben einräumen, aber auch davon

… wie viel Vertrauen wir haben,

… wie entspannt wir sind,

… wie offen wir sein können,

… wie gut wir es zulassen können, zu empfangen und Hingabe zu leben,

… wie entschlossen wir sind.

Ohne Vertrauen werden wir angespannt sein. Ohne entspannt zu sein, werden wir uns nicht öffnen können. Ohne offen zu sein, können wir nicht empfangen – auch uns selbst nicht. Und sind wir nicht entschlossen, geben wir auf, sobald es wehtut und die Herausforderungen zu groß werden.

Sobald wir jedoch das Vertrauen zu uns selbst finden und uns öffnen, können wir uns berühren lassen von einem Hauch, den wir bisher noch nie gespürt haben. Wir werden Freude fühlen und Liebe.

Resonanz und Kommunikation

Wir können uns das Hirn zermartern, doch es gibt keine Patentrezepte oder logischen Abfolgen, um das Leben in all seiner Fülle, das Einssein mit allem, die Erleuchtung oder Gott zu erfahren. Manche schwören beispielsweise darauf, erst drei Stunden auf einem Brennnesselblatt zu meditieren, dann ein Mantra zu singen, dann ein Bad zu nehmen, dann Gemüse zu essen – und zum Abschluss noch eine Stunde Gebet …

Es gibt keinen Weg, der für alle stimmig ist. Wir müssen unseren eigenen Weg finden. Ein großes Geschenk und ein Beschleuniger ist es, ein Stück weit mit der liebenden Begleitung eines Lehrers zu gehen, bis zu dem Punkt, an dem wir unsere Seele wieder spüren und ihre Impulse fühlen.

Über das Resonanzprinzip wurde schon viel geschrieben. Es ist bekannt aus der Musik. Wenn man eine Triangel anschlägt, gehen die Schwingungen, die sie aussendet, mit allen anderen schwingungsfähigen Gegenständen im Haus in fast identischer Frequenz in Resonanz, egal, wo sie stehen. Wir können aber auch mit einem vor langer Zeit geschriebenen Buch, mit einem Gemälde oder Foto, das uns besonders berührt, oder mit einem spirituellen Lehrer in Resonanz gehen. Das Energiefeld, das die Suchenden mit ihren liebevollen Seelenbegleitern und mit der geistigen Welt verbindet, wirkt ansteckend. Es ist ein großes Potenzial an Bewusstsein und Erkenntnissen. Beispielsweise ist hier an meinem Seminarplatz eine Gemeinschaft entstanden, die zugleich frei und im Herzen verbunden ist. Diese Gemeinschaft wächst, und das Energiefeld unterstützt jeden Einzelnen auf seinem persönlichen Weg. Jedes Treffen inspiriert und bietet für viele Menschen Möglichkeiten zur Kommunikation, zum »Mitschwingen« und eine spirituelle Heimat, was unschätzbar wichtig ist in dieser Zeit des Wandels.

Über zehn Jahre habe ich Kommunikationstraining in Unternehmen geleitet, die ich selbst entwickelt habe. Diese waren für jeden Teilnehmer immer wichtige Lernprozesse auf ihrem Weg, erfolgreich zu sein. Die Trainings belebte ich mit Geschichten, in denen sich alle wiedergefunden haben. Angeregt dadurch, hatten die Teilnehmer große Kraft, erfolgreiche Veränderungen zu bewirken. Vor allem bekomme ich diese Geschichten heute immer mal wieder erzählt, weil sie tief in Erinnerung geblieben sind. Doch leider war damals der Rahmen in Unternehmen nicht gegeben, um sehr tief in das Thema Kommunikation einzutauchen.

Es ist für jeden von uns vollkommen vertraut und alltäglich, zu kommunizieren, denn wir können überhaupt nicht *nicht* kommunizieren: Wir kommunizieren mit uns selbst, mit den Menschen in unserer Umgebung, mit der Natur, mit der geistigen Ebene, und das ständig.

Es ist wichtig, sich dieser Kommunikation immer mehr bewusst zu werden. Die Kommunikation ist ein Teil des Schöpfungsprozesses, mit dem wir letztlich auch unser eigenes Leben immer wieder neu erschaffen.

Wir können die Kommunikation als Ausdruck der Verbundenheit nutzen oder auch, um uns abzugrenzen, zu schützen oder ins rechte Licht zu rücken. Die achtsame Beobachtung unserer Kommunikation ist also ebenso ein Weg zu einem bewussten Sein wie beispielsweise die Meditation. In unserem Austausch mit anderen Menschen können wir erkennen, wie nah oder wie fern wir uns gegenseitig sind. Wir kennen die Kommunikation als einen Weg, uns selbst darzustellen, und als einen Weg, den anderen kennenzulernen. Wir kennen sie jedoch auch, um Macht über andere auszuüben und um darüber zu diskutieren, wer recht hat. Die Art und Weise, wie wir miteinander kommunizieren, kann extrem unterschiedlich sein und dazwischen können Welten liegen, denn wie wir selbst wissen, ist ein Weg der Kommunikation die Sprache. Ein weit größerer Anteil wird jedoch durch unsere Körpersprache und die Haltung, die wir einem bestimmten Menschen entgegenbringen, zum Ausdruck gebracht.

Um bewusst kommunizieren zu lernen, ist es wichtig, vor allem auch die Kommunikation mit uns selbst zu beobachten. In welchem Ton reden wir mit uns? Wie begegnen wir uns, wenn wir beispielsweise Mist gebaut haben? Wie reden wir mit uns, wenn wir uns durch andere Menschen oder Situationen gekränkt oder verletzt fühlen? Und wie wirkt diese Kommunikation auf unseren Körper, auf unsere Stimmung, auf unsere Motivation im Alltag, auf unser gesamtes Leben?

Wenn wir uns bewusst machen, dass wir mit allem ständig verbunden sind, dann kommunizieren wir auch immer mit uns selbst. Wenn wir einem Menschen liebevoll begegnen, dann kommunizieren wir auch mit uns selbst in Liebe. Wenn wir hingegen einem anderen begegnen und meinen, uns behaupten oder rechtfertigen zu müssen, dann kommunizieren wir mit Gedanken der Angst, der andere würde uns nicht richtig sehen und anerkennen.

Wenn wir ein Gegenüber haben, das uns aggressiv begegnet, dann könnten wir natürlich auf aggressive Weise antworten, wir könnten zurückschießen. Doch wir haben diesen Menschen in unser Leben gerufen. Und dieser Mensch zeigt uns etwas über uns selbst. Die Frage lautet daher, vor allem im zwischenmenschlichen Bereich: »Wie kann ich meine Kommunikation so gestalten, dass sie Frieden schafft?« Frieden schaffen bedeutet nicht notwendigerweise, den anderen verstehen zu müssen. Frieden schaffen bedeutet nicht notwendigerweise, eine Übereinkunft treffen zu müssen. Frieden schaffen bedeutet, den anderen in seinem Ausdruck anzunehmen, zu erfassen. Dann ist zu spüren, wie dieser Frieden Einzug hält in unsere Gemeinschaften, wie dieser Friede zurückwirkt auf uns selbst und wie wir damit immer tiefer die Essenz des inneren Friedens erfahren.

Wir befinden uns selbstverständlich alle auch in Situationen, in denen die Kommunikation auf den ersten Blick ein reiner Informationsaustausch ist. Doch auch dabei schwingt Energie mit. Wie tausche ich eine Information mit meinem Gegenüber aus? In welcher Beziehung stehe ich zu ihm? Vermittle ich ihm eine Information in Form einer Belehrung, mit der Botschaft, ich weiß mehr als du? Oder kommuniziere ich, indem ich den anderen auf einer Ebene mit mir sehe und anerkenne? Wenn ich eine Information für einen anderen Menschen habe, kann ich es ihm dann auch überlassen, ob sie wichtig für ihn ist und ob er sie annehmen kann?

Das gesprochene Wort sollte Ausdruck der eigenen Empfindung sein. So oft jedoch sagen Menschen etwas, das sie nicht wirklich meinen und das nicht wirklich ihrer Wahrheit entspricht. Wir wundern uns dann, wenn es beim Gegenüber auf eine völlig andere Art und Weise ankommt.

Kommunikation ist nicht nur das, was wir ausdrücken, sondern natürlich auch das, was wir empfangen können. Es kann uns beispielsweise jemand einen gut gemeinten Rat geben. Wir hören darin jedoch, dass der andere denkt, ich bin zu dumm oder auf irgendeine Art nicht gut genug. Dann geben wir uns selbst die Information, ich bin unzulänglich. An solch einer Situation können wir erkennen, wie wichtig es ist, die Kommunikation mit uns selbst immer wieder zu überprüfen, um zu sehen, welche Botschaften wir uns selbst geben.

Die Kommunikation ist ein lebendiger Ausdruck dessen, was gerade im Raum schwingt. Wenn wir bewusst sind und uns mit dieser Energie verbunden fühlen, wird sie unser Selbstbild erweitern. Wir werden immer mehr erkennen, dass wir nicht abgetrennte Persönlichkeiten, sondern selbstverständlich eins sind, mit allem, was uns begegnet.

Kapitel 2

Das Aufdecken des Unbewussten

Sind Sie sicher, dass die Gefühle, die Sie fühlen, wirklich zu Ihnen gehören?

Verstehen Sie, warum die Erfüllung Ihrer seelisch-sozialen Grundbedürfnisse entscheidend ist für viele Ihrer Handlungen?

Wie Sie durch Erkennen und Ändern Ihrer Glaubenssätze Freude und Leichtigkeit erfahren können.

Ein »Grundkurs« in Sachen Gefühle

Täglich erlebe ich bei meinen Klienten, wie weit weg unbewusste Menschen tatsächlich von ihren Gefühlen sind. Das ist verständlich, und Sie werden beim Lesen spüren, dass diese Menschen mein ganzes Mitgefühl haben. Auch ich habe früher schmerzhafte Gefühle bis zum Krankwerden verdrängt. Doch ich habe das Fühlen wieder gelernt und über Jahre meine Wahrnehmungsfähigkeit geschult. Mein Weg war, mich meinen Gefühlen wieder furchtlos zu öffnen und zu lernen, mit feinen Energien zu arbeiten.

Dies führte mich dazu, hoch sensitive Energie- und Seelenbilder zu malen. Da ich klar fühle, wie ich energetisch »schmecke«, kann ich bewusst Impulse für ein persönliches Seelenbild für einen anderen Menschen empfangen, ohne es mit mir zu vermischen.

Wir sind geistig-seelische, energetische Wesen. Wollen wir uns in der Tiefe kennenlernen und uns in uns zu Hause und geborgen fühlen, müssen wir das Tor der achtsameren Wahrnehmung unserer Gefühlswelt durchschreiten.

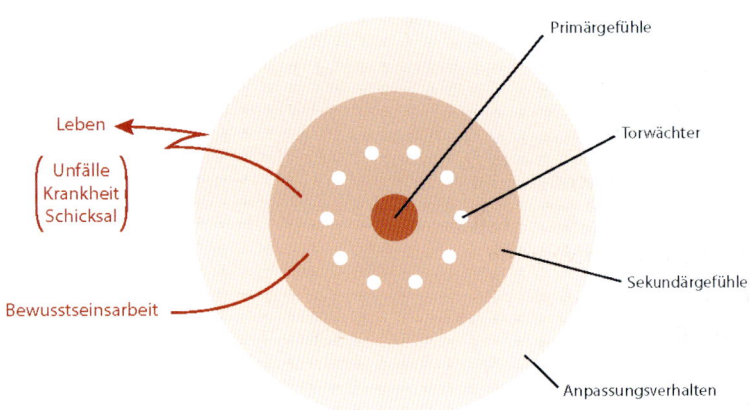

Seins-Gefühle

Es gibt sie tatsächlich, diese himmlischen Seins-Gefühle. Ich hoffe, Sie kennen sie. Es ist das Gefühl, dass alles stimmt und in bester Ordnung ist, dass wir geborgen und geliebt sind inmitten der Einheit. Doch auch alle anderen Gefühle will das Leben uns erfahren lassen: Eingefrorene Gefühle will es befreien, damit unsere Energien wieder frei fließen können, und uns dann als reine Energie und Kraft zur Verfügung stehen.

Primär-Gefühle

Unsere ersten Gefühle, egal, ob als Embryo im Mutterleib oder die ersten Erfahrungen bei der Geburt und in der Zeit danach, bezeichnen wir als Primärgefühle.

Wenn ein Baby aus der Einheit in diese Welt geboren wird, ist das seelisch oft sehr traumatisch, auch wenn die Geburt medizinisch gut verlaufen ist. Das Seelenwesen begibt sich aus dem Eins-Sein, dem Verbunden-Sein, in die Trennung. Dabei entsteht der Urschmerz des Menschen und seine Angst, diesen Weg nicht mehr zurückzufinden.

Durch Rückführungen zu meiner eigenen Geburt kann ich heute nachvollziehen, wie schwer solche primären Gefühle später auf der Persönlichkeit lasten. Wenn, zum Beispiel auf der körperlichen Seite, in der Geburtsphase ein Stillstand eintritt, erlebt ein Baby das Gefühl, es nicht zu schaffen, und resigniert. Ein Mensch mit diesem Geburtserlebnis wird sich im späteren Leben oft in Situationen wiederfinden, in denen er überfordert ist und das Gefühl hat, es nicht zu schaffen und zu resignieren. Prüfungsangst oder auch die Neigung, begonnene Vorhaben immer wieder abzubrechen, sind ein Ausdruck davon. Eine Kaiserschnittgeburt hingegen beeinflusst später das Leben eher so, dass sich ein Mensch oft von jetzt auf gleich in einer völlig überraschenden neuen Situation wiederfindet, ohne zu wissen, wie er da hineingeraten konnte. Sowohl das Gefühl, nichts tun zu können oder sich nicht anstrengen zu müssen, aber auch das Gefühl, in der Welt verloren und fremd zu sein, können später lebensbegleitend werden. Kinder, die nicht willkommen oder vom ersten Atemzug an »falsch« sind – zum Beispiel ein Mädchen, das ein Junge werden sollte –, durchleben seelisch die Hölle. Auch wenn ein Baby mit der Nabelschnur um den Hals geboren wird, bringt das im späteren Leben seelische Herausforderungen mit sich.

Die seelischen Primärgefühle wie Hilflosigkeit, Angst, Ausgeliefertsein, Ohnmacht, Einsamkeit, Ablehnung oder Wut können sich später in mangelndem Lebenswillen oder in der Ablehnung des Lebens ausdrücken. Die körperlichen Primärgefühle, wie beispielsweise das erste Spüren von Kälte, Hunger und Durst, Atemnot oder körperlicher Schmerz, zum Beispiel bei einer Operation gleich nach der Geburt oder beim Getrenntwerden von der Mutter, verstärken diesen seelischen Urschmerz des Verlassen- und Ausgeliefertseins. Um dennoch überleben zu können, stellen wir um all diese schmerzhaften Gefühle »Torwächter« auf und überdecken die Primärgefühle mit Sekundär- oder Ersatzgefühlen.

Sekundär-Gefühle und Anpassungsverhalten

So entsteht eine Schutzhülle um unser Herz – ein unbewusstes Kontrollsystem. Einerseits verdanken wir diesem wunderbaren Mechanismus, der uns zu diesem frühen Zeitpunkt dient, vielfach unser Überleben. Andererseits wirkt er sich später oft wie eine innere Mauer aus, die uns von uns selbst und unserer wahren Lebendigkeit trennt. Als Erwachsene gehen wir dann mit einem unbewussten Anpassungsverhalten durchs Leben. Wir haben verlernt, wir selbst zu sein. Sie kennen sicher den Rebell, der einen weichen Kern hat, oder den arroganten Manager, der nur seine Unsicherheit verbergen möchte.

Fremdgefühle

Schon während wir im Bauch unserer Mutter wachsen, bei unserer Geburt, als Säugling und in der frühen Kindheit übernehmen wir Gefühle von Personen in unserer Umgebung. Zu dieser Zeit sind wir als fühlende Wesen noch vollkommen offen, und alle Eindrücke von außen dringen ungefiltert in uns ein. Wir spüren es, wenn unsere Mutter unsicher ist und wenn sie Angst, Gewalt, Leid und Kummer erfährt. Jede Depression oder Enttäuschung in ihrer Beziehung zu unserem Vater wirken sich auf uns aus. Und stellen Sie sich vor, wie sich ein Embryo oder Säugling fühlen muss, wenn die Mutter ihr Kind, sich selbst oder das Leben insgesamt ablehnt und Selbstmordversuche unternimmt. Das Kind erleidet dabei Todesangst. Es kann nicht flüchten oder kämpfen. Seine Chance besteht nur darin, aus großer Liebe und dem Wunsch zu leben heraus Gefühle der Mutter zu übernehmen. In der Hoffnung, sich Liebe und einen Platz im Leben zu verdienen, ist es bereit, all das Leid zu seinen eigenen Gefühlen zu machen. Es kennt sich dann nur mit diesen Gefühlen, diese sind ihm vertraut, und es fällt später oft schwer, sie wieder zu ihrem Ursprung zurückzugeben. Wenn ein Kind zu wenig von seinen Eltern hat, hält es oft lieber an diesen Fremdgefühlen fest, da sie ein zu großes Loch hinterlassen würden.

Da wir in einem verzweigten Familiensystem stehen, übernehmen wir beispielsweise auch Gefühle und Traumata von Großmüttern oder Großvätern, denen vielleicht Schreckliches im Krieg oder auf der Flucht widerfuhr, oder von anderen Personen aus dem System.

EIN FALLBEISPIEL FÜR FREMDGEFÜHLE

Der Vater einer Klientin war im Krieg acht Jahre alt und lebte auf einer Art Bauernhof. Eines Tages kamen Soldaten und forderten Tabak. Sie stellten den Großvater der Klientin, ihren Vater und dessen Zwillingsbruder ans Scheunentor und schossen einfach los. Der Vater der Klientin, der nicht getroffen wurde, ließ sich mit den beiden anderen umfallen und konnte später flüchten. Nach Tagen fand ihn eine Bäuerin halb erfroren. Sie taute seine Füße in Kuhdung wieder auf. Gemeinsam fuhren sie mit einem Holzkarren zu dem Gehöft. Sein Vater und Zwillingsbruder lagen noch genauso da, und er half der Frau, die beiden Toten auf den Karren zu laden.

Was macht ein achtjähriges Kind mit solch einem traumatischen Erlebnis? Wie kann es diesen Schock verarbeiten? Der Schmerz wird zur Seite gestellt, denn er ist einfach zu überwältigend. Die Tochter spürt später natürlich diesen Schmerz des Vaters und übernimmt ihn zum Teil.

Mehr dazu, wie wir solche Fremdgefühle zurückgeben und heilen können, erfahren Sie in Kapitel 5 über das wunderbare Potenzial der Aufstellungsarbeit. Ich wünschte mir von Herzen, dass dieser tiefere Umgang mit Gefühlen schon ein Thema in der Schule wäre. Kinder könnten lernen, wo Gefühle ihren Ursprung haben, und sie könnten verstehen, dass viele davon auf früheren Erfahrungen beruhen. Wir alle sind mit unserer Geschichte verbunden, und der Verstand hat die schmerzlichen Erfahrungen abgespeichert wie in einem Aktenordner und will uns davor schützen, sie noch einmal zu machen. Doch genau das passiert immer wieder, da die alten Energien noch in uns schwingen. Vielen von uns gelingt es auch nicht, Handlungen von Personen zu trennen. Wir machen andere für unsere erlittenen Verletzungen verantwortlich. Doch die anderen zeigen uns nur ihre eigenen und unsere Wunden. Wahres Fühlen ist ohne Story, Emotionen sind mit Story. Es ist in unserem seelischen Heilungsprozess sehr wichtig, Gefühle zu spüren und dennoch zu erkennen, dass wir nicht unsere Gefühle sind.

Glaubenssätze – unsere inneren Überzeugungen

Glaubenssätze und daraus resultierende innere Überzeugungen sind ständig wiederholte Gedanken, die tief in uns verankert sind und in unserem Leben immer wieder ihre Bestätigung erfahren.

Durch diese immer wiederkehrende Bestätigung im Außen befinden wir uns in unserem Glaubenssystem wie in einem Teufelskreis. Man sagt, das Unterbewusstsein verstehe kein »Nicht«. Doch warum entsteht dann so eine Negativschleife in uns, wenn wir glauben, nicht wertvoll zu sein? Und wie können wir diese inneren Muster verwandeln und positive Glaubenssätze integrieren?

Beispiele für Glaubenssätze sind etwa: Ich bin nicht gut genug ... Ich kann nicht ... Ich bin nichts wert ... Ich werde nicht gesehen ... Ich bin dumm ... Ich habe keine Chance ... Ich muss das tun, auch wenn ich nicht will ... Nur mit schwerer Arbeit ... Ich bin allein ... Mich will keiner so, wie ich bin... Ich habe keine Unterstützung ... Ich habe keine Freiheit ... Mich liebt keiner ... Erst wenn ich abnehme (gute Noten habe, Leistung bringe) ... Erkunden Sie Ihre inneren Glaubenssätze! Wie wird Ihr jetziges Leben davon bestimmt?

Bevor sich in uns ein Glaubenssatz oder Denkmuster einprägt, war zunächst ein Gefühl da. Es reichte schon, als Kind belächelt, nicht ernst genommen oder sogar gemobbt zu werden. Dadurch konnte ein Glaubenssatz entstehen, etwa:»Ich bin nicht richtig, so wie ich bin.« Wir müssen also wieder zurückgehen zu dem ursprünglichen Gefühl, das der Auslöser dafür war. Dies führt uns zu unserem nächsten Thema, dem grundsätzlichsten überhaupt. Es stellt in jeder Seelencoachgruppe den heftigsten, tiefsten, zähesten Prozess zur inneren Befreiung dar. Die Fragen dazu lauten:»Warum ist dieses Gefühl in mir, und wie bestimmt es mein Leben? Wie kann ich meine negativen Glaubenssätze und Denkmuster auflösen und loslassen?«

Soziale, psychologische und seelische Grundbedürfnisse

Wir alle haben in der Kindheit unerfüllte seelische und soziale Bedürfnisse. Diese sind fast so wichtig wie Atmen, Nahrung und ein Dach über dem Kopf. Wenn sie nicht oder zu wenig erfüllt werden, bekommen wir als Kinder Todesangst. Wir finden seltsame Überlebensstrategien, indem wir diese Bedürfnisse auf irgendeine Art ersatzweise befriedigen. Diese unerfüllte Bedürfnisbefriedigung impft uns Glaubenssätze über uns selbst und über die Welt ein.»Ich werde nicht genug geliebt«,»Ich bin nicht gut genug«,»Keiner hilft mir«. Diese Denkmuster treffen heute im Erwachsenenalter nicht mehr zu. Doch unser Inneres Kind und unser Unterbewusstsein haben diese schmerzlichen Erfahrungen abgespeichert, und daraus entstehen immer wieder ähnliche Lebenssituationen. Unsere wesentlichen seelischen und sozialen Grundbedürfnisse sind:

❀ Das Bedürfnis, ein Lebensrecht zu bekommen. Wir brauchen das Gefühl, auf der Welt willkommen zu sein, vor allem von unseren Eltern.

- Das Bedürfnis nach Geborgenheit. Es beginnt mit dem Stillen, bei dem wir die Wärme der mütterlichen Brust spüren, und äußert sich später in der Sehnsucht nach menschlicher Wärme, Zuneigung und Nähe.
- Das Bedürfnis nach Zugehörigkeit, auch Bindungsbedürfnis genannt. Als soziale Wesen brauchen wir Familie und Gemeinschaft.
- Das Bedürfnis nach Respekt. Wir brauchen das Gefühl, dass unsere Grenzen – das, was wir können, und das, was wir wollen – akzeptiert werden.
- Das Bedürfnis nach genügend Raum. Es umfasst die Freiheit, uns auszudrücken oder uns zurückzuziehen.
- Das Bedürfnis nach Unterstützung. Das Gefühl, alles allein machen zu müssen, überfordert uns und macht uns einsam.
- Das Bedürfnis nach Wertschätzung und Anerkennung. Selbstwertbestätigung und Selbstwertschutz zählen zu den größten Handlungsmotiven für uns Menschen.
- Das Bedürfnis nach Orientierung und Kontrolle. Wir brauchen das Gefühl, handlungsfähig zu sein.
- Das Bedürfnis nach Lustgewinn und Unlustvermeidung.
- Das Bedürfnis nach Stimmigkeit, Gerechtigkeit und Sinn.

Wie sieht es in Ihrem Leben aus? Wenn eines dieser Bedürfnisse zu wenig erfüllt wird, sucht Ihr Unterbewusstsein nach Wegen, dieses Bedürfnis ersatzweise zu befriedigen. Es entsteht ein Kompensationsverhalten, das unglaublich viel Energie und Kraft kostet. Oft richten wir unser ganzes Leben danach aus.

Fragen Sie sich immer wieder, welche seelischen Grundbedürfnisse bei Ihnen im Gleichgewicht sind und welche nicht. Wie macht sich dies in Ihrem Leben bemerkbar, und was können Sie tun, um Ihre Bedürfnisse aus Ihrem Umgang mit sich selbst, aus Ihrer Seele heraus zu erfüllen?

Kapitel 3

Einblick in die Traumaarbeit

Welche Erkenntnisse über das Wesen von Energie können für Ihren Erwachensprozess hilfreich sein?

Aha-Erlebnisse – einige Beispiele können Ihnen zeigen, welche Veränderungen Erkenntnisse in Ihrem Leben bewirken können.

Kennen Sie Ihre unbewussten Reaktionsmuster?

Das Wesen von Energie

Wenn moderne Physiker Materie durch ein Mikroskop betrachten, erkennen sie, dass deren Form und ihr Fassbares nichts weiter ist als riesengroßer Raum, in dem immer kleinere Teilchen messbar sind. Man weiß, dass ein Teilchen, das gerade hier ist, gleichzeitig auch dort auftauchen kann. Die Thesen der modernen Quantenphysik klingen fast wie Mystik. Wissenschaft trifft sich mit Gott. Der Wandel heißt, dass wir durch diese dünnen Strukturen der Materie blicken und das unerschöpfliche Energiereich kennenlernen können.

Um die Grundlagen von Energie zu verstehen, ist es zuerst einmal wichtig, zu akzeptieren, dass Energie keine Agenda hat. Von unserer Ebene aus betrachtet, hat sie keinen Verstand. Energie kann fließen oder stoppen. Sie hat keine Richtung oder Struktur, es sei denn, wir geben oder gaben ihr diese mit unserem jeweiligen Bewusstsein. Ja, wir können Energien bewegen. Energie will uns dienen. Mit unserer Seelenverbindung haben wir eine sprudelnde Quelle davon.

Die meisten Menschen beziehen ihre Energie aus alten Mustern und Strategien, für die sie sich sehr anstrengen und verbiegen müssen. Meistens suchen sie Energie bei anderen Menschen und geraten dann natürlich in Abhängigkeit. Nutzen wir doch lieber unser Herz und unser Bewusstsein, um mit Energie zu arbeiten und sie für unseren Erwachensprozess zu nutzen.

Die Entstehung energetischer Blockaden

Wie entsteht ein Trauma? Energie kann, wie zuvor erwähnt, entweder fließen oder stoppen. Ein Trauma bildet sich, wenn der Energiefluss durch einen Schock, beispielsweise durch Unfall,

Operation, Kriegserlebnisse, Streit in Familien, Folter oder Verlust eines nahen Menschen, blockiert wird.

An Tieren können wir beobachten, wie Reaktionsmuster ablaufen: Bei Gefahr flüchten sie, nutzen die Möglichkeiten zu kämpfen, oder sie stellen sich tot. Auch bei uns Menschen kennt der eine oder andere das Gefühl der Schockstarre. Wie das Kaninchen vor der Schlange nutzen auch wir Menschen bei allerlei unangenehmen Situationen das Sich-Totstellen. In meinen Seminargruppen ist es für die Teilnehmer immer wieder eine große Erkenntnis, dass sie von außen als Betrachter und Beobachter dieses Erstarren sehen und wie »zum Anfassen« mitfühlen können. Verfallen sie dagegen in einer Übung selbst in diese Starre, Unbeweglichkeit und Unfähigkeit zu reagieren, sind sie dafür blind. Genau das sind die unbewussten Bereiche von uns selbst.

Doch es gibt einen wesentlichen Unterschied zwischen dem Verhalten von Tieren zu dem von uns Menschen. Geraten beispielsweise Hirsche bei Revierkämpfen aneinander, steigt in ihnen ihre Überlebenskampf-Energie auf, und sie stürmen mit krachenden Geweihen zusammen. Irgendwann gibt der Schwächere nach, und die beiden Kontrahenten gehen auseinander. Anschließend springen sie so lange umher, bis sie die hochgefahrenen Energieschübe der Aggression und Angst ihres Überlebenskampfes wieder losgeworden sind. Auch Enten flattern nach einem Streit so lange mit den Flügeln, bis die aufgestaute Energie verbraucht ist. Danach schwimmen sie wieder friedlich umher.

Bei uns Menschen treten oft Situationen ein, in denen diese Energie eingefroren wird. Wenn einem beispielsweise bei einer Operation als Kind die Angst hochsteigt, ohne Eltern inmitten von fremden, seltsam gekleideten Menschen und Apparaten allein gelassen zu werden, wird diese Angst-Energie per Narkose eingefroren und am Abfließen gehindert.

Verschiedene Fallbeispiele aus meiner Praxis, in denen mir Klienten von einer Operation als Kleinkind berichteten, verdeutlichten mir diese Zusammenhänge zur Entstehung ihres Traumas. Mir wurde klar, dass Energie dabei nicht fließen konnte.

Eine Frau konnte sich beispielsweise deutlich an ihre Todesangst erinnern, als sie sich plötzlich im Operationsraum mit fremden Menschen befand: Man hatte sie von ihren Eltern weggebracht und auf eine Liege geschnallt. Mit Horror berichtete sie über diese Maske, die ihr übers Gesicht gelegt wurde. Dann hatte sie keine Erinnerung mehr. Ja klar, sie bekam ja auch eine Narkose. Sie war damals vier Jahre alt gewesen. Die aufsteigende große Angst wurde durch die Narkose am Abfließen gehindert. Noch viele Jahre später war diese Energie in ihr eingesperrt und suchte sich einen Weg, wieder frei zu fließen. Es kostet uns später unglaublich viel Energie, solch ein traumatisches Erlebnis wegzudrücken und tief im Unterbewusstsein verborgen zu halten. Es kostet unsere Lebensenergie.

Auch Menschen, die beispielsweise bei einem Unfall angefahren werden, fuchteln oft noch heftig mit den Armen, da sie sich und ihren Kopf kurz vor dem Zusammenprall noch schützen wollten. Sie schlagen um sich, und der ganze Körper vibriert und zittert. So kann sich die Energie aus dem Körper lösen. Es ist ein natürlicher Prozess, diese Panik-Energie, diesen Schock loszulassen. Doch meist werden heute Unfallopfer durch Medikamente ruhiggestellt und auf einer Trage fixiert. Der Körper wird daran gehindert, diese enorme Energie loszulassen. Der Reflex, zu flüchten oder wegzurennen, kann nicht ausgeführt, nicht vollendet werden. Ich bin mir sicher, dass dieser Zusammenhang die Ursache für verschiedenste spätere Symptome und Beschwerden von Unfallopfern ist.

Durch das Erkennen der ursprünglichen Ursache einer Blockade haben wir heute die Möglichkeit, genau dort anzusetzen und den blockierten Energiefluss wieder zu ermöglichen. Eine solche Energie, die an ihrem Abfließen gehindert wurde, kann ihre Bewegung heute, zum Teil Jahre oder auch eine ganze

Lebenszeit später, vollenden. Der Körper gibt uns die Möglichkeit, Traumata zu verarbeiten und zu heilen.

Ein paar Tage später rief sie mich unter Tränen an. Sie konnte kaum reden. Überrascht hörte ich, dass sie bei ihrer Mutter gewesen war und mit ihr gesprochen hatte. Sie hatte mit 51 Jahren von ihr erfahren, dass die Mutter und ihr damaliger Freund, ihr Vater, versucht hatten, sie abzutreiben. Aus Angst und Panik vor den Eltern der Mutter war das junge Paar mit der Situation überfordert gewesen. Es ist ein Wunder, dass dieses Kind überlebt hat, doch es überrascht mich nicht, dass sich sein Seelenwesen im Bauch der Mutter halb tot gestellt hat – einerseits, weil es diese Attacken überleben wollte, und andererseits, weil es bereits vor dem erstem Atemzug kein Willkommen auf dieser Welt erfuhr. Hier zeigt sich, welch große Kraft eine Seele zum Leben haben kann.

Meiner Klientin geht es heute gut. Nach dieser Erkenntnis aus ihrem Unbewussten brauchte sie nur eine kurze Zeit, um von ihrer Migräne befreit zu sein. Für mich gibt dieser Zusammenhang einen klaren Hinweis darauf, warum sich ihre Migräne auf die Nacht verlagert hatte, zum Unterbewussten hin.

Es ist wichtig, zu verstehen, dass wir in schmerzhaften Situationen unsere Energie selbst gestoppt haben. Als Kind sichert uns diese Möglichkeit oft das Überleben. Es ist die einzige Chance, derartige Situationen zu bewältigen. Solche Prozesse laufen unbewusst ab. Und sie werden nicht nur durch Lebensbedrohung und Gewalt ausgelöst, sondern vor allem auch durch unsagbar verletzende Erfahrungen im seelischen Bereich. Es wirkt zwar verständlicher, wenn ein Kind durch Schläge oder Missbrauch traumatisiert wurde oder ein Soldat schlimmste Dinge erlebt hat und dennoch weiter funktionieren musste, um zu überleben. Beide haben in diesem Moment keine Gelegenheit, das Geschehen oder die Bilder von Leid und Tod zu verarbeiten. Beide müssen weiterleben, trennen sich von ihren Gefühlen und sind später oft damit überfordert, einen Weg in ein seelisch gesundes Leben zurückzufinden. Für solche inneren Wunden fehlen oft die Anerkennung und das Verständnis in der persönlichen Umgebung der Betroffenen. Es gibt sehr wirksame Wege zum Aufarbeiten und Lösen alter Traumata, doch sie werden von unserem Gesundheitssystem nicht gleichwertig zur Schulmedizin anerkannt. Menschen, die Bewusstseinsarbeit machen, sind oft Selbstzahler. Ohne finanzielle Unterstützung sorgen sie selbst für ihre seelische und körperliche Gesundheit. Sie übernehmen Eigenverantwortung.

Manchen erscheint die heutige Berufswelt wie ein modernes Schlachtfeld. Auch heute gibt es Mächtige in Politik und Wirtschaft, denen ein Menschenleben nicht viel wert ist. Als nicht ganz so schreiendes Unrecht erscheint es uns dagegen, dass immer mehr Menschen ihren Lebenssinn verlieren, dass sie vereinsamen, dass ihr Herz blutet, die Seele schreit und der Körper krank wird, um einen Hilferuf auszusenden.

Wie verhindern wir eine Re-Traumatisierung?

Der Begriff »Infiltrieren« ist aus der Chemie bekannt und beschreibt das tröpfchenweise Zusammenbringen von zwei explosiven Stoffen. Durch diese Methode kommt es zu keinem großen, zerstörerischen Knall, sondern zu harmlosen kleineren Verpuffungen.

In der Traumaarbeit verhindert diese sachte Vorgehensweise, dass die Betroffenen in eine Traumaschleife hineingeraten. Es geht darum, die Energie des erlittenen Schocks und Traumas allmählich aufzulösen. Geraten Menschen nämlich erneut in einen schweren Schockzustand und erleben den einmal erfahrenen Kontrollverlust aufs Neue, erweist sich für sie das damalige schmerzliche Erlebnis als heute noch real. Sie gewinnen einmal mehr die Überzeugung, dass sich das Erlebte immer wiederholen wird. Führt man die Betroffenen jedoch in kleinen Schritten in ihr Trauma hinein, haben sie nicht das Gefühl, ihre Kontrolle und Handlungsfähigkeit zu verlieren. So achtsam geführt, können sie durch ihr Trauma hindurchgehen und es auflösen.

Der Schmerzkörper

Die Bezeichnung »Schmerzkörper« stammt von dem spirituellen Lehrer Eckhart Tolle. Ich liebe seine einfache Sprache. Diese wundervolle Einfachheit empfinde ich als Schönheit, und sie eröffnet einen Raum tiefer Stille.

Als Schmerzkörper bezeichnet Eckhart Tolle den unbewussten, verletzten Teil eines Menschen – jenen Teil, der die großen Gefühlswunden unserer Lebensgeschichte trägt. Unser Schmerzkörper ist wie ein schlafendes Tier. Wenn es geweckt wird, brüllt es oder leidet furchtbar. Unser Schmerzkörper durchläuft verschiedene Stadien, da wir über unsere Lebenszeit hinweg verschiedene qualvolle Erfahrungen gemacht haben. Er beinhaltet beispielsweise viel Trauer oder ist voller Wut und Aggression, und der Schmerzkörper eines Kindes kann von Resignation geprägt sein.

Trauer und Tod als Teil unseres Schmerzkörpers

Ich hatte gerade von einem Seelencoach-Freund die Nachricht bekommen, dass Francisco, unser spanischer Musiker aus einer Seelencoach-Gruppe, mit 34 Jahren in der Nacht gegangen ist. Ich hatte zu genau jener Zeit heftiges Herzklopfen und konnte nicht schlafen. Dieser sanfte Mensch ist nicht mehr unter uns. Ein Teil von mir kann es nicht glauben. Ich würde ihn gern sehen. Eine Engelkerze brennt dankbar für ihn. Meine Liebe fließt zu ihm hin, für sein Dasein und für seine Reise.

Auf einmal spüre ich, wie viele Menschen ich schon gehen lassen musste. Einige konnte ich begleiten, andere gingen still oder plötzlich. Ich habe Mütter begleitet, die ein Kind verloren haben, Kinder, deren Eltern durch Unfall oder Selbstmord starben. Partner, die auf einmal allein, hilflos dastanden. Junge Menschen mit leidvoller Krankheit oder mitten aus dem Leben gerissen. Ich würde Ihnen gern von ihnen erzählen.

Tod und Vergänglichkeit waren für mich oft wie eine Wand. Ich malte einmal ein großes Bild mit blühenden Orchideen, klar, wie fotografiert, doch mit Seele, Herz und purer Essenz. Als das Bild fertig war, überkam mich eine unbezwingbare Traurigkeit, und ich musste stundenlang weinen. Solch reine Schönheit, solche wundervollen Blüten vergehen in ein paar Tagen oder Wochen. Wozu dann überhaupt noch malen – auch mein Bild wird nicht auf ewig bestehen. Alles, was eine Form hat, ist vergänglich. Alles, was wir lieben, müssen wir wieder loslassen. Diese Erkenntnis war für mich, als würde mir etwas aus dem Herzen gerissen. Ich nahm Malmittel für die Ölfarben und begann, zart wie ein Streicheln, über das Bild zu fahren. Dadurch wurden die Orchideen weicher und weicher, und wie meine Tränen lief das Malmittel auf der Leinwand hinunter. Die Frage nach dem Sinn hämmerte in meinem Kopf. Wozu, wenn alles vergeht? Ich hatte dieses Bild entstehen lassen, geboren, und ich ließ es unter Tränen gehen. Es heilte viel von diesem unsäglichen Schmerz. Ich weiß nicht wie, doch es heilte.

1999 wurde ich während einer schweren Operation zwei Mal reanimiert. Ich war lange fort und machte Erfahrungen auf der anderen Seite. Ich erlebte vollkommene Geborgenheit und Liebe und ein Eintauchen in Licht und Freude. Die Gewissheit meiner Seele war da, und dann ein Zug zur Erde. Einfach so eine Wendung und ein Zug von Liebe zu den Menschen. Dann war ich wieder zurück … freiwillig. Ich kann niemals mehr infrage stellen, was ich erlebt und gefühlt habe, und dass ich es gewählt habe, hier zu sein.

Zum Verlust lieber Weggefährten sagt meine Seele meinem Menschsein: »Es war ihre Zeit zu gehen.« Tröstet das? Ja, doch es braucht seine Zeit. Und dennoch kann ich mit Bachs Worten aus seinem Tagebuch mitfühlen: »Heute starb meine Frau und sechs meiner Kinder. Bitte Gott, nimm mir nicht noch meine Glückseligkeit.« Er deutet an, dass dieser Raum des Göttlichen erlebbar ist, in dem die Freude bleibt im größten Leid. Auch Meister Eckhart weist uns in dieselbe Richtung. Ich erlebe viele Momente, in denen ich diese Wahrheit fühlen kann: Der Raum, in dem es keine Trennung gibt, ist bei mir. Oder ich bin in ihm. Es darf beides da sein. Ich achte voller Mitgefühl das Menschsein und somit jedes Gefühl. Auch die Trauer. Sie ist nicht von der Freude isoliert. Die Ewigkeit, die hinter allem steht, durchströmt alles.

In meiner Arbeit begegnen mir oft Menschen, die sozusagen spirituell unterwegs sind und viele »Rosa-Wolken-Vorstellungen« im Kopf haben. Oft umhüllen sie einen Schmerz, Kummer oder Trauerfall mit dieser rosa Watte. Sie verleugnen ihr menschliches Gefühl, zum Beispiel den Schmerz und die Trauer als Mutter beim Tod ihres Kindes. Es ist ihre Freiheit, damit umzugehen, wie sie möchten, und vor allem, wie sie es können. Doch dadurch werden sie nicht wirklich frei.

Energiemeditation:
»Wer oder was bin ich wirklich?«

Für diese Fühl-Übung möchte ich die direkte Ansprache, das »Du«, benutzen, da die Worte so leichter ins Unterbewusstsein eingehen. In meinen Seminaren leite ich solche Übungen oder Meditationen frei und spontan an. Es ist zu Beginn ein Impuls da, und diesem folge ich. Bei dieser meditativen Übung folgte ich der Inspiration, dass jeder der Teilnehmer aus seinem eigenen wahren Wesen auf sein jetziges Leben blicken sollte. Wie Schauspieler in verschiedene Rollen eintauchen und sie zum Leben erwecken, können auch wir auf unsere derzeitige Lebenssituation blicken, ohne dass sie mit unserem wahren Leben übereinstimmt. Wir glauben schließlich im Film fast, dass Robert Redford ein Pferdeflüsterer ist, obwohl wir wissen, dass er auch andere tolle Rollen gespielt hat. Oder wer ist Tom Hanks? Der Mann aus *Schlaflos in Seattle* oder doch eher der aus *Forest Gump*? Doch ebenso wenig wie sein wahres Leben mit seinen Rollen übereinstimmt, sind auch wir nicht identisch mit unseren Geschichten. Durch diese Übung können Sie anders auf Ihr jetziges Leben schauen. Überprüfen Sie, ob Sie sich bei dieser Übung begleiten lassen möchten, vielleicht von Ihrem Partner, einem Freund oder einer Freundin.

Bitte gehe langsam durch den Raum. Achte bewusst auf deine Schritte, und spüre den Boden unter deinen Füßen. Komme an einem Platz zur Ruhe, der sich für dich stimmig anfühlt. Fühle dich in diesen Platz ein.

Schließe deine Augen, und beginne ganz bewusst, deinen Atem wahrzunehmen. Verändere nicht seinen natürlichen Rhythmus. Sei einfach da, und lass den Atem kommen und gehen.

Bitte deine Seele jetzt bewusst um Begleitung, und atme die liebevolle Wärme deiner Seele ein. Wenn du sie noch nicht direkt spüren kannst, atme einfach flüssiges, warmes Gold ein. Lass dieses Gold deinen Brustraum durchströmen. Mit jedem Atemzug erfüllt es deinen Bauch. Lass dieses Gold jetzt weiterfließen in deine Arme und Beine. Das Gefühl, dass dir deine Seele ganz nah ist, wird immer mehr zu dem Gefühl, dass du dir selbst ganz nah bist. Schau mit geschlossenen Augen von dort aus auf dein Leben. Betrachte dich, das kleine Mädchen oder den kleinen Jungen, der du einmal warst. Beobachte dich einfach von deiner Seelenebene aus. Bleibe weiter mit deinem Atem in Kontakt.

Begib dich jetzt mit einem kleinen Schritt nach vorn oder zur Seite in das Kind hinein, das du einmal warst. Spüre, was sich dabei in dir bewegt. Was macht diese Position mit deinem Körper? Beobachte, wie sich dein Bauch anfühlt. Wie sicher stehst du? Wirst du wacklig auf den Beinen?

Dieses Kind lebt in dir. Es wächst auch mit dir. Nimm ohne Bewertung alle Regungen in dir wahr, und geh dann an die Stelle zurück, wo du wieder einfach nur mit deiner Seele atmest.

Nach einem Moment taucht in deiner Vorstellung deine Geburt auf. Betrachte einfach weiter, und spüre, ob sich etwas verändert. Nimm zur Kenntnis, ob dein Herz zu klopfen oder sogar zu rasen anfängt. Bekommst du gut Luft, oder nimmt dir etwas den Atem?

Begib dich mit einem Schritt in deine Geburt. Du bist jetzt das noch ungeborene Wesen, das in ein neues Leben gehen will. Gibt es einen Zug nach vorn in dieses Leben oder eher ein Gefühl der Angst? Gibt es einen stärkeren Sog zurück?

Nimm dich dann als neugeborenes Baby wahr. Fühlst du dich in diese Welt geworfen, oder bist du glücklich, es hierher geschafft zu haben? Betrachte ohne Wertung, was da ist, dann tritt wieder zurück in deine heutige Seelenpräsenz. Spüre deinen Gefühlen nach, bis es still und ruhig in dir ist.

(Pause)

Lass nun vor dir eines deiner schönsten Leben erscheinen. Schau nur, wie leicht du dich fühlst und wie alles voller Freude ist. Wie hast du damals gelebt? Hattest du Kinder? Was hast du gearbeitet? Welche besonderen Fähigkeiten hattest du? In welcher Gemeinschaft warst du? Bestaune einfach, was sich dir zeigt.

Genieße diesen Moment, und danke ihm. Spürst du ein Lächeln? Nimm es auf in dein Herz. Dann begib dich von deinem Lächeln erfüllt wieder in deine Seelenpräsenz.

(Pause)

Die nächste Erfahrung wartet. Begib dich in ein Leben voller Trauer und Kummer. Vielleicht warst du krank, hast schwer gelitten und musstest liebe Menschen zurücklassen. Oder du hast einen schrecklichen Verlust erfahren, sodass es dir fast das Herz brach. Nimm dir Zeit, diese Erfahrung von deiner heutigen Position aus zu betrachten.

Sei dir deiner Seelenverbindung bewusst, bevor du einen Schritt nach vorn machst, in diese traurige Situation hinein. (Begib dich nur dann allein dort hinein, wenn du dich sicher fühlst. In einer angeleiteten Gruppe habe ich jeden Teilnehmer im Blick und könnte reagieren, wenn es nötig werden sollte.)

Sei ganz klar mit der Liebe deiner Seele verbunden, und lass diese Liebe deine Erfahrung durchdringen.

Ist die Situation zu überwältigend für dich, begib dich mit nur einem Schritt zurück in deine heutige Seelenpräsenz. Darin bist du geborgen, geschützt und handlungsfähig. In dieser anderen Erfahrung warst du hilflos und konntest nichts tun. Spüre in dich hinein.

Wieder zurück in deiner Seelenpräsenz, versuche nur durch Fühlen zu ergründen, wer und was du bist. Eine Seele, die in Erfahrungen eintaucht. Nimm wahr, dass du immer wieder zu dir zurückfinden kannst.

Wenn du deine Seele kraftvoll spürst, betrachte deine verschiedenen Todeserfahrungen. Der Tod als Übergang nach Hause ist einfacher als die Geburt. Du hast schon auf unterschiedlichste Arten diesen Übergang gewählt. In deinem Körper-Geist-Seele-System sind alle Tode abgespeichert. Besonders traumatische Tode können ein Grund für deine heutige Angst vor dem Tod sein. Diese Angst hindert dich aber auch daran, voll und ganz zu leben. Vor dir erscheint vielleicht ein Anteil, der abgestürzt ist und so sein Leben beendete. Oder erspürst du einen Anteil, der einmal durch Feuer zu Tode kam? Hast du heute noch ein zwiespältiges Gefühl zu Feuer? Gibt es in deiner Seele die Erfahrung, einmal ertrunken oder erstickt zu sein? Gibt es in deinem Körper noch einen alten Schock von einem Unfall, bei dem du gestorben bist? Spüre kurz nach, was dich berührt und welche Situationen wie ein Film vor dir ablaufen. Vielleicht die unheilbare Krankheit eines Menschen. Hattest du selbst schon einmal so ein Schicksal, dass dir der Tod schleichend, langsam, unausweichlich vor Augen stand? Vielleicht hast du in Gefangenschaft auf den Hinrichtungstod warten müssen, oder du bist durch Folter umgekommen. Erlebe alles wie ein Schauspieler in seiner Rolle.

Betrachte aus deiner Seelenperspektive diese Todeserfahrungen. Sei achtsam, was du in deinem Körper spürst. Erstickungsangst? Ohnmacht? Sind in deiner Erinnerung Kriegstode abgespeichert, hast du heute noch ein ungutes Gefühl, verfolgt zu werden? Oder kannst du niemandem vertrauen und witterst ständig Verrat? Wenn ein Teil von dir jemals einen Hungertod erlebt hat, reagiert dein Körper rasend bei jeder Diät.

(Pause. Während der Übung im Seminar
spiele ich aufwühlende Musik.)

Es reicht, diese Anteile einfach zu betrachten. Übe dich in diesem stillen Gewahrsein. Betrachte alles, was dir passiert ist, auf diese

Weise. Du bist da und schaust gelassen darauf. Dein Körper kann dir Antworten geben. Dein Atmen kann alles in Liebe und Frieden hüllen.

Betrachte auch die Dinge, die jetzt in deinem Leben passieren, aus deiner Seelensicht. Du bist in deiner Seele nicht das, was gerade passiert. Wie in vergangene Erfahrungen kannst du dich hinein- und herausbewegen. Bleibe in der Seele und nicht in der Erfahrung. Hast du als Mensch das Gefühl, dich in der Erfahrung zu verlieren? Versuche, bewusst zu bleiben, und verstricke dich nicht in Schmerz, Spiele und Abhängigkeiten. Dies ist nicht gleichbedeutend mit Distanz. Es bedeutet, bei allem, was du erlebst, mit der Stille verbunden zu sein.

(Pause. Im Seminar spiele ich nach einigen
Minuten leise, liebevolle Musik.
Behutsam wurden wir am Ende dieser Energiemeditation von
ihren Klängen getragen.)

Kapitel 4

Integrieren bedeutet transformieren

*Wie Sie lernen, Liebe und Verständnis
für all Ihre Gefühle aufzubringen.*

*Die Falle: Warum Gefühle, die Sie ablehnen,
Sie einholen.*

*Warum Sie sich sicherer fühlen werden,
wenn Sie verletzte innere Anteile annehmen.*

Von William Shakespeare stammen folgende Worte:»Goldene Jungs und Mädchen müssen, wie Schornsteinfeger, in den Staub.« Wir müssen also in die Tiefe, in den Staub, vielleicht in Abgründe hinuntersteigen.

Doch wir können eingefrorene Energien lösen und verletzte Anteile durch die Liebe in unserem Herzen heilen, nach dem Motto: Alle unsere Kinder dürfen an unserem Seelentisch im Herzen Liebe tanken.

Gefühle integrieren und heilen

Gerade habe ich wieder ein wunderbares Seelencoach-Wochenende erlebt. In mir schwingen die tiefen, intensiven Erlebnisse nach, und auch die Teilnehmer sind belebt und berührt in ihr Alltagsleben zurückgefahren. Ich erinnere mich an die Worte einer lieben Gefährtin aus der ersten Seelencoach-Gruppe:»Das ist ja wie der Führerschein für die Seele.« Bei der jetzigen Seelencoach-Gruppe ist ihre 24-jährige Tochter dabei. Es berührt mich sehr, zu sehen und zu spüren, wie Familien heilen, wie junge Menschen ihr eigenes Leben ohne Altlasten der vorherigen Generationen leben können und dadurch freier und authentischer werden.

Wieder sind dabei seelische Verletzungen erkannt und geheilt worden. Jeder von uns weiß, dass nicht nur Zahnschmerzen wehtun. Wir wissen, wie sich Liebesentzug anfühlt, und wir kennen auch die Wunden, die er als psychosomatische Störungen in unserem Körper hinterlässt. Das Gefühl, als Kind nicht richtig zu sein, belächelt oder abgelehnt zu werden, haben wir oft tief in uns vergraben – da, wo kein Licht mehr hineindringt. Solche Inneren Kinder haben wir auch in diesem Seminar wieder aufgespürt. Wir haben sie angeschaut, sodass sie sich nach langer Zeit wieder gesehen fühlten. Wir haben ihnen unser Herz geöffnet, sie umarmt und Liebe und Trost zu ihnen fließen lassen. Solch ein verdrängter geistig-seelischer Anteil von uns kann ganze Lebenszeiten vor der Tür draußen stehen, bei −20 Grad, hungrig und vergessen. Erst wenn wir mutig genug sind oder das Leben uns durch Schmerzen oder »Schicksalsschläge« unmissverständlich dazu auffordert, sind wir bereit, diese Inneren Kinder wieder zu spüren und ihnen einen Platz in unserem Herzen zu geben. Solch ein Kind vor der Tür ist nicht immer nur friedlich oder traurig, sondern oft auch zornig, wütend und voller Misstrauen. Stellen Sie sich vor, Sie sperren einen Hund tage-, wochen- oder jahrelang in ein dunkles Zimmer, abgeschnitten von Liebe und Zugehörigkeit. Glauben Sie, dass er Ihnen schwanzwedelnd entgegenkommt, wenn Sie die Tür einen Spalt öffnen? Auch er müsste erst wieder Vertrauen zu Ihnen fassen, dass Sie es ehrlich meinen und die Tür nicht wieder verschließen.

Das Dilemma ist, als Kind konnten wir gar nicht anders, als unerträglich schmerzhafte Erfahrungen zur Seite zu stellen: in den Keller, ins Unterbewusstsein. Erst durch unsere Sehnsucht nach uns selbst und nach dem Leben als Lehrmeister holen wir diese Anteile in unser erwachsenes Leben zurück. Sie sind erstarrt, ihre Energie ist wie in einer alten Erlebnisblase gefangen.

Doch wir können sie befreien. Sind Sie bereit, diese Anteile zu betrachten und anzunehmen? Diese vernachlässigten Anteile haben lange auf Ihre Aufmerksamkeit gewartet und machen sich oft auf unangenehme Weise in Ihrem Leben bemerkbar. Sie brechen in Ihr Leben ein und erzeugen eine Realität, die Sie nicht gerne haben. Sie erschaffen Situationen, in denen Sie wieder genau diesen alten Schmerz, diese Ablehnung oder dieses Ausgeschlossensein erfahren. Diese Anteile können in Ihnen toben wie ein lange eingesperrter Hund und unvorstellbare Schäden anrichten. Sie halten viele Menschen fest im Griff, sitzen am Steuer ihres Lebens und lassen sie immer wieder durch die Hölle gehen.

Die Ohnmacht der Menschen

Die meisten Menschen sind keine Zombies oder Bösewichte, aber sie hängen in einer Traumaschleife fest, machen sich ihre verdrängten Anteile nicht bewusst und werden durch diese ständigen Wiederholungen ihres alten Schmerzes retraumatisiert.

Warum fällt es uns so schwer, all unsere Anteile, unsere Inneren Kinder an unseren Tisch zu holen? An unseren Herzenstisch, wo es Liebe als Seelennahrung zum Wärmen und Licht zum Heilen gibt. Warum dürfen unsere traurigen Kinder nicht da sein? Warum haben wir so viel Angst, dass sie nicht »vorzeigbar« sein könnten? Wir schämen uns ihrer oder fühlen uns ihnen gegenüber tief schuldig. Doch nur wer sich selbst vergibt, wird sich auch sicher fühlen. Nur ein Mensch, der zu all seinen Anteilen steht und sie integriert, wird den Weg in die wahre Selbstliebe finden. Diese Selbstliebe ist der Nährboden für alles – für Selbstvertrauen, seelisches Wachstum und kreative Entfaltung.

Von etwas wegwollen ist der beste Klebstoff

»Nichts fixiert etwas so gründlich in der Erinnerung, wie der Wunsch, es zu vergessen.«
Montaigne

Ich spüre bei vielen Menschen, die zu mir in die Seminare oder in die Einzelarbeit kommen, dass sie ihre Traurigkeit verstecken. Doch nichts ist für mich so offensichtlich als das, was sie verbergen wollen. Erst müssen sie weinen, dann kommt das wahre Lächeln. Sie *wollen* natürlich lachen und glücklich sein, doch zuerst müssen sie weinen. Wir alle haben Grund zur Trauer. Ganz gleich, ob wir wissen, worüber. Genauso schlimm fühlt sich auch diese innere Leere an, wenn wir uns selbst nicht spüren und nicht wissen, warum wir traurig sind. Stellen Sie ein trauriges Kind vor die Tür, ohne Ihr Mitgefühl. Es wird rebellieren. Es wird Ihnen bei der nächsten Gelegenheit wieder begegnen. Sie wollen es vergessen, aber das ist unmöglich.

Wollen Sie fröhlich sein, müssen Sie sich zuerst mit dieser Traurigkeit auseinandersetzen. Wollen Sie Leichtigkeit, müssen Sie sich mit der Schwere in Ihnen konfrontieren. Wollen Sie die Fülle in Ihr Leben holen, seien Sie bereit, den Mangel zu fühlen. Sperren Sie Depression und Angst nicht aus, gehen Sie mitten ins Zentrum der Angst, auch wenn dieses Zentrum wie ein schwarzes Loch ist. In einer Gruppe, getragen in einem geschützten Raum, fällt dies leichter. In der Gemeinschaft spüren Sie deutlich die Resonanz der göttlichem Liebe sowie die Energie der Einheit und der Akzeptanz gegenüber allem. Diese werden Sie tragen und Ihnen den Weg zeigen.

Die Teilnehmer meiner Seelencoach-Seminare wissen schon, dass es nichts bringt, auf die anderen zu schauen, »ins andere Aquarium« lautet unser geflügeltes Wort dafür. Ebenso rufe ich ihnen immer wieder einmal den Satz in Erinnerung:»Wenn du von etwas wegwillst, ist das der beste Klebstoff.« Wir bleiben an unseren ungeliebten Gefühlen und inneren Anteilen kleben, wenn wir nicht bereit sind, diese zu integrieren.

Zu den geliebten Kindern, wie zum Beispiel der Erfolg, die Sicherheit und die Schönheit, wurden in unseren Seelencoach-Seminaren schon viele ungeliebte Kinder eingeladen, wie etwa die Schwäche, die jetzt neben der Stärke ihren Platz hat, aber auch die Schuld einer schlimmen Tat (zum Beispiel einer Lüge, eines Betrugs, eines Seitensprungs), das Verlassensein, die Verlustangst, das Gefühl der Wertlosigkeit, die Existenzangst, die traumatische Erfahrung von Alkoholismus oder Vergewaltigung usw.

Aufgestaute Energie löste sich durch Tränen und kam so wieder ins Fließen. Vor dem wahren Lächeln und dem Frieden gingen viele Taschentücher an die Runde. Die Basis der Selbstheilung im Seelencoaching-Prozess ist kein Puder-und-Pamper-Kurs. Bewusstseinsarbeit hat nichts mit Räucherstäbchen und sanft im Wind flatternden Gewändern zu tun. Es ist etwas für Suchende, die auch finden wollen. Wenn Sie sich nicht alles vergeben, werden Sie sich niemals sicher fühlen. Erst wenn Sie Ihr wahres Selbst immer mehr erkennen und immer wieder aus ganzem Herzen »Ja« zu sich sagen, entsteht die Basis für Ihren inneren Frieden.

Der Traum vom besseren Leben

Vor einiger Zeit zeigte mir ein guter Freund die Parallelen zwischen der landwirtschaftlichen Revolution des 18. und 19. Jahrhunderts und der heutigen Abhängigkeit vom Luxus auf.

Ich könnte ein Lied davon singen, wie die bunte, materiell orientierte Welt des Westens mich – jung und unbedarft und aus dem Osten – vereinnahmt und hypnotisiert hat. Natürlich öffneten sich in dieser Welt für mich auch wichtige Türen, damit ich überhaupt sehen konnte, was möglich ist.

Der innere Mangel, der mich vor 30 Jahren in die Konsumfalle tappen ließ, war allerdings auch ein Turbomotor für meinen Weg. In meinem beruflichen Werdegang habe ich früh gelernt, mich selbst zu beobachten. Durch meinen Erfolg und die finanzielle Fülle verlor ich mich allerdings in oberflächlichen Ablenkungen. Eine Zeit lang versuchte ich dadurch, die Leere in mir zu kompensieren. Ich wollte diesen hungrigen Teil in mir nähren, wusste aber nicht, wie, denn ich konnte ihn weder sättigen noch gehen lassen. Zuletzt erkannte ich, dass die Nahrung, die mich sättigen würde, die Suche nach der Quelle meines wahren Lebens war.

In meiner Jugend reiste ich Tausende Kilometer per Anhalter, übernachtete im Schlafsack am Straßenrand oder auf einem zugigen Bahnhof. Ich musste entscheiden, was mir wichtiger war, Pfirsiche, eine Schallplatte, eine Jeans, ein Ticket zu kaufen oder eine Unterkunft für die Nacht zu bezahlen. Zehn Jahre später kam ich dann beruflich an dieselben Orte, diesmal untergebracht in den besten Hotels, und ich habe Erlebnisse geschenkt bekommen – dann natürlich im »kleinen Schwarzen« –, die sich privat gar nicht organisieren lassen.

Erst durch das Kennenlernen der beiden Seiten wurde mir klar, was mir wirklich entspricht und wie ich gern leben möchte. Ich weiß heute: Alles muss in uns gesättigt sein, bevor wir es loslassen können.

Meine Kindheit und Jugend habe ich in purer Natur verbracht. Mein Vater hat »alles« selbst angebaut – fantastische Paprika, Tomaten, Gurken, Kartoffeln, Kräuter und verschiedenstes Obst. Es war ein Paradies für mich und meine Schwester, zum Ernten einfach nur in den Garten zu gehen. Unverständlich, dass mich einige Zeit später das riesige Angebot der Supermärkte dennoch beeinflusste.

Die Entwicklung der Landwirtschaft verlief über Jahrtausende. Sie führte von der Jagd auf Wildtiere und vom Sammeln von Nüssen und Früchten aufs Feld, wo man Getreide anbaute. Der Wandel erfolgte in kleinen Schritten, mit minimalen Veränderungen im Alltagsleben. Vor Tausenden von Jahren lebte der Mensch, ohne sich als Bauer zu betätigen. Es gab genug Ressourcen für die Ernährung. In guten Zeiten bekamen die Menschen mehr Kinder, in schlechten Zeiten weniger. Doch allmählich gaben die Menschen ihre nomadische Lebensweise auf und ließen sich in besseren Lagern nieder.

Der Übergang von der Frau, die Getreide sammelt, zu der Frau, die Getreide anbaut und verarbeitet, ist fließend. Deshalb ist es schwer, den Beginn der Landwirtschaft zeitlich zu bestimmen. Mit der Gründung von Siedlungen und der Zunahme der Nahrung wuchs auch die Bevölkerung. Die zusätzlichen Hände wurden dringend auf dem Acker gebraucht, doch die zusätzlichen Münder aßen den Überschuss an Nahrung schnell wieder auf, dennoch wuchs die Bevölkerung immer weiter. Da die Menschen dann in schmutzigen Siedlungen lebten, die Kinder mehr Getreide und weniger Muttermilch bekamen und immer mehr Geschwister um den Getreidebrei konkurrierten, stieg die Kindersterblichkeit. Es starb mindestens jedes dritte Kind vor Erreichen des 20. Lebensjahres, doch die Zahl der Geburten nahm noch schneller zu als die der Sterbefälle. Mit der Zeit wurde der Getreideanbau immer beschwerlicher. Die Kinder starben wie die Fliegen, und die Erwachsenen aßen ihr Brot im Schweiße ihres Angesichts.

Der Durchschnittsbauer hatte damals ein deutlich schwereres Leben als der Durchschnittssammler und -jäger. Das bemerkte natürlich niemand. Jede Generation setzte im Grunde die Arbeit ihrer Eltern fort, nur ein bisschen effizienter. Paradoxerweise summierte sich die Abfolge von Verbesserungen, die den Menschen eigentlich das Leben erleichtern sollten, im Lauf der Zeit zu einer drastischen Verschlechterung. Wie konnten sich die Menschen so irren?

Niemand wusste zu dieser Zeit, dass man mehr Kinder bekommen würde und dass man mit der zusätzlichen Ernte nun mehr Menschen ernähren musste. Man wusste nicht, dass das Immunsystem der Kinder geschwächt würde, wenn sie von einer einzigen Nahrungsquelle abhängig waren. Hinzu kam, dass man nun die Getreidevorräte bewachen und verteidigen musste. Das hat doch Ähnlichkeit mit unserem heutigen Wohlstand, nicht?

Damals machte das Bevölkerungswachstum jede Rückkehr zum früheren Leben unmöglich. Wenn die Bevölkerung dank mehr Nahrung von 100 auf 110 anwuchs, waren das zehn Menschen. Doch keiner dieser Menschen wäre dann freiwillig verhungert, damit die Übrigen überleben konnten. Es führte kein Weg zurück. Die Falle war zugeschnappt.

Heute gäbe es jedoch die Möglichkeit, für ein gemeinsames Wohl zu sorgen. Es gäbe reichlich Nahrung, wenn sie nicht weggeworfen oder zur Unbrauchbarkeit manipuliert würde oder, teils aufgrund unsinniger Gesetze, entsorgt werden müsste. Es ist vieles aus der Balance geraten und wird sich neu sortieren müssen. Die Nachkriegsgenerationen haben sich mit viel Anstrengung und Arbeit im Leben etwas geschaffen. Auch ihre Motivation war, dass es ihren Kindern einmal besser gehen sollte. Sie sollten nicht so schwer arbeiten müssen wie ihre Eltern. Mit dieser guten Absicht überforderten sie oft ihre Kinder und setzten sie unter Leistungsdruck. Die Kinder sollten wenn möglich alle studieren. Heute sehen wir, dass dem Handwerk Fachleute fehlen oder es ausstirbt. Dabei ist es eine wertvolle Tradition. Wieder führte der Traum vom besseren Leben, der in Wahrheit nur ein Wegwollen von einem schweren Leben ist, in eine Sackgasse.

Was diese Entwicklungen bedeuten, können wir heute am eigenen Leib oder in unserem Umfeld erfahren. Viele junge Menschen, auch mein Sohn, machen nach dem Studium erst ein oder mehrere Praktika in großen Unternehmen und nehmen sich fest vor, richtig zu schuften, um für eine Stelle übernommen zu werden. Sie geben alles, tagelang bis nachts um zwei, und arbeiten die Wochenenden durch. Freiwillige Sklavenarbeit mit Zuckerbrot und Peitsche, um zu überleben. Mein Sohn erzählte mir, dass eine befreundete Kollegin um drei Uhr morgens beim Nachhausegehen zu ihm sagte: »Wir haben den geilsten beschissensten Job auf Erden.« Ja, diese jungen Leute wollen sich wirklich einbringen, sie wollen sich ausdrücken. Doch sie haben keine Chance, Geld für eine Reise oder zur Familiengründung auf die hohe Kante zu legen. Sie leben in ständiger Überforderung und machen eine gesundheitliche Gratwanderung. Sie haben ungeahnte Talente, die einfach verheizt werden. Vielleicht wählen ihre Seelen diesen Weg, um wirtschaftlich und sozial unabhängig zu sein, was auch durch ein »Weg-von« motiviert ist: weg vom Mangel, weg von Kritik oder weg vom Gefühl, versagt zu haben. Vielleicht wählt auch eine Seele diesen Weg, um ihre Kraft zu erfahren und erst zu einem späteren Zeitpunkt in die Eigenverantwortung zu gehen.

Udo Jürgens sang bei seiner großen Gala zu seinem 80. Geburtstag zum Abschluss in etwa folgende Zeilen:» … nicht gefeiert, sondern umsorgt sein … nicht umjubelt, sondern geliebt sein …« Luxus kann keine Liebe ersetzen und schnell zur Notwendigkeit werden. Er kann neue Zwänge erschaffen, sobald wir uns daran gewöhnt haben. Er wird zur Selbstverständlichkeit. Die Menschen wollen nicht mehr ohne ihn leben. Irgendwann *können* sie es nicht mehr.

In den vergangenen Jahrzehnten wurden zahllose Maschinen erfunden, die uns das Leben erleichtern: Waschmaschine, Staubsauger, Geschirrspülmaschine, Telefon, Handy, Computer … Früher hat es viel Zeit gekostet, einen Brief zu schreiben, ihn zur Post zu bringen und abzuschicken. Heute können wir innerhalb einer halben Minute eine E-Mail schreiben und sofort eine Antwort bekommen. Haben wir jetzt mehr Zeit für uns selbst? Im Gegenteil. Und ich war mir damals sicher, wir würden 20 Jahre später die Hälfte der Woche frei haben!

Der Traum vom besseren Leben hält uns im kleinen Leben gefangen. Er hält uns genau dort fest, wovon wir wegwollen. Lassen wir uns heute immer noch von ihm täuschen? Wahrscheinlich schon. Der Traum vom besseren Leben macht uns blind für die Suche nach einem erfüllten Leben in unserem wahren Selbst. So wie die Menschen vor Jahrtausenden? So wie mich einmal?

Lieben können

Meine Oma las und liebte Tolstoi. So kam auch ich schon in jungen Jahren dazu, so dicke Bücher zu lesen. Mit 14 Jahren ließ mich ein Satz von ihm nicht mehr los:» Lieben können heißt alles können.« Wow!

Es ging mir gar nicht so sehr um »alles können«. Ich wollte damals höchstens einen Salto oder Flickflack können, war aber eher eine Läuferin. Alles lieben können, das war es, was ich wollte. Ich war oft in der Liebe und wollte einfach immer darin sein. Ich weiß noch, dass ich anschließend innerlich wie elektrisiert die Treppe von meinem Kinderzimmer nach unten gegangen bin. Ich hörte meine Mutter in der Küche. Jeder Schritt kam mir wie eine Ewigkeit vor. Es war kurz vor Mittag, und ich bekam mit, dass wahrscheinlich die Kartoffeln überkochten. Auf einmal kam mein Vater angestürmt und tobte los: »Kannst du nicht aufpassen? Das muss doch nicht sein. Kann man dich nicht mal das allein machen lassen? Muss ich da auch noch dabei sein?« Ich ging immer noch Stufe für Stufe die Treppe nach unten. Meistens wollte ich meine Mama in Schutz nehmen oder sie verteidigen. Doch in mir war nur der Satz: »Das wird ja gar nicht so einfach, mit dem ›Liebenkönnen‹«!

Erst viele Jahre später erkannte ich, dass das eigentliche Problem war, wie hart und streng mein Vater sich selbst gegenüber ist. Als Perfektionist verzeiht er sich keinen Fehler. Deshalb verlangt er auch von anderen Perfektion.

Die Natur als heilsame Kraft

Bis etwa zu meinem 18. Lebensjahr spielte das Wort »Gott« keine Rolle in meinem Leben. Ich hörte es kaum. Religion war weit weg. Die Natur war ganz nah. Ich ließ sie in mich hinein und ging in ihr auf. Wochenlanges Wandern durch stille Berge, Baden in klaren Seen, Spielen, Blödsinn-Machen, Spontan-Sein, Atmen und Malen, Malen, Malen war wie Spazierengehen durch den Himmel.

Viele Menschen spüren die heilsame Kraft, zurück zur Natur zu gehen. Die Natur ist ein wahrer Lehrmeister. Benutzen wir die Natur aber, um vor etwas wegzulaufen, um etwas anderes zu vermeiden, wird sie uns darauf aufmerksam machen. Auch das wäre dann eine Abhängigkeit und keine wirkliche Freiheit.

Fragen Sie sich: Ist in der Natur zu sein ein tiefes inneres Bedürfnis von mir? Ist es ein Ausgleich, der guttut, ein fauler Kompromiss, überdeckende Kompensation oder gar eine Flucht? Beobachten Sie Ihre Motivationen.

Der beste spirituelle Platz wäre der langweiligste. Er würde keinerlei Ablenkung bieten. Genau aus diesem Grund gingen früher Menschen in die Einsamkeit auf einen Berg, in eine Höhle, oder sie zogen sich in ein Kloster zurück. Sie trafen bewusst die Entscheidung, mit sich und dem All-Einen allein zu sein. Sie suchten die Wahrheit und wollten Gott gewahr werden. Die Gemeinschaft akzeptierte ihre Entscheidung und sorgte zum Beispiel für Nahrung, damit jede Störung oder persönlicher Kontakt vom Suchenden ferngehalten wurden.

Wie fühlen Sie sich bei dem Gedanken, ohne Ablenkung zu sein? Wenn Sie möchten, probieren Sie ein paar Tage lang ein Meditations-Retreat aus, ohne ein Buch, ohne Musik, ohne irgendwas. Einfach nur sitzen.

Vielleicht spüren Sie schon bei der Vorstellung, dass Unruhe in Ihnen auftaucht und die Gedanken kreisen. Es kommt vieles zum Vorschein bei solch einer Erfahrung, nur mit sich selbst zu sein.

Durch die Angst der Menschen vor sich selbst macht die Unterhaltungsbranche gute Geschäfte. Es braucht ja immer neue Ablenkungen, die die Spannung aufrechthalten.

Ich bin überzeugt, dass wir heute nicht auf einen Berg klettern oder in einer Höhle sitzen müssen. Wir können in jedem Moment und an jedem Ort Gott erfahren. Die All-Einheit ist allgegenwärtig in uns, um uns.

Online gehen mit dem Tao

Wir können immer »online gehen« und unsere Energiereserven in der geistigen Welt auftanken. Selbst wenn wir nur mit einem Teil unseres Bewusstseins dort präsent sind, können wir verbunden mit dem Ganzen sein.

Das Tao bezeichnet die Energie, das geistige Prinzip, das Formlose hinter allem. Davon können Sie sich erfüllen lassen. Es braucht nur Ihre Erlaubnis, sich dem Tao zu öffnen, und es braucht Ihr Tun. In der sogenannten stofflichen Welt wissen wir, »Tun bringt Ergebnisse«. So ist es auch in der Energiearbeit. Für viele Menschen ist dies ein unsichtbarer und daher für sie nicht leicht zugänglicher Bereich, für mich ist das anders. Ich kann darin spazieren gehen. Dazu lade ich Sie ein.

Übung: »Verbindung mit dem Tao«

Begeben Sie sich in bequemer Kleidung an einen Platz Ihrer Wahl in freier Natur. Es ist sinnvoll, möglichst einen Platz ohne Zaungäste zu wählen. So fällt es Ihnen leichter, die Kontrolle loszulassen, da Sie sich nicht beobachtet fühlen.

Beginnen Sie, mit geschlossenen Augen und ruhig stehend bewusst zu atmen. Ihre Seele ist bei Ihnen, und Sie sind ganz in diesem Moment. Mit jedem Atemzug werden Sie gelassener. Ihr Alltag entfernt sich, und Sie sind nur noch im Hier und Jetzt. Sie spüren die Erde unter Ihren Füßen. Ganz gleich, wie das Wetter ist, Sie nehmen alles in sich und um sich einfach nur wahr. Konzentrieren Sie sich auf Ihr Herzzentrum in der Mitte Ihrer Brust. Lassen Sie es mit jedem Atemzug weiter und offener werden. Ihre Sinne sind sehr wach, Sie riechen, hören, schmecken die Luft. Sie existieren. Sie sind kein Kind, kein Erwachsener, keine Frau und kein Mann. Sie sind einfach nur da – als eine Energie, eine Präsenz, eher flüssig oder gasförmig. Auftauchende Gefühle können Sie Ihrer Seele übergeben.

Das Besondere an dieser Meditation ist, Sie lassen die Welt an ihr teilhaben. Öffnen Sie ganz sanft Ihre Augen. Schauen Sie mit einem weichen Blick einfach dahin, wohin er fällt. Bleiben Sie einfach still in sich und schauen. Schauen Sie nichts speziell an. Richten Sie Ihren Blick auf das, was Ihre Aufmerksamkeit auf sich zieht. Machen Sie sich keine Gedanken. Ganz gleich, was passiert, vertrauen Sie diesem Austausch. Bleiben Sie die ganze Zeit über in dem empfangenden Modus. Bleiben Sie vollkommen absichtslos. Nehmen Sie einfach auf, was sich zeigt. Wertfreies Schauen: Wasser, ein Schmetterling, ein Ast, eine Bank oder einfach pure Erde. Vieles sehen Sie gar nicht, was zu Ihnen strömt. Das Wesentliche ist für die Augen unsichtbar. Sie können es aber mit Ihrem Herzen wahrnehmen. Atmen Sie das Unsichtbare ein. Sie sind ein Teil vom Ganzen, lassen Sie sich doch einfach synchronisieren.

Während dieses Prozesses spüren Sie, ob Ihr Körper sich bewegen will. Vielleicht möchte er langsam gehen oder aber rennen. Oder er bewegt sich nur auf der Stelle. Folgen Sie diesen Impulsen, ohne nachzudenken. Querfeldein gehen, stehen bleiben, rennen, in die Hocke gehen – Blatt anschauen, atmen –, Gras anschauen. Alles ohne Absicht. Was dabei geschieht, ist nicht spektakulär. Aber es ist großartig, es ist göttlich.

Und warum nicht mal auf etwas ungewöhnlichere Art »online gehen« und »downloaden«: den Mond betrachten, einen Baum im Arm halten oder ins Meer pinkeln?

Es ist auch wertvoll, diese Übung in Räumen zu machen – für sich allein oder in einer Gruppe. Das Wesentliche dabei ist das offene, absichtslose Schauen und das bewusste Atmen. Sie können sich auch bewegen lassen von den Energien um Sie herum, auch wenn Sie nicht viel freien Raum für eigene ausgiebige Bewegung haben. Sie können mit einem Glas auf dem Tisch in Kontakt gehen und dabei Freude empfinden. Sie können mit dem Stoff eines Sessels in Resonanz gehen oder Glücksgefühle erleben beim Betrachten von gewöhnlichen Socken. Sie glauben mir nicht? Probieren Sie es aus, üben Sie, Tun bringt Ergebnisse. Sie wollen ganz werden. Ein Individuum ist ganz. Ganz sein ist heil sein.

Kapitel 5

Das Potenzial zur Veränderung

*Erfahren Sie, wie Ihnen Aufstellungsarbeit hilft,
Verstrickungen im Familiensystem zu lösen.*

*Wie ist es möglich, berufliche Situationen zu ordnen
oder sich erfolgreich neu zu orientieren?*

Wollen Sie die Kraft Ihrer Seelenpräsenz erleben?

Die eigenen Barrieren und Blockaden erkennen

Eine Beobachtung, die ich in meinen Seminaren immer wieder machen konnte, ist, dass sich auch das Aussehen von Menschen durch die Aufstellungsarbeit stark verändert. Wenn ich Teilnehmer wiedergetroffen habe, die vor einigen Jahren Aufstellungsseminare bei mir gemacht hatten, war ich oft überrascht. Diese Menschen haben über längere Zeit einen Wachstumsprozess mit mir durchlaufen und in dieser Zeit viele innere Muster und Glaubenssätze verändert. Sie haben von ihren Eltern und Vorfahren übernommene Strukturen zurückgegeben. Zusammen haben wir danach gesucht, was wirklich zu ihnen gehört. Bei der Wiederbegegnung bin ich oft begeistert, wie neu und frisch diese Menschen wirken und wie etwas ganz Eigenes von ihnen ausstrahlt. Bei einer Teilnehmerin war es geradezu umwerfend: Die Ähnlichkeit mit ihrer Mutter war verschwunden. Mit dem Zurückgeben der »Päckchen« an ihre Mutter war die Energie aus ihrem bisherigen, belastenden System gelöst. Ihre Seele kam zum Vorschein, und sie bekam dadurch neue, ihre ganz eigenen Gesichtszüge. Sogar ihr Körper formte sich neu. Die Veränderung ging weit über ein jüngeres und besseres Aussehen hinaus. Ich bewundere unseren Körper dafür, zu was er in der Lage ist und wie er überleben, sich ausgleichen und verändern kann. Doch das Verändern vollzieht sich nicht so einfach.

Sind Sie bereit, neu denken, sehen, sprechen, hören und handeln zu lernen?

Es gibt verschiedene innere Barrieren und Blockaden, die uns daran hindern, uns zu verändern und Neues zu lernen. Wie durch einen altvertrauten Gedankenfilter können viele Menschen das Naheliegende nicht erkennen. Es ist kein böser Wille, sie vermögen es nicht zu sehen, denn sie schauen mit ihrem eingeschränkten Bewusstseinszustand auf ihre Lebenssituation. Ein Muster vieler Menschen ist auch, nicht zu sagen, was sie denken. Es läuft immer nur ihre alte Schallplatte. Befreien Sie Ihre Stimme. Ihr Körper möchte Ihre Seelenstimme hören. Er sehnt sich nach der Schwingung Ihrer eigenen Stimme.

Genauso verhält es sich mit Gewohnheiten. Es gibt Menschen, die reden und reden, und handeln dennoch nach ihren überkommenen Handlungsmustern. Zwischen ihrem Sprechen und ihrem Tun gibt es keine Verbindung. Viele reflektieren gar nicht, was sie machen. Sie sind in ihrer eigenen Geschichte und in ihrer Sichtweise auf die Welt gefangen. Bevor sie eine alte Geschichte verlassen, möchten sie wissen, was es für eine neue Geschichte gibt.

Unsere Lebensgeschichte ist sehr verwoben mit unserer Persönlichkeit; sie loszulassen fühlt sich an, als wenn wir uns loslassen müssen, unsere Identität. Erst wenn wir unsere vergangene Geschichte angeschaut, ihre Wahrheit destilliert und ihre Essenz extrahiert haben, können wir unsere Vergangenheit gehen lassen. Es fällt uns sehr schwer, uns aus unseren Geschichten herauszulösen und sie gehen zu lassen, bevor wir wissen, was als Nächstes auf unserem Weg liegt. Vor dem Nichts zu stehen bedeutet Kontrollverlust.

Und genau darum geht es – das Alte funktioniert nicht mehr, und das Neue ist noch nicht da oder trägt uns noch nicht. Dann sind wir aufgefordert zu vertrauen, dieser Situation zu vertrauen.

Es sind nicht immer unsere schlechten Angewohnheiten, die uns am Weitergehen hindern. Unsere schlechten Angewohnheiten bekämpfen wir im Inneren genug, anstatt sie anzunehmen. Dieser Konflikt kostet uns viel Energie. In Wahrheit sind es unsere guten alten Gewohnheiten, die uns so sehr mit unserer Person verwoben haben. Es sind die Bausteine unseres Ansehens, unserer Identität. Für viele Menschen bieten sie die Sicherheit, dazuzugehören und geliebt zu werden. Und die Entscheidung, diese guten Eigenschaften loszulassen, fühlt sich an, als wenn wir uns einem Abgrund nähern. Unser Verstand greift ein, da wir nicht wissen, was als Nächstes kommt. Über unsere guten Eigenschaften haben wir auch Energie bekommen. All diese Muster und Strategien haben uns mit Kontakten zu unserer Umwelt und einem Funktionieren in der Gemeinschaft versorgt. Ich spreche nicht von wahrhafter Kameradschaft, Mitgefühl, Akzeptanz und Unterstützung, die aus einem reinem Herzen und innerer Freiheit kommen. Der sterbliche Mensch in uns liebt Pläne und Ziele, auch die, die eine Illusion sind. Sie vermitteln uns, dass wir das Leben in der Hand haben. Doch ein Ziel aus dem Motiv heraus, Kontrolle über unser Leben zu behalten, wird keine Kraft besitzen. Nur ein Herzensziel, ein Ziel aus der Sehnsucht des Herzens, besitzt Kraft! Der sterbliche Mensch in uns hat lange gelernt, sich daran zu orientieren, ob er sich sicher fühlt. Oft besteht er nur aus einer leeren Hülle. Bei vielen Menschen fühlt sich ihr Körper unbewohnt an. Ich habe das Gefühl, ihr Körper ist wie auf Autopilot geschaltet, da er dennoch funktionieren kann. Er lässt sie auch dann noch Erfahrungen machen, allerdings leider oft nur solche Erfahrungen, die immer wieder die Vergangenheit wiederholen.

Es muss kein Konflikt dahinterstehen, wenn man seine Persönlichkeit weiterentwickeln möchte. Es ist aber notwendig, das Motiv dahinter zu durchschauen, alle Spiele zu durchschauen. Die bisherige Persönlichkeit möchte sich nicht zerstört sehen. Sie hat Angst vor Veränderung und möchte nicht erschüttert werden.

Oft empfinde ich starke Persönlichkeiten mit festen Überzeugungen als sehr dicht, begrenzt und eng. In unserer Gesellschaft gilt es hingegen als positiv, wenn jemand für seine Überzeugung einsteht und seine Standpunkte fest vertritt. Offen zu sein bedeutet hingegen, »fließend« zu sein und nicht gleich eine feststehende Meinung haben. Es fällt schwer, unterscheiden zu lernen, ohne zu verurteilen oder zu bewerten. Das ist eine Falle für viele spirituelle Menschen. Zum einen bewerten sie noch sehr stark, meist das, was aus ihrer Sicht nicht spirituell ist, zum Beispiel Trinken, Fleischessen, Rauchen … zum anderen erlauben sie sich nicht mehr, klar zu sein. Sie finden keinen Weg, der zusammengeht.

Die Ursache dafür sind oft noch ausgegrenzte eigene Anteile im Unbewussten. Sie stellen sich noch gegen etwas im Inneren, darum auch im Außen. Und sie glauben noch, für etwas sein zu müssen, und spüren nicht, wie sie dadurch das Sein verpassen. Mein Weg war die Konzentration auf das »Jetzt«. Jeden einzelnen Moment habe ich mich beobachtet. Aus welcher Motivation heraus handle ich? Mittlerweile brauche ich das nicht mehr. Es ist mir in Fleisch und Blut übergegangen und läuft ohne zu denken ab, aus dem purem Gewahrsein heraus. Ich spüre einfach, was sich für mein System gut anfühlt. Es fühlt sich entweder angezogen, oder es fühlt sich abgestoßen. In jedem Moment kann sich die Wahrheit wieder neu zeigen. In einem Moment kann etwas Bestimmtes stimmig sein, und in einem anderen Moment geben mein Körper, meine Seele und meine Intuition ein anderes Signal. Diese anderen Impulse sind dann genau stimmig. Es ist wie mit dem Essen: An einem Tag habe ich Appetit auf etwas Warmes, was meinem Inneren Kind guttut und es nährt. Es ist kein Widerspruch, wenn ich dann am nächsten Tag einfach auf etwas Frisches und Saftiges Appetit habe.

Die Einheit finden wir, indem wir auch scheinbar gegensätzliche Seiten in uns anerkennen.

Annehmen, was ist – die größte Herausforderung im Leben

Was ist damit gemeint? Es ist nicht gemeint, »alles« gut zu finden und gutzuheißen. Der Verstand macht da nicht mit.

Warum ist Annehmen der wichtigste Schritt auf dem Weg? Annehmen bedeutet Akzeptanz. Es ist das Verständnis, dass uns alles im Leben nicht durch Zufall passiert, sondern uns führen will. Es führt uns zu mehr Bewusstheit und Erkenntnis. Das Leben spricht zu uns durch jeden Moment.

Die zartesten Lebewesen gibt es in der Tiefsee. Unsere Erde ist zu zwei Dritteln mit Ozeanen und Meeren bedeckt. 50 Prozent unserer Erde macht die Tiefsee aus. Vieles in diesem dunklen Reich ist noch unbekannt. Doch es gibt wunderschöne Aufnahmen von zarten, fast transparenten Wesen. Leicht, wie Feen anzusehen, leben sie unter größten Druckverhältnissen. Warum können sie das? Wenn wir als Menschen tief hinabtauchen wollen, bauen wir dicke gepanzerte Fahrzeuge, die diesem Druck standhalten. Ich glaube, dass diese feinen Wesen einfach keinen oder wenig Widerstand leisten. Sie sind fast durchsichtig, vielleicht durchlässig.

Wenn wir keinen Widerstand leisten, widersetzen wir uns nicht. Die Reaktion darauf ist, dass sich auch uns nichts widersetzt. Dieses Wissen ist reine Physik, und doch kämpfen viele Menschen gegen alles, was sich ihnen in den Weg stellt. Sie kämpfen gegen den Krebs – für Gesundheit. Sie kämpfen gegen andere Menschen und Völker, gegen ihr Schicksal und gegen sich selbst. Sie kämpfen gegen Armut und für Freiheit, ohne sich zu fragen, was Freiheit bedeutet und ob sie wirklich bereit für Freiheit sind.

Annehmen, was ist, gibt uns erst einmal die Möglichkeit für Veränderung. Es ist eine Einladung an den Wandel. Nicht-Annehmen, was ist, hält fest, lässt Energie nicht fließen, lässt Wandel nicht zu.

Wir werden erst in dem Moment wissen, wer wir sind, wenn wir uns dem freien Lebensfluss hingeben können.

Systemisches Coaching und energetische Aufstellungsarbeit

Die beiden Lösungswege, die Verstand, Gefühle und die Körperebene verbinden, helfen, Verstrickungen im Familiensystem zu klären, berufliche Situationen zu beleuchten und zu ordnen, Gefühle zu heilen und zu integrieren. Beide Wege sind neutral, wertfrei und anerkennend für »das, was ist« auf einer tieferen Ebene. Sie bewerten nicht den einen als gesund und wissend, den anderen als gestört und unwissend. Sie sind prozess- und lösungsorientiert. Konkrete Ergebnisse und positive Veränderungen sind in kurzer Zeit möglich. In ihrer offenen, phänomenologischen und beobachtenden Vorgehensweise können sie Persönliches und Seelisch-Geistiges integrieren.

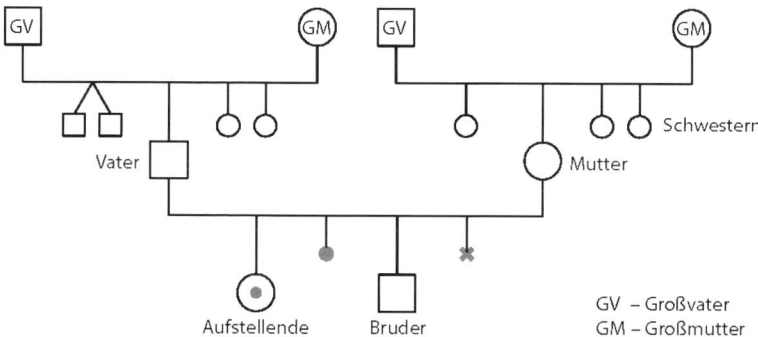

Familiensystem

In Familienaufstellungen haben wir die Chance, übernommene Päckchen von Gefühlen und Überzeugungen zurückzugeben. Wir sind frei, eine Wahl für uns zu treffen. Wie wollen wir leben? Der Zwiespalt und die Wut in Familien kommt oft daher, dass wir unser eigenes Leben nicht leben können. Das ist ein hoher Preis. Wir können die Weitergabe des Traumas durch die Aufstellungsarbeit stoppen. Wird es bei uns aufgelöst, ist dies das größte Geschenk für unsere Kinder, da es sonst an die nächste Generation weitergegeben wird.

Berufliche Situationen

Das Klären von Verstrickungen im Berufsumfeld und von Mobbing ist heute aktuell präsent. Warum gerate ich in diese Situation, in diese Firma? Warum wiederholen sich immer wieder ähnliche Situationen? Was haben sie mit mir zu tun? Warum fühle ich mich immer wieder als Opfer? Warum zieht mein Unternehmen Menschen im Mangel an? Warum kann ich als Führungskraft Menschen nicht erfolgreich zu einem Ziel führen?

Ich habe viele Jahre selbstständig Trainings und Schulungen im Organisationsaufbau und der Mitarbeiterführung entwickelt und durchgeführt. Es war eine Freude, Führungskräfte mit Herz zu entwickeln. In dieser Zeit der Neunzigerjahre habe ich sehr viel über Strukturen, Dynamiken und systemisches Verstehen in Gruppen gelernt. Damals wusste ich nicht, was dies für ein reicher Schatz ist. Ich habe gelernt, dass ein Unternehmen ein lebendiger Organismus ist, ein kollektives Bewusstsein. Es ist ein Irrglaube, dass wir nur Zahnrädchen und austauschbar sind. Eine Unternehmensführung, die nicht bereit ist, wirklich hinzuschauen, schreibt irgendwann Minuszahlen und stirbt, so wie ein Mensch krank wird, wenn er Signale überhört. Es helfen dann auch keine Hochglanzbroschüren, großen Autos, Glaskästen oder besseren Preise. Veränderung kann nur im Inneren geschehen.

Eine Aufstellung ist auch eine Möglichkeit, neue berufliche Wege zu erkennen. Sie gibt Auskunft über Neuorientierung und hilft bei einer Ausrichtung gerade dann, wenn es verschiedene Wege gibt.

Mein Lieblingsthema ist das »Erkennen der eigenen Potenziale«. Wir tragen so viele Talente und Gaben in uns, zu denen viele keinen Kontakt mehr haben oder ihnen nicht vertrauen. Durch Aufstellungsarbeit kann ich Menschen wieder mit diesen eigenen Potenzialen verbinden. Sie können wieder ihre ureigenste, vielleicht vergessene Kreativität spüren und dann fühlen, was ihnen wirklich gefehlt hat. Ihre Seelenqualität und Kreativität werden viel Freude in ihr Leben bringen. Ich begleite Menschen schon lange in ihre eigene Kraft und Selbstständigkeit. In ihre Erfüllung.

Seelenaufstellung

Können Sie Ihre Seele spüren? Haben Sie innigen Kontakt zu Ihrer Seele? Können Sie ihr zu 100 Prozent vertrauen? In einer Seelenaufstellung stellen Sie einen Stellvertreter für sich selbst und jemanden für Ihre Seele in den Raum. Sie können von außen beobachten und auf das Bild schauen, das sich zeigt. Sie können erkennen, ob Blickkontakt und Nähe da sind oder noch Angst und Zweifel. Sie können dann nach einiger Zeit selbst in die Aufstellung gehen. Meist ist es tief berührend, in diesem Moment seiner eigenen Seelenenergie zu begegnen. Sie können erleben, wie es sich anfühlt, sich an Ihre Seele anzulehnen und ihre Wärme zu spüren. Sie können ihr in die Augen schauen und Ihre eigene Unendlichkeit sehen.

Körperaufstellungen

Wir haben verschiedene Körperebenen und Facetten in uns: einen physischen Körper, einen mentalen Körper (Verstand), einen emotionalen Körper, einen seelischen Seins-Körper, einen kreativen und einen sexuellen Körper. Es ist sehr wertvoll für die Selbsterkenntnis, zu sehen, wie die Kommunikation zwischen diesen Anteilen auf unterbewusster Ebene abläuft. Besteht Kontakt zwischen den Anteilen? Welcher ist dominant, und welcher ist ausgeschlossen? Welche Körperanteile verbinden sich und wirken positiv, welche eher destruktiv und selbstzerstörerisch?

Genauso hilfreich ist es, einen Blick auf unseren inneren weiblichen und männlichen Anteil zu bekommen. Lässt Ihr männlicher Anteil Ihrem weiblichen Anteil genügend Raum und umgekehrt? Ist Wertschätzung da? Mit wie viel Vertrauen kann Ihre Innere Frau Ihrem Inneren Mann begegnen? Sie können so einiges über Ihre Partnerschaftserfahrungen erkennen und manches Beziehungsthema in Ihrem Leben positiv verändern.

Aufstellung von Glaubenssätzen

Sie können alte, hindernde Überzeugungen, zum Beispiel »Ich bin nicht gut genug ..., Ich kann nicht ..., Ich habe kein ..., Ich darf nicht ..., Ich muss ..., Ich werde ja doch immer verlassen ...«, loslassen und verändern.

Aufstellungen von Gefühlen

Was bestimmt unsere Emotionen und Gefühle? Eine Aufstellung gibt uns Einblick in die Zusammenhänge und Ursprünge von widersprüchlichen und uns unerklärlichen Gefühlen. Damit lassen sich beispielsweise die ständige Angst zu versagen, obwohl jemand sehr erfolgreich ist, das nagende Gefühl des Zweifels oder der Eifersucht in einer ansonsten harmonischen Beziehung, unbegründete Existenzängste, plötzliche unangemessene Wutausbrüche und viele andere Emotionen besser verstehen und auflösen.

Die besondere Gabe eines Aufstellungs-Coachs zeigt sich darin, ob er das Verborgene erfassen und die Aufstellung so anleiten kann, dass sie die Verwicklungen aufzeigt und zu Erkenntnissen führt.

Halb-Blind-Aufstellungen

Bei dieser Form der Aufstellung wissen die jeweiligen Stellvertreter, wofür sie stehen, doch der Aufstellende und sein Stellvertreter nicht. So können Letztere intuitiver wahrnehmen. Diese Aufstellungsform ist sehr kraftvoll.

Blindaufstellungen

Bei Blindaufstellungen weiß keiner, außer dem Aufstellungsleiter, wofür ein Stellvertreter steht. So ist der Prozess jenseits des Verstandes offen für die Reaktionen aus dem Unterbewusstsein.

Wortlose Aufstellungen

Aufstellungen, in denen nicht gesprochen wird, haben eine enorme Kraft. Sie wirken über das Aufstellungsbild und die Bewegungen, die sich zeigen. Ich nutze sie gern an einem Trainingsabend vor den Seminaren, da sie über Nacht tief im Unbewussten wirken.

Dennoch ist es auch möglich, wortlose Aufstellungen zu kombinieren, indem jeder Stellvertreter nach der Aufstellung dem Aufstellenden ein Feedback gibt. Es sollte kurz sein, um die Energien nicht zu zerreden.

Achtsamkeit in der Aufstellungsarbeit

Systemische Arbeit ist sowohl in einer Gruppe möglich als auch bei einem Einzeltermin. In der Gruppe stellt derjenige, der sich etwas anschauen möchte, Seminarteilnehmer in bestimmten Rollen als Stellvertreter an eine bestimmte Position. Er wählt ebenso einen Stellvertreter für sich selbst. Zunächst schaut er sich den Aufstellungsprozess von außen an. Als Aufsteller spüre ich den richtigen Zeitpunkt, wann der Aufstellende in seine Aufstellung hineingeht. Die Entscheidung, sich selbst hineinzubegeben, ist für ihn natürlich freiwillig. Oft ist das reine Betrachten der Aufstellungsbilder schon tief bewegend. In diesem Energiefeld selbst drinzustehen macht Erkenntnisse jedoch noch einprägsamer. Durch die Bereitschaft, zu fühlen, lösen sich alte Energien und verlassen nicht nur durch Tränen unser Körperenergiesystem.

Ich liebe diese sehr praxisorientierte Arbeit, da sie so direkt auf unser Leben wirkt und Verstrickungen grundlegend löst. Von einem systemischen Coach fordert sie sehr sensible Wahrnehmungsfähigkeit in Verbindung mit Erfahrung. Einen großen Unterschied macht es, mit welchem Bewusstsein er oder sie arbeitet und mit welcher Tiefe an Liebe.

Voraussetzung ist auch, dass man als Coach selbst intensiv durch Selbstheilungsprozesse in die eigene Klarheit gegangen ist. Man wird in dieser Arbeit mit den verschiedensten Dingen konfrontiert, für die man frei von Urteilen und Bewertungen sein muss. Das ist erst möglich, wenn man sich als Aufstellungsleiter selbst gut kennt, sich annimmt, vergibt und liebt.

Auch habe ich als Aufstellungsleiterin immer ein Auge auf alle Teilnehmer und darauf, dass sie gut aus einer Stellvertreterrolle herausgehen. Meist genügt es schon, sich zu schütteln oder die Rolle sinnbildlich abzustreifen. Wir öffnen Türen und Fenster nach jeder Aufstellung und sorgen damit für viel frische Luft. Wenn es dennoch so aussieht, als ob ein Teilnehmer in einer Rolle hängen bleibt, passiert das meist durch starke eigene Resonanz. Es ist selbstverständlich, dass ich mich um ihn kümmere und ihn mit ein paar bewussten Schritten aus der Rolle führe.

Meiner Erfahrung nach ist es besser, Paare nicht gemeinsam in eine Aufstellung als Stellvertreter hineinzunehmen. Sie müssten schon sehr bewusst sein, um ihre eigene Paarbeziehung dabei herauszuhalten.

Geht es um verstorbene Menschen, ist es öfter sinnvoll, die Stellvertreter auch auf den Boden zu legen. Nach dem Betrachten, Anerkennen, Verarbeiten kann ein Abschied durch eine Lichtsäule stattfinden, die durch mehrere Personen aufgebaut wird. Sie kann dann auch den Verstorbenen ins Licht begleiten. Wichtig ist, dass sie danach aufgelöst wird. Klar muss sein, wer schon auf der anderen Seite ist und wer noch hier im Leben steht. Die Tendenz mitzugehen ist für Angehörige oft sehr stark.

Es gäbe jetzt noch viele Details, die ich zum Umgang während einer Aufstellung mitteilen könnte, was jedoch den Rahmen des Buches sprengen würde. In meinen weiterführenden Ausbildungsgruppen hat auch dieser theoretische Part seinen Platz.

Rückführungen und Aufstellungsarbeit

Erst nach Jahren der Aufstellungsarbeit habe ich die Ausbildung zur Reinkarnationstherapeutin gemacht. Ich spürte oft diesen Zug zurück und wollte ergründen lernen, warum wir in unserem irdischen Leben gerade zu diesen Eltern und in dieses Familiensystem kommen. Meine sensitive Wahrnehmung ermöglicht es mir, Bilder und Impulse aus anderen Leben mit der lösungs- und heilungsorientierten Aufstellungsarbeit zu verbinden. Mein Gespür ist durch die ständige Verbindung zur geistigen Welt sehr real und konkret. Ich bin unglaublich dankbar dafür. Dadurch, dass ich alte Erfahrungen sehen kann, kann ich die Aufstellungsarbeit um vieles erweitern, und auch diese abgespaltenen Anteile können so wieder integriert werden.

Die Reise unserer Seele führt weit in die Vergangenheit zurück. Eine Rückführung gibt uns Erfahrungen daraus frei. Diese und all die damit verbundenen Gefühle steigen wieder in unser Bewusstsein auf. Oft sind es schmerzhafte, verdrängte Erfahrungen, die unser heutiges Leben manchmal vollkommen im Griff haben. Die eingefrorenen Energien in uns sind der Resonanzboden und erzeugen in unserem heutigen Leben ähnliche Erfahrungen immer wieder. Ich nutze dann die Möglichkeit, steckengebliebene Energien aus alten Leben durch Aufstellungsarbeit erneut ins Fließen zu bringen.

Fallbeispiele aus meiner Aufstellungsarbeit

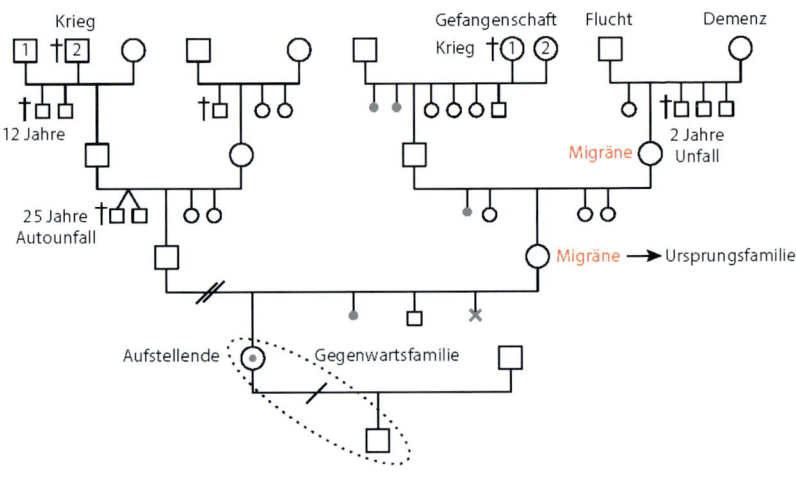

☐ Mann	☐ Aufstellender	—— Verheiratet	⧸— getrennt
○ Frau	⊙ Aufstellende	- - - Beziehung	⧸⧸— geschieden
①☐ erste Frau / Mann	⊔○⊔△ Kinder / Zwillinge		⊤ Fehlgeburt
②☐ zweite Frau / Mann	○† ☐† gestorben		⤬ Abtreibung

✗ Streit, Hass

⋯⋯ zusammen lebend
bzw. nach Trennung
oder gemeinsame Flucht

FALLBEISPIEL:
»UNVERARBEITETE TRAUER UND VERLUSTANGST«

Katja, 43 Jahre, nahm vor drei Jahren an meinem Seelen-coach-Seminar teil und durchlief schüchtern einen Heilungsprozess. Nicht, dass sie dabei nicht auch gelacht hätte, sie hat einen klasse Humor. Schüchtern fand ich sie, weil sie immer mit einem Schritt vor und einem halben zurück dabei war. Ein Teil von ihr wollte lieber in Deckung bleiben. Sie saß auf dem »Fluchtplatz«, am nächsten zur Tür. Ich mochte sie vom ersten Tag an, und mein Herz jubelte, wenn ich sie sah. Wir kannten uns schon länger, aber sie fühlte sich sicherer in der Einzelarbeit, denn sie hatte höllischen Bammel vor einer Gruppe. Erst ein Schicksalsschlag, der Selbstmord ihres Vaters, führte sie auch in die Aufstellungsarbeit in einer Seminargruppe.

In ihrem Familiensystem hatten sich viele Schocksituationen durch plötzliche Todesfälle ereignet. Ihr Cousin war mit 21 Jahren verunglückt. Seine Mutter kämpft noch immer mit ihrer Trauer. Ihr Körper verkrampfte sich im Laufe der Zeit schmerzhaft, sodass sie nur mit Gehwagen laufen und kaum mehr verständlich sprechen kann. Katjas Schwägerin hat ihr zweites Kind im achten Monat durch einen Autounfall verloren.

Katja selbst leidet unter ihrem Kontrollwahn und Perfektionismus. Sie weiß, dass sie nur schwer locker lassen kann. Es bereitet ihr immer mehr Sorgen, dass ihre Umwelt und ihr Mann ihren angestauten Stress und Ärger abbekommen. Schon bei einer Kleinigkeit fühlt sie sich nicht geliebt.

Katja trug in ihrer Herkunftsfamilie viel Verantwortung und war nicht an dem Platz einer Tochter. Später übernahm sie auch in ihrem Beruf jede Menge Verantwortung für ihre Kunden. All das brachte sie immer wieder an ihre körperlichen Grenzen. Ohnmacht und Hilflosigkeit wechselten sich mit übertriebener Kontrolle ab. Es war ein anstrengendes Leben bei vollem, perfektem Einsatz im Beruf und im Alltag – super ordentlich, pünktlich, zuverlässig … Doch es kamen immer mehr Situationen, in denen die Belastung eskalierte. Katja verlor die Kontrolle, die Kunden tanzten ihr fordernd auf der Nase herum, und sie empfand wieder diese Ohnmacht der Überforderung.

Drei Jahre später saß Katja mit einer neuen Entschlossenheit in einem meiner Aufstellungsseminare. Klar war da noch das Thema, nicht ernst genommen zu werden, weil sie sich selbst und ihre Bedürfnisse nicht ernst nahm. Sie war innerlich sehr aufgeregt, doch es war nicht mehr die Panik in ihr, sofort flüchten zu müssen. Unsere Katja wird Mama. Sie kann die Freude kaum zulassen, da sich sofort die Verlustangst meldet. Sie sagt, sie will nicht, dass ihr Baby im Bauch über neun Monate hinweg eine Mama erleben muss, die nur heult.

Knapp drei Jahre zuvor, während des Seelencoach-Seminars, hatte ich schon Bilder von Katja empfangen, wie sie in einem vergangenen Leben hochschwanger vor dem Grab ihrer Kinder steht: der pure Horror mit unvorstellbarem Leid. Dann sah ich zwei Kinder, einen größeren Jungen und ein kleineres Mädchen. Sie waren plötzlich gestorben, ohne Abschied oder Vorwarnung. Dann noch ein weiteres Bild: das Ungeborene in ihrem Bauch verlor die Mutter vor Kummer.

Mit diesen Bildern in mir begannen wir mit ihrer Aufstellung. Katja hatte jetzt die Kraft, ihrem inneren Anteil von

»Verlust und Verlassensein« zu begegnen. Diese riesengroße Verlustangst begleitete sie auch im jetzigen Leben unterschwellig und trat bisweilen heftig und schmerzhaft an die Oberfläche.

Der Schock war ihrer Stellvertreterin deutlich anzusehen. Wie das Kaninchen vor der Schlange stand sie einfach wie gelähmt da. Katja sah von außen auf die Aufstellung und erkannte, wie ein Teil ihrer selbst im Schmerz steckengeblieben war. Dieser Teil in ihr schrie vor Verzweiflung. Katja war bereit, in ihre Aufstellung zu gehen, und sie dankte ihrer Stellvertreterin. Sichtlich berührt von diesem Kummer, verschloss sie nun nicht mehr ihr Herz. Dann war es, als würden heftige Wehen diesen Anteil schütteln, und Katja begann in verkrampfter, gekrümmter Haltung zu schluchzen. Erst als ich ihre Kinder von damals dazustellte, gelang eine Bewegung aus diesem Trauma. Die Energie von allen schaffte es, ein Erkennen der Seelen möglich zu machen. Es kam zu einem berührenden Abschied, der nie stattgefunden hatte. Katja erlebte eine Versöhnung mit diesem Schicksal, denn sie erkannte, dass ihre Kinder im Frieden sind und keine Schuld da ist. Gerade durch das Zulassen von Trauer entstand Akzeptanz.

Schon früher hatte mir Katja erzählt, dass sie als fünfjähriges Kind nächtelang im Bett voller Panik über den Tod nachgedacht hatte. Als kleines Mädchen zerbrach sie sich also den Kopf darüber, dass mit dem Tod ein für allemal alles vorbei ist: Schluss, aus, vorbei, alles.

Das geschah aus der Erfahrung dieses vergangenen Lebens heraus, verbunden mit einem begrenzten kindlichen Bewusstsein. Und damals, vor dem Grab ihrer Kinder, hatte sie angenommen, dass der Tod eine Trennung für immer bedeutet, denn sie wusste nichts über die Ewigkeit der Seele und des Geistes. Als der Tod ihrer Kinder alles zerbrach, wurde somit ihr Himmel zur Hölle. In der Hölle war sie gefangen geblieben, doch nur bis zu diesem Tag. Irdisch vielleicht eine Viertelstunde, doch himmlisch eine Ewigkeit waren Mutter und ungeborenes Kind in der Liebe der göttlichen Mutter geborgen. Mit ihrem Schmerz und ihrer Angst vor Verlust hatte Katja sich auch der Gabe, eine wunderbare, liebende Mutter zu sein, verschlossen. Dieser Anteil voller Liebe in ihr konnte sich nun öffnen, und seine Kraft fließt jetzt zu ihr und wird eingelassen.

Katja muss sich jetzt nicht mehr kontrollieren, um Verletzung zu vermeiden. Sie lernt, lockerer zu sein, und lässt die Freude ohne Angst vor Wiederholung ihres Schmerzes wachsen. Ich wünsche ihr von Herzen die Erfüllung dieser Sehnsucht, Mutter zu sein, glücklich mit ihrer Familie, inmitten von Natur und Tieren.

FALLBEISPIEL: »ANGST VOR ERFOLG«

Aron, 36 Jahre, schilderte mir seine Lebenssituation. Er fühlte sich gesundheitlich sehr angeschlagen, vor allem auf seiner rechten Körperseite. Schulter, Knie, Rücken und der rechte Fuß taten ihm weh. Im linken Ohr hatte er seit Längerem Tinnitus – ein ständiges Ohrgeräusch, einen Pfeifton. Er war beruflich als Geschäftsführer tätig und wieder an einem Punkt kurz vor dem richtig großen Erfolg. Schon einmal hatte er sich mitten im Durchbruch zum Erfolg aus allen Belastungen herausgezogen. Er ging auf eine große Weltreise, er selbst schätzt das heute als Flucht ein. Für mich sehr bedeutend war noch seine Selbstschilderung, dass er sich emotional nie ganz einbringt, weder in seinen Beziehungen zu anderen Menschen noch in einer Partnerschaft noch im Beruf. Obwohl er es liebt, Dinge von ganzem Herzen zu tun, bleibt er sozusagen immer mit circa zehn Prozent außen vor. Außerdem gestand er mir, er fühle sich an manchen Tagen richtig hässlich, wenn er in den Spiegel schaut – und dabei ist er ein super attraktiver Mann mit Ausstrahlung. Außerdem fühlt er sich innerlich zerrissen, da Teile in seinem Leben voneinander getrennt sind, besonders seine spirituelle Herzenswelt von seiner beruflichen Welt.

Bei der Schilderung seiner Schmerzen im Fuß sprach er davon, sie fühlten sich an wie Fußketten mit einer Kugel dran. Er käme einfach nicht weg, und im realen Leben könne er auch nicht mehr rennen. Ich empfing das Bild von einem Sklaven auf einer alten Galeere. Es wurde immer deutlicher, wie er einstmals als schwarzer Mann unwürdig geschunden und in ständiger Lebensangst gefangen gewesen war. In meinen Ohren fing es an zu hämmern, immer wieder der Takt zum Rudern. Es klang unerträglich und bedrohlich.

So begann ich die Aufstellung mit einem Stellvertreter für Aron und einem Stellvertreter für den Sklaven. Es ist nicht einmal so wichtig, ob das Bild des Sklaven zu 100 Prozent stimmt. Es ist nur wichtig, diesem traumatisierten Anteil von sich selbst zu begegnen.

Der Stellvertreter für den traumatisierten Sklaven ging sofort zu Boden und verdeckte das Gesicht. Große Scham machte sich breit. Er zitterte und schluchzte so sehr, dass er kaum atmen konnte. Aron stand starr und steif davor. Er hatte Gänsehaut, bemerkte ich, konnte sich nicht bewegen und atmete kaum. Ich spürte immer stärker die Präsenz von vollkommener Unsicherheit und positionierte einen Stellvertreter dazu. Die Situation war zum Zerreißen angespannt.

Dann begann die Energie zu fließen – durch Worte, die Aron zu seinem Anteil sprach. Es gab einen ganz bestimmten Moment, als der Damm – die lange Trennung zwischen beiden – aufgehoben wurde. Der Sklave war bis dahin mit all seinen körperlichen und seelischen Wunden in Aron vollkommen isoliert gewesen. Doch nun begann ein Erkennen und Verbinden, und Aron erkannte all die Zusammenhänge und Wirkungen auf sein derzeitiges Leben.

Nach längerer Zeit des Fühlens und Auflösens der gefangenen Energie wählte ich mehrere Stellvertreter für die verschiedenen Anteile von Arons Leben: einen für sein spirituelles Sein und Erwachen, einen für das Thema Beruf, einen für den Bereich Beziehung und einen für Erfolg und Erfüllung.

Gemeinsam schauten sie auf die jetzige Situation. Ein neues Energiefeld war entstanden. Es war ganz klar ersichtlich, dass dieser alte Anteil des Galeerensklaven in Aron Erfolg nicht kannte. So etwas existierte einfach nicht für ihn, denn seine inneren Überzeugungen schlossen den Erfolg einfach aus. So lassen sich der Abbruch der Arbeit und die Flucht Arons vor einem Erfolg in seinem jetzigen Leben und auch das Gefühl, nicht voranzukommen, erklären. Er spürte, warum er so viel Angst hatte, sich wirklich ganz in Dinge und Beziehungen hineinzubegeben. Er fühlte diese stets überwältigende Angst, gefangen genommen zu werden. Noch heute hatte ein Teil in ihm weiterhin Angst, vereinnahmt zu werden und sich zu verlieren. Aron konnte sich auch nie ganz so zeigen, wie er wirklich war. Unbewusst begleitete ihn stets das Gefühl, nicht würdig zu sein, und von Scham. Ein Teil von ihm fand sich zu hässlich, um sich zu zeigen. Diesen Teil sah Aron ab und zu, wenn er in den Spiegel schaute.

Ganz gleich, was wir verbergen wollen, es schwingt mit

und kommt unbewusst bei anderen Menschen an. Diese können es oft nicht einordnen, und auch ein fröhlich wirkender Mensch kann beispielsweise ein Gefühl vermitteln, dass etwas nicht mit ihm stimmt. Eine solche Aufstellung ist ein großes Geschenk, wenn wir bereit sind, durch die Angst zu gehen. Sie ermöglicht, dass verschiedene Anteile eines Menschen in Einklang kommen und Verbindung finden können. Sie löst die Trennung zwischen Spiritualität, Partnerschaft und Berufsleben. Auch die körperliche Gesundheit haben wir bei diesem Fall mit in den Kreis genommen, und ich bin sicher, sie wird sich durch diese Entlastung im seelischen Bereich erholen. Der ohrenbetäubende Trommelschlag zum Rudern kann zur Ruhe kommen. Ich bin gespannt, ob sich auch der Tinnitus legt und es wahrhaftig still wird. Der Sklave wird gesehen und hat einen Platz. Er hat keinen Grund mehr, auf sich aufmerksam zu machen.

FALLBEISPIEL:
»VERTRAUENSMISSBRAUCH«

Ich glaube, Amelie ist schon ihr ganzes Leben auf der Suche gewesen. Sie trägt viel Wärme und große Liebe in sich. Wer sie umarmt, spürt die Urkraft von Mütterlichkeit und Geborgenheit. Ihr Lebensweg ist von tiefsten Verletzungen geprägt. Immer wieder kam es zu Trennung und Kontaktabbruch von vertrauten Menschen. Es schien, als höre das Leid in ihrem Leben nie auf. So kam sie in meine Seelencoach-Seminare, allerdings mit unterschwelliger Angst und Skepsis. Ein Teil von ihr hatte alles Vertrauen verloren, aber ich wusste, dass das nichts mit mir und meiner Arbeit zu tun hatte. Über viele Seminar-Wochenenden hinweg gewann sie immer mehr Vertrauen zurück, vor allem das Vertrauen in ihre eigenen Gefühle.

Ihre Frage, mit der sie sich beschäftigte, war, warum sie sich und ihre Kraft so ängstlich zurückhält. Sehr gern wäre sie mehr für andere Menschen da. Die Sehnsucht danach und der Schmerz über ihren Selbstzweifel ließen sich an ihren Augen ablesen.

Ich wusste schon länger, was in Amelie noch nicht im Frieden war. In der Anfangszeit ihres Erwachens hatte sie ihr Herz geöffnet. Sie war dadurch wie viele Menschen sehr verletzlich gewesen. Wie eine Ertrinkende hatte sie sich an Menschen geklammert, die Antworten parat hatten. Menschen, die ihr einen Weg zeigen konnten, wo sie Halt und Zugehörigkeit fand. Genau dort hatte einst der tiefste Vertrauensbruch stattgefunden.

Ich stellte Amelie blind einen Stellvertreter für »manipulative, machtvolle spirituelle Lehrer« gegenüber. Ohne, dass sie wusste, wofür der Stellvertreter stand, reagierte ihr Körper. Sie trat einen Schritt zurück und sagte: »In meinem Bauch krampft sich alles zusammen.«

Ich stellte ebenfalls blind einen Stellvertreter für »wahre, liebevolle Lehrer« dazu. Zu dieser Person konnte sie sich einen Schritt hinbewegen und blieb dann stehen. Sie sagte »keines von beiden«, und genau das war der Punkt, warum sie sich zurückhielt. Ich gab den Stellvertretern ein Zeichen, dass sie sagen könnten, wofür sie stehen.

Amelie brach unter Tränen fast zusammen vor dem manipulativen Lehrer. All die Enttäuschung brach aus ihr hervor, in ihren schwierigsten Stunden und Zeiten benutzt worden zu sein. Oft hatte der Lehrer ihre Gefühle als falsch beurteilt und sie vor einer Seminargruppe bloßgestellt. Ausgerechnet von Menschen enttäuscht zu werden, denen man sich schwach und offen anvertraut hat, hinterlässt im Herzen erneut tiefe Wunden, auch wenn alte Wunden damit berührt werden. Es ging für Amelie jetzt darum, zu vergeben, vor allem auch sich selbst. Sie musste sich vergeben, dass sie damals ihren Gefühlen nicht vertraut und auch viele andere zu jenem falschen Lehrer geführt hatte. Und sie musste sich aus seinen Bewertungen und Urteilen befreien. Da sie sich ihrem Schmerz stellte, konnte sie erkennen, dass sie damals die Verantwortung für sich selbst abgegeben hatte. Sie spürte aber auch, dass sie durch diese kränkende Erfahrung innerlich gewachsen ist. Sie hat einen Weg zurückgefunden ins Vertrauen. Sie hat mir, trotz dieser negativen Erfahrungen, vertraut, und sie lernt nun, sich selbst wieder zu vertrauen.

Wir alle müssen lernen zu unterscheiden, ohne zu urteilen. Es war schön, zu beobachten, wie sich Frieden in ihrer Aufstellung ausbreitete. Sie konnte immer gelassener hinschauen und das Bild, das sich ihr bot, anerkennen, ohne es gutheißen zu müssen. Sie verstand jetzt klarer, dass ein Mensch für sich selbst verantwortlich ist. Nur er selbst kann entscheiden, von wem er sich angezogen fühlt und wo es für ihn nicht stimmig ist.

Amelie hatte sich in einer früheren Aufstellung schon mit ihrem eigenen machtvollen Anteil auseinandergesetzt. Nun wurden ihr immer mehr Zusammenhänge bewusst. Es war jetzt der besondere Moment gekommen, ein für alle Mal aus Machtspielen auszusteigen. Sie spürte, dass es mit ihrem neuen Bewusstsein gar nicht mehr möglich wäre, andere Menschen so zu beeinflussen, dass es ihnen auch schaden könnte. Nur die Angst davor, anderen zu schaden, hatte sie abgehalten, sich auf ihrem Weg weiter zu entfalten. Nun beschloss sie, künftig ganz sie selbst zu sein und wahrhaftig und ganz aus der Liebe heraus zu wirken.

FALLBEISPIEL:
»AUF DER ERDE KEINEN PLATZ FINDEN«

Evi, Mitte 40, kam unter anderem mit körperlichen Problemen zum Seelencoach-Seminar. Sie litt immer wieder unter Kopfschmerzen, und auch am ersten Seminartag war sie den Tränen nahe und klagte, sie habe einen riesigen Druck im Kopf. Wenn ich sie ansah, hatte ich das Gefühl, dass ihr Kopf, energetisch betrachtet, dreimal so groß ist wie in Wirklichkeit. Doch die Energie konnte nicht fließen. Dazu kamen Schmerzen in der Schulter und im Bauch. In ihrer Beziehung befindet sie sich auf einer Achterbahn zwischen dem Wunsch nach Nähe und Distanz. Sie und der Mann ihres Herzens verbringen zu wenig Zeit miteinander, denn ihr Partner ist gebunden in einer Partnerschaft, in der die Liebe erloschen ist. Doch sein Geschäft und sein erwachsenes Kind hindern ihn daran, diese Partnerschaft zu lösen, stattdessen stürzt er sich bis zum Hals in die Arbeit, um mit seinen Problemen klarzukommen. Viele quälende Fragen bringen Evis Kopf fast zum Platzen. Wie soll sie einen Ausweg finden aus ihrer Beziehungssituation? Ständig zwischen dem Gefühl, »haben zu wollen« und dem Gefühl »loslassen zu müssen« hin und her zu pendeln, ist nervenaufreibend. »Annehmen, was ist« stellt für viele Menschen eine der schwersten Herausforderungen ihres Lebens dar.

Ich begleite Evi schon mehr als drei Jahre auf ihrem Weg. Sie hat wunderbare Fortschritte gemacht, hat gelernt, ihrer Seele zu vertrauen, und hatte den Mut, durch viel Trauer zu gehen. Da ich Evi schon gut kannte und schon einige Aufstellungen mit ihr durchgeführt habe, konnte ich bei ihrer »Durchbruchsaufstellung« ganz meinen Impulsen folgen. So begann ich mit einer Stellvertreterin für sie und einem Stellvertreter für ihren Freund. Evi suchte die Personen aus und stellte sie an einen bestimmten Platz im Raum. Der Stellvertreter für ihren Freund war vollkommen mit sich selbst beschäftigt und total überfordert. Er konnte weder Evi sehen noch irgendetwas anderes um sich herum wahrnehmen. Ich wusste, dass Evi sich ebenfalls gern in ihren Aktivitäten verzettelt, und schickte einen Stellvertreter für »Ablenkung« in die Aufstellung, denn ich durchschaute ihr inneres Spiel. Danach stellte ich das »Gebrauchtwerden« dazu. Es gab Situationen, in denen für Evi die Welt unterging, wenn sie nicht »gebraucht wurde«, denn das empfand sie wie Ablehnung. Ihre Stellvertreterin musste immer stärker mit den Tränen kämpfen, doch erst als ich jemanden für »Keinen Platz in der Welt haben« dazustellte, brach sie zusammen, ebenso wie dieser traumatisierte Anteil. Evi schleppte also in ihrem Leben eine alte Erfahrung, überhaupt keine Zugehörigkeit zu haben, als Last mit sich herum. Erst nach und nach, mit viel Geduld, konnte ich diesen Anteil aus seinem Schockzustand holen. Es brauchte Zeit, bis er erst einmal in der Lage war, überhaupt etwas zu fühlen. Mit Liebe und der Unterstützung der geistigen Welt war es möglich, dass der Anteil sein Abgelehnt- und Ausgegrenztsein spürte. Er kehrte zurück ins Leben, konnte in ihrer warmherzigen Art Trost und Geborgenheit finden. So erging es auch dem Stellvertreter für »Keinen Platz in der Welt haben«. Irgendwann konnte er die Augen öffnen, und lange lagen sich beide weinend in den Armen. Es war ein unbeschreiblicher Frieden spürbar, und die Stille war zum Greifen. Ich danke von Herzen allen, die diesen Heilungsprozess möglich gemacht haben, als Stellvertreter oder als beobachtende Teilnehmer.

Evis Leben lag nun wie ein Puzzle vor ihr. Es war ein Leben, in dem sie stets ihren Platz gesucht hat. Sie war der Kummerkasten für alle. Ihr Vater hatte sich umgebracht, als ihre Mutter sich im Krankenhaus von einem Selbstmordversuch erholte. Evi hatte sich ab diesem Zeitpunkt nicht nur um ihre drei Brüder gekümmert, sondern auch um ihre Mutter. Sie hatte ihren Platz als Tochter verlassen und nur noch funktioniert. Dass sie mittlerweile selbst Mutter von einem Sohn war, hielt sie hier auf der Erde, auch ohne für sich selbst einen Platz zu finden. Sie war ja alleinerziehend und wurde gebraucht. Mittlerweile weiß sie: Der Platz, den sie ihr Leben lang gesucht hat, ist in ihr. Sie kann jetzt neu auf ihre Beziehungen schauen. Sie kann es ertragen, wenn sie nicht gebraucht wird. Sie muss sich nicht mehr verbiegen und alle anderen an die erste Stelle setzen, um sich zugehörig zu fühlen. Erst jetzt kann Liebe sie überhaupt erreichen. Was für eine Tür damit für ihr Leben aufgegangen ist, wird sie noch spüren. Ich freue mich, dass sie diese Tür anderen Menschen zeigen wird, weil sie jetzt diese Tür selbst gefunden hat.

FALLBEISPIEL:
»DIE EINGESPERRTE STIMME BEFREIEN«

Es gab unabhängig voneinander in mehreren Seminargruppen Aufstellungen zu diesem Thema. Ursache für eine blockierte Stimme waren immer traumatische Erlebnisse, egal, ob in einem vergangenen oder dem heutigen Leben. Ich schildere den Fall von Nina, 24, einer unserer jüngsten Teilnehmerinnen im Seelencoach-Seminar. Auch ihr blieb regelmäßig die Stimme weg. Als Kind war sie missbraucht worden und hatte dadurch »verlernt« zu sprechen, da sie dieses dunkle Geheimnis keinem verraten durfte. Nina ist eine große, schlanke Schönheit mit Porzellanhaut und Augen, tief wie das Meer, und einem klasse Humor. Sie ist erst vor Kurzem mit ihrem Freund zusammengezogen und konnte, frisch verliebt, am Anfang noch sehr offen mit ihm sprechen. Doch mittlerweile fällt es ihr immer schwerer. Wie konnte ich ihr nur ihre Stimme wiedergeben?

In ihr war das kleine Mädchen, das nicht sprechen durfte. Nach einigen Wochenenden des Seelencoach-Seminars war das kleine Mädchen in ihr nicht mehr so panisch auf der Flucht wie zu Beginn. Doch immer mal wieder verfiel Nina in eine Art Lähmung, und ihr Blick wurde dann starr und leer. In diesen Momenten versagte auch ihre Stimme. Wie ein Fisch machte sie den Mund auf, doch es kam kein Wort heraus. Ich stellte sie einem Stellvertreter für »ihre Stimme« gegenüber. Obwohl sie in der Pause noch lustig Witze gemacht hatte, verfiel Nina sofort in die Sprachlosigkeit. Der Schlüssel dazu fand sich darin, dass die Stellvertreterin der Stimme beschrieb, in ihren Händen staue sich die Energie, und sie hätte das Gefühl, als seien sie übergroß.

Aus der Traumaarbeit weiß ich, dass in Schocksituationen Energie im Körper stecken bleibt. Die durch die einstige schreckliche Situation ausgelöste Angst gab einen starken Impuls für Bewegungen, zum Beispiel, um sich zu wehren oder um zu flüchten. Diese Bewegungsenergie konnte aber nicht fließen, sondern blieb eingefroren, denn durch das traumatische Erlebnis wurde der Körper daran gehindert, dem Bewegungsimpuls zu folgen.

Ich wollte Nina die Chance geben, diese Bewegung jetzt zu vollenden, damit die Energie sich lösen kann. Als Stellvertreter bat ich zwei Teilnehmer dazu, einen für ihren

Vater und einen für den Mann, der sie über Jahre hinweg missbraucht hatte. Wir gaben den Stellvertretern feste Meditationskissen, die sie zum Schutz vor sich hielten, und Nina hatte die Chance, richtig draufzuhauen. Zuerst war sie zaghaft, doch dann ging sie immer mehr aus sich heraus. Sie konnte nicht schreien, doch durch die aktive Bewegung konnte sich die blockierte Energie aus ihrem Körper lösen. Die Stellvertreterin für ihre Stimme feuerte sie zusätzlich an. Als Ninas Energie zur Ruhe kam, stellte ich eine Stellvertreterin für ihre Seele zu ihr und zu ihrer Stimme, dann spielte ich ein gefühlvolles Lied, wobei die drei miteinander verschmolzen. Eine lange Zeit sprach ihre Stimme, verbunden mit ihrer Seele, leise und zärtlich, behutsam und liebevoll mit ihr.

FALLBEISPIEL: »ECHTE OFFENHEIT«

Julia ist bildhübsch und verkörpert strahlende Freude und ansteckendes Lachen. Gleichzeitig jedoch versteckten sich dahinter größter Kummer und Verzweiflung. Zu Beginn des Seelencoach-Seminars sagte sie über sich selbst: »Ich habe mich das ganze Leben gefühlt wie eine offene Wunde.«
Die Wunden aus vergangenen Leben brachte sie in dieses Leben mit, um sie zu heilen. In ihrer Kindheit hatte Julia beim Zusammensein mit ihrer Mutter keine Nähe, sondern heftige Ablehnung empfunden. Sie hat sich dennoch immer nach Liebe gesehnt und ist mutig ihren eigenen, recht abenteuerlichen Weg gegangen. Aus ihrer Ehe brach ihr Mann mit ihrer besten Freundin aus. Daraufhin ließ sie alles zurück: Haus, Hund, Firma, und circa drei Jahre nach der

Trennung ging auch ihre Tochter zum Papa. Und es gab noch einige weitere Neustarts in ihrem Leben.

Für ihre Aufstellung beschreibt sie recht klar, dass sie sich eine liebevolle Partnerschaft wünscht und dennoch spürt, sich nicht wirklich einem Mann öffnen zu können. Sie hat Angst, wieder verletzt zu werden, und das, was sie liebt, wieder zu verlieren. Wir hatten in den sechs Monaten des bisherigen Seelencoach-Prozesses ihren Schmerz schon von allen Seiten beleuchtet. Nun wollte ich ihr sichtbar machen, wo sie gerade steht, denn es ging um eine Entscheidung. Im Grunde konnte sie alte Wunden durch Enttäuschung, wie den Vertrauensbruch durch ihre Freundin, heilen, außer wenn es um Männer ging. Ich stellte Julia einen Stellvertreter für »Männer« gegenüber. Ihre Worte waren: »Oh, das geht ja gar nicht.« Julia hatte ihre bisherigen Erfahrungen mit dem anderen Geschlecht nun auf alle Männer übertragen. So geht es bestimmt nicht wenigen Männern mit Frauen und umgekehrt. Ich stellte Julias Traum der idealen Beziehung dazu, ihre »Rama-Familie« aus der Werbung – immer alles strahlend, wie durch eine rosarote Brille betrachtet. Ihr wurde immer mulmiger zumute. Sich selbst zu durchschauen ist hart. Ihr war klar, sich nicht einzulassen, heißt auch, nicht enttäuscht zu werden. Ich stellte eine Stellvertreterin für flüchtige Männerbekanntschaften dazu. Schnell wurde ihr klar, sie wollte keine Affären, sondern Nähe, Liebe und Authentizität. Eine lebendige Partnerschaft und Familienleben. Und genau dann war für mich der Punkt gekommen, ihr zu zeigen, was ich wahrnahm: Sie hatte Angst vor dem Leben.

Sie hatte mir im Vorfeld schon von einem Mann erzählt, den sie schon länger kennt und der gern mit ihr zusammen wäre. Einerseits fasziniert, berichtete sie mir, wie frei er lebt.

Er tut, was er mag, reist durch die Welt, geht mehrere Wochen im Jahr zum Segeln, baut hier oder dort ein Business auf, weil er Lust dazu hat. Doch Achtung, er mag die Frauen. Julia erzählte mir auch, wie schnell sie bei anderen Bekanntschaften das Gefühl hat:»Dieses Leben wäre mir zu eng, zu klein.«Ihr Problem ist, sie will im Kopf einen Schneemann bauen, doch das wird nie so sein wie bei einem echten. Die kalten Hände zu spüren, das Glitzern des Schnees zu sehen, zu staunen, was für ein Gesicht entsteht und was für eine Figur er hat, kugelrund oder wie ein Ei. Auch wenn der Kopf sich daran erinnern kann, weil man schon mal einen Schneemann gebaut hat, wird man nicht wissen, wie es sich diesmal anfühlt, die Winterluft zu riechen. Julia verpasst ihr Leben. Und das, weil sie Angst hat, darauf zu vertrauen, was es bringen mag. Sie will es vorher genau wissen und es dann erleben. Ihrer Sicherheit opfert sie ihre Lebendigkeit. Sie kann nur in ihrer Fantasie keine lebendige Liebe erleben.

Es würde nichts bringen, wenn ich das Julia einfach nur so sagen würde. Der Weg für uns besteht darin, es sie selbst spüren zu lassen. Ich wählte Stellvertreter für die Liebe, für ihre Gabe der Medialität, für Kreativität, für ihre erfolgreiche Arbeit, für Reisen und Gesundheit – das sind alles jene Bereiche, zu denen sie Vertrauen hat. Sie blickte auf diese verschiedenen Bereiche ihres Lebens und sah mitten darin den Stellvertreter für»die Männer«. Es war wichtig, dass die Botschaft bei ihr selbst ankam:»Wenn ich nur einen Teil ausgrenze, kann ich nicht wirklich offen sein.«

Ein neues Bewusstsein von Offenheit drängte in ihr danach, angenommen zu werden. Solange es noch einen Teil in ihr gibt, für den sie nicht offen ist, schafft sie Trennung. Und aus der Sicht des Einsseins gibt es keine Trennung.

Es gibt den Satz: »Liebe, als wärest du nie verletzt worden.« Können wir einen Weg finden, alles zu lieben, was das Leben uns bringt? Ja! Das Leben in seiner ganzen Fülle zu erleben kann einerseits Ablenkung sein – oder aber ein Turbo-Beschleuniger für die Selbsterkenntnis.

FALLBEISPIEL: »EXISTENZANGST«

Max, um die 40, nimmt mit seiner Frau am Seelencoach-Seminar teil. Er führt mit einem Geschäftspartner ein Beratungsunternehmen. Seine Frau ist Ärztin und eine liebevolle Mutter für ihren gemeinsamen Sohn. Am glücklichsten ist Max mit Familie, Kindern und in seiner Freizeit mit seinen Bienen. Sein Leben besteht aus klar getrennten Bereichen: Geschäftsmann sein, Ehemann sein, Vater sein, er selbst sein.

Er hat parallel zu seinem Geschäftsleben Ausbildungen in energetischen Heilweisen gemacht, so wie jetzt auch die Ausbildung zum Seelencoach, denn es ist ihm wichtig, nach tiefen Werten zu leben, die Familie, die Natur und Schöpfung zu bewahren und Liebe weiterzugeben. Seine aktuelle Situation ist allerdings so, dass in seinem Leben alles getrennt ist. Er arbeitet sehr viel und kommt dann nach Hause in eine ganz andere Welt mit einer anderen Energie.

Ein Blick in seine Jugend: Schon als Kind nahm er sich vor, unglaublich viel zu lernen. Als Jugendlicher war seine Zeit durchgeplant, um sie effektiv zu nutzen. Er lernte, studierte und arbeitete pflichtbewusst. Er prüfte genau, was er sich gönnte, um keine Ressourcen zu verschwenden.

Seine Aufstellung begannen wir mit einem Stellvertreter für Max. Ich stellte blind seine Frau und ihren gemeinsamen Sohn dazu. Der Stellvertreter für Max verspürte enormen Druck. Das Energiefeld in seiner Familie war ihm zu viel. Die Stellvertreterin für seine Frau kam ihm viel zu nah und direkt auf ihn zu. Ich stellte jemanden für seine Arbeit dazu. Das Bild änderte sich sofort. Er stand mehr bei der Arbeit, und er merkte, wie schwer er sich davon lösen konnte. Ich nahm Max selbst an seinen Platz mit in die Aufstellung hinein, damit er den Spagat, den er ständig vollführt, spüren konnte. Er sah, dass es genau das ist, was er nicht will. Seine bewussten Prioritäten sind ganz anders als die Prioritäten, die sein Unterbewusstsein trifft. Warum?

Verbunden mit der geistigen Welt, empfing ich das Bild, wie Max in einem vergangenen Leben verzweifelt arbeitet und kämpft und dennoch nicht für seine Frau und Kinder sorgen kann. Er muss zusehen, wie sie hungern und sterben.

Als ich Max' damalige Frau und ihre Kinder in die Aufstellung einbezog, gelang ein tiefes Erkennen. Jahrelang aufgestaute Trauer und die Angst zu versagen lösten sich aus seinem Körper. Er verstand jetzt den Druck, den er sich sein ganzes Leben lang gemacht hatte, um nie wieder diesen Schmerz zu erleben. Er wollte Sicherheit, um für seine geliebte Frau und für sein Kind sorgen zu können.

Welch große Chance auf Entspannung hatte Max ohne diese alten Existenzängste. Er konnte seinen alten Glaubenssatz »Ich muss viel arbeiten, um sicher zu sein« hinterfragen. Das Beste war, dass sich die Trennung zwischen Arbeit und Familie auflöste. Spiritualität und Liebe dürfen nun in allen Bereichen zum Tragen kommen, und er kann seine Werte freier leben. Ich gab ihm meinen Impuls mit, dass ich ihn im Coaching-Bereich arbeiten sehe. Kurz darauf sagte er mir, man habe ihn gerade für zwei Seminare angefragt.

Heute, ein knappes Jahr später, freue ich mich, in Seminaren zu erleben, wie Max immer mehr über die Verstandesebene hinausgeht. Früher hörte er auf seinen Verstand, wenn er beurteilen sollte, wie Herausforderungen zu bewältigen sind und wie man sich sicher im Leben fühlen kann. Jetzt erlaubt er sich immer mehr eine neue Ebene der Sicherheit, sein offenes Herz.

Kapitel 6

Das Öffnen des Körpers – für die Seele

Wie schaffen Sie es, mit Ihrem Geist-Seele-Wesen in Ihrem physischen Körper verankert zu sein?

Wollen Sie lernen, Ihren Körper tiefer zu öffnen und alte Kontrollmechanismen aufzugeben?

Die große Angst des Raupenverstandes, die riesige Angst des Raupenkörpers?

Unser energetisches Wesen und unser materieller Körper bewegen sich auf zwei grundverschiedenen Ebenen. Doch als Mensch hier auf der Erde vereinen wir beides in uns, Himmel und Erde. »Tarasali«, mein spiritueller Name, mit dem ich auch meine Bilder signiere, bedeutet »Göttin des Sandes«. Sand vereint genau diese beiden Qualitäten in sich: einerseits die Offenheit, das Fließende, die Weite und Freiheit, und andererseits die Realität dieser Welt, die Strenge und Härte der Materie, die an Fels erinnert und für unsere irdischen Realitäten steht, wie dass wir Gesetze beachten und Miete zahlen müssen.

Freier Kopf und Offenheit bis in jede Körperzelle

Bisher haben wir unser Denken weit gemacht und geöffnet. Wir haben alte Gedankenmuster über Bord geworfen und uns getraut, neue Gedanken zuzulassen. Dann sind wir unseren verdrängten Gefühlen begegnet und haben ihnen unser Herz geöffnet. Jetzt möchte die Liebe unseren physischen Körper ganz durchdringen, denn das ist die sinnlichste und schwierigste Erfahrung von allen. Sich selbst, das eigene wahre Wesen in sich körperlich zu spüren und zuzulassen. Es gibt keine glücklichere Erfahrung, als in sich anwesend zu sein, und für diese Erfahrung können Sie nichts weiter tun, als sie sich zu erlauben.

Können Sie sich der Energie mit all Ihren Zellen öffnen? Sind Sie bereit, mit jeder Zelle sinnlich zu spüren und zu schmecken? Dann spielt Ihr Kopf keine Spielchen mehr, Ihr Herz ist offen für tiefe Sinnlichkeit. Ein Stück Schokolade oder guter Käse mit einem edlen Rotwein wird zum himmlischen Erleben.

Bitte gehen Sie liebevoll mit Ihrem Körper um. Bringen Sie ihm Wohlwollen entgegen, wenn er nicht so funktioniert, wie Sie es sich wünschen. Gerade wenn er Schmerzen hat, braucht er

Ihre Liebe. Wenn Sie Ihren Körper ablehnen, weil er nicht so aussieht, wie Sie ihn gern haben wollen, bestrafen Sie ihn. Er bekommt jede Feinheit Ihrer Gefühle und Gedanken mit. Er verzeiht Ihnen im Moment ganz vieles, und erst irgendwann wird er Sie daran erinnern.

Anerkennung unserer Eltern

Für einen Menschen, der sich mit Bewusstseinsarbeit beschäftigt, ist es irgendwann möglich, seine Eltern anzuerkennen, egal, was jemals geschehen ist. So verneigten sich auch zu einem bestimmten Zeitpunkt die Teilnehmer im Seelencoach-Prozess bei einer Aufstellung vor ihrer Mutter und ihrem Vater und dankten beiden für ihr Leben. Bis dorthin, dass das möglich wird, ist es vielfach kein einfacher Weg. Ich kann es oftmals nicht fassen, was Menschen als Kind durch ihre Eltern erlebt haben.

Es hinterlässt tiefe Spuren, wenn ein kleines Mädchen damit aufwächst, dass ihr Vater ihre Mutter schlägt. Oder wenn eine Frau als Kind mit fünf Jahren nachts ständig von ihrer verzweifelten Mutter geweckt wird, weil ihr Vater sich umbringen will. Die Mutter zerrt ihre Tochter vor den Vater, der sich eine Pistole an den Kopf hält, damit sie ihn vom Abdrücken abhalten soll. Ich erlebe viele Männer und Frauen, die als Kind den Selbstmord eines Elternteils erlebt haben. Teilnehmerinnen beim Seelencoach-Prozess haben Vergewaltigung und Missbrauch erfahren, die unsagbare Wunden hinterlassen haben. Manche haben als Kinder durch ihre Eltern aber auch seelische Folter wie Liebesentzug, extremen Leistungsdruck oder ständige Erniedrigung erlebt.

Es ist ein langer und schwieriger Prozess, zum Frieden mit seinen Eltern zu kommen. Es ist ein steiniger Weg durch schmerzliche Gefühle, den ich schon mit vielen Menschen gemeinsam gegangen bin. Diese Schlüsselmomente erfüllen mich mit großer Dankbarkeit. Ich weiß, erst wenn alles anerkannt, vergeben und jeder Vorwurf gegenüber den eigenen Eltern geheilt ist, können wir frei unseren eigenen Weg gehen. Dann wandelt sich unser Seelenweg hin zur Erfüllung und Entfaltung. Begeben sich Menschen mit noch ungeklärten Verwicklungen und Gefühlen ihre Eltern betreffend auf diesen Weg, wird genau dieses Ungeklärte sie immer wieder einholen. Es wird sie zurückziehen, bis es anerkannt und geheilt worden ist und das Geschenk ihrer Eltern, das Leben, dankbar angenommen werden kann.

Fühl-Übung: »Den Eltern danken«

Diese Übung hat eine tiefe Wirkung, ganz unabhängig davon, ob Ihre Eltern noch leben oder schon gegangen sind. Wenn sie noch leben, ist es nicht notwendig, dass Sie mit ihnen persönlich Kontakt aufnehmen. Nur wenn es Ihnen ein Herzensanliegen ist.

Bitten Sie Ihre Seele um Begleitung und Führung. Atmen Sie warmes, goldenes Licht ein. Lassen Sie sich von Ihrer Seele beatmen. Sie können sich stellvertretend für Ihre Seele eine Decke umlegen. Fühlen Sie ganz bewusst Ihr Herzzentrum. Legen Sie eine Hand auf die Mitte Ihrer Brust, auf das energetische Herz.

Nehmen Sie sich zwei Kissen, stellvertretend für Ihre Mutter und Ihren Vater. Gehen Sie einzeln mit ihnen in Kontakt. Sprechen Sie hörbar zu dem einen Kissen: »Hallo Mama, ich bin deine Tochter … Ich bin dein Sohn …« Sprechen Sie alle Gefühle hörbar aus. Sagen Sie, was Sie verletzt hat, wo Sie sie vermisst haben, wo sie Sie im Stich gelassen hat, oder Ähnliches. Lassen Sie fließen, was auftaucht. Lassen Sie Ihren Tränen freien Lauf, und lassen Sie zu, dass Energien sich lösen.

Gehen Sie durch den gleichen Prozess mit Ihrem Vater. »Hallo Papa, ich bin deine Tochter …, ich bin … dein Sohn …« Lassen Sie sich die Zeit, die es braucht, Ihre Gefühle auszudrücken. Spüren Sie, was Sie alles getan haben, um die Liebe Ihres Vaters zu bekommen. Wie haben Sie darum gekämpft, sich angestrengt und sich selbst verbogen.

Machen Sie sich Notizen. Schreiben Sie auf, was in Ihnen hochsteigt und da ist: ein Blatt Papier zu Ihrer Mutter und ein Blatt zu Ihrem Vater.

Gehen Sie jetzt wieder in den Kontakt mit Ihren Eltern, mit den Kissen als Stellvertreter. Schauen Sie einen Moment beide an. Spüren Sie dabei, wie Sie sich jetzt fühlen. Sie können vor den Kissen auf dem Boden sitzen oder auch davor stehen. Fühlt es sich jetzt ruhiger an in Ihnen? Ist Ihnen leichter?

Sagen Sie hörbar zu Ihrer Mutter: »Mama, ich danke dir, dass du mir das Leben geschenkt hast. Ich nehme die fünfzig Prozent meines Lebens von dir an.« Wenden Sie sich Ihrem Vater zu, sagen Sie hörbar zu ihm: »Papa, ich danke dir, dass du mir das Leben geschenkt hast. Ich nehme deine fünfzig Prozent an.« Sie können auch sagen, Sie nehmen das geschenkte Leben in Liebe an, oder Sie nehmen es von Herzen oder in Freude an. Bitte spüren Sie in sich hinein. Können Sie dankbar sein für Ihr Leben? Können Sie es annehmen, mit all seinen Herausforderungen? Machen Sie immer noch Ihre Eltern verantwortlich für Ihr Leben?

Gehen Sie in einen Schreibprozess, und machen Sie sich Notizen. Schauen Sie noch einmal Ihre Eltern an. Richten Sie die Worte an sie, die Sie jetzt auf dem Herzen haben. Wenn Sie können, verneigen Sie sich vor Ihnen. Wissen Sie, dass Ihre Eltern nur das geben konnten, was ihnen möglich war zu geben? Machen Sie sich bewusst, dass auch Ihre Eltern einmal Kinder waren, und ihr Leben sie geprägt hat. Achten Sie das Schicksal Ihrer Eltern. Stellen Sie sich nicht über sie, mit der Haltung, Sie hätten alles besser gemacht und besser gewusst, denn so stellen Sie sich auf die Ebene Ihrer Eltern. Sie sollten an Ihrem Platz als Kind stehen, denn sonst kann Ihnen nichts von Ihren Eltern zufließen. Sie unterbrechen dann den Fluss der Frauenlinie; hinter Ihrer Mutter stehen viele Frauen. Diese Kraft möchte zu Ihnen kommen. Genauso, wie die Männerlinie hinter Ihrem Vater Ihnen viel geben kann. Die männliche Linie hat die Kraft für Selbstwert und Mut. Die weibliche Linie gibt Geborgenheit, Wärme, Heimat, Wurzeln. Verinnerlichen Sie, dass Sie die Kleine oder der Kleine sind, Ihre Eltern sind die Großen. Sie haben nicht das Recht, das Leben Ihrer Eltern zu bewerten oder ihnen zu sagen, wo es langgeht.

Verabschieden Sie sich von Ihren Eltern.

Verharren Sie bei sich in einem Moment der Stille.

Innere Frau & Innerer Mann

Egal, ob wir Mann oder Frau sind, wir tragen beide Anteile in uns. Ein Mann hat auch einen weiblichen Anteil, und eine Frau hat einen männlichen Anteil. Heutzutage gibt es kaum ein Vorbild für das»Frausein«, und auch Männern fehlen klare Vorbilder.

Nach dem Zweiten Weltkrieg gehörten viele Mütter der Generation der»Trümmerfrauen«an. Sie halfen, die zerstörten Städte wieder aufzubauen, kämpften um das tägliche Überleben und zogen nebenher noch die Kinder groß. Sie waren beides, Mann und Frau. Viele Männer waren im Krieg geblieben oder kamen gebrochen zurück. Es lastete sehr viel auf den Frauen. Wir übernehmen Rollenvorbilder von unseren Eltern, und so haben wir gelernt, was es heißt, Frau oder Mann zu sein.

Unsere männlichen Vorfahren haben sich aus Schmerz von ihren Gefühlen getrennt, und so lernten Männer zu diesen Zeiten: bloß nicht weich sein und fühlen – das macht dich schwach.

Es ist heute an der Zeit, die Balance zwischen den männlichen und weiblichen Anteilen in uns wiederzufinden. Es braucht neue Vorbilder für unsere Jugend. Werden Sie zum neuen Standard, als ganzer Mensch. Eine strahlende Frau, sinnlich, vertrauend, spielerisch und nährend. Eine Frau, die ihren Inneren Mann kennt und liebt. Eine Frau, die auch zu *seiner* Stärke, Klarheit und Entschlossenheit in ihr steht. Sie hat keine Angst vor ihm.

Der neue Mann kann ein Mann sein und muss dennoch seine Gefühle, auch die schmerzlichen, nicht abspalten. Er steht zu seinen Gefühlen, ohne sich in einen Softie zu verwandeln. Er kann sein Herz öffnen und dennoch präsent in seiner männlichen Kraft sein. Er bringt der Frau Bewusstsein und Präsenz. Die Frau schenkt ihm das Reich der Liebe, der bedingungslosen Liebe.

Übung: »Lernen Sie beide inneren Kräfte kennen«

Stellen Sie sich in Ruhe die folgenden Fragen, und machen Sie sich Notizen dazu.

- Sind Sie Freunde und Geliebte?
- Gibt es Konflikt, Misstrauen, Verachtung zwischen Ihnen?
- Ist Ihr Band stabil oder vor langer Zeit zerbrochen?
- Können Sie sanft und tief in Ihren Bauch hineinatmen?
- Sind Sie immer in Ihrem Becken präsent, und erlauben Sie sich, sich auszudehnen?
- Nutzen Sie Ihre nährende und kreative Kraft?
- Verbinden Sie Ihren Körper mit dem Geist?
- Ist Ihre handelnde Kraft die Liebe und all Ihr Tun beseelt?
- Haben Sie eine klare, entschlossene Ausrichtung?
- Können Sie direkt für sich einstehen?

111

- Wer ist an der Regierung in Ihnen?
- Gibt es eine Diktatur mit Friedhofsstille oder Demokratie?
- Gibt es eine »Teamregierung«, gemeinsam gebildet von Ihrem männlichen und Ihrem weiblichen Anteil?

Wie wir unsere Verwandlung verhindern

Eine Geschichte über die große Angst des Raupenverstandes und die riesige Angst des Raupenkörpers, zu zerfallen

Wenn sich eine kleine grüne Raupe aufmacht, ihrem inneren Ruf zu folgen, muss sie sehr mutig sein. Sie weiß gar nicht, wo der Ruf sie hinführt. Er sagt ihr nur, dass es noch mehr geben muss. Sie will zurück – zu sich selbst finden. Viele verwandte Raupen der Raupenfamilie und auch Freunde finden das blöd und unsinnig. Es soll auch richtig gefährlich sein. Man erzählt ihr schlimme Dinge von der roten Satansraupe. Die würde durchdrehen und den Verstand verlieren. Doch die grüne Raupe kann nicht anders, als loszugehen. Vor Sehnsucht schlägt ihr das Herz bis zum Hals.

Sie begibt sich in die Stille ganz für sich. Auch wenn sie weiß, dass sie sich verwandeln kann, hat sie noch keine Ahnung, was für ein einzigartiger Schmetterling aus ihr werden kann. Sie fühlt sich oft allein und einsam. Doch irgendwann trifft sie auf andere Raupen, die ihr von ihrem eigenen Weg erzählen. Und sie schwärmen mit leuchtenden Augen vom Land der Schmetterlinge. Dann geht unsere Raupe auch einmal mit zu einem solchen Schmetterling, und sie muss weinen vor Freude und Liebe. Ja, das will sie auch. Ihre Leidenschaft ist riesengroß, und ihr Mut wächst von

Tag zu Tag. Sie übt sich in Stille und Achtsamkeit. Das, was ihr am schwersten fällt, ist, sich selbst ganz zu lieben. Sie schämt sich für einiges, was sie getan hat. Doch sie schafft es, sich all dies zu vergeben. Und dann plötzlich spürt sie ein tiefes Vertrauen zu sich selbst. Oh ja, jubelt sie, ich habe gelernt, mir zu vertrauen. Tiefe Dankbarkeit durchflutet sie. Sie spürt, dass sie existiert und ein Teil der Ewigkeit ist. Sie spürt ihre Gaben und ihre Schönheit. Sie spürt, wer sie ist, und kann mit ihrer Seele kommunizieren.

Vieles ist so völlig neu für sie. Sie spürt immer mehr Kraft und bekommt Angst. Ihr Körper scheint flüssig oder gasförmig zu werden. Sie kann es nicht fassen und begreifen, was geschieht. Ihre Angst wird immer größer, und sie fragt ihren Raupenverstand: Was passiert hier? Was soll ich jetzt machen? Doch auch der Raupenverstand hat Angst. Er will doch seine Aufgabe, das Leben des Raupenkörpers zu beschützen, gut erfüllen. Und nun hat er überhaupt keine Antwort. Er schaut in all seinen Erinnerungen und Erfahrungen nach, doch nichts hilft ihm. Es sieht so aus, als ob der Raupe Arme und Beine abfallen. Er kann sie doch jetzt nicht anlügen und sagen, dass alles in Ordnung ist. Er geht durch die Hölle und ist vollkommen hilflos.

So gibt er ihr den Rat, es doch so, wie in der Vergangenheit zu machen. Er weiß noch, wie er durch bestimmte Strategien Energie bekam. Obwohl sie sich schon lange von dieser stinkenden alten Energieversorgung gelöst hatte, folgt die Raupe aus Angst dem Rat ihres Verstandes. Sogleich fällt sie aus dem neuen Nest und verliert den Kontakt mit ihrer Seele. Dadurch hat sie noch mehr Angst als zuvor und verstrickt sich wieder in alte Muster. Sie schafft es einfach nicht, über diese Angst und Unsicherheit hinwegzuspringen. Sie hüllt sich zum Schutz wie in einen Betonmantel, und ihre Freude erstarrt. Andere grüne Raupen rufen, wir haben es dir doch gleich gesagt. Sie fühlt sich, als hätte sie versagt. Bald resigniert sie und gibt auf. Dadurch wird sie wieder weich, und ihre Lebensenergie kann aufs Neue fließen.

In diesem Moment stieg die Erinnerung in ihr auf, was ein Schmetterling einmal zu ihr gesagt hatte. Er hatte gesagt:»Du brauchst es nur zu erlauben, dann geschieht es. Geh einen Schritt zur Seite, und erlaube deine Verwandlung. Du bist gleich am Ziel. Du musst nicht erst auf einen Berg klettern und dich anstrengen. Der Himmel ist gleich hier um dich herum. Du brauchst ihn nur einzuatmen.«

Die Raupe fühlte die Wahrheit dieser Worte, aber nun fragte sie sich:»Warum gelingt es mir nicht, die Verwandlung zu erlauben?« Tja, dachte sie, wenn da diese Angst nicht wäre. Sie fühlte sich unsicher, so offen und verletzlich. Es kamen ihr auch wieder die Worte ihres Schmetterlingslehrers in den Sinn:»Wenn du die Leichtigkeit haben möchtest, dann schaue dir die Schwere an. Erkenne sie an, und gib ihr einen Platz in deinem Herzen. Und auch, wenn du die Fülle leben möchtest, begegne dem Mangel mit offenem Herzen.« Er lehrte sie auch den Weg zur Freude. Und sie erinnerte sich an die vielen Stunden der Einsamkeit und Traurigkeit, in denen sie sich selbst tröstete und ihren Tränen freien Lauf ließ.

Und plötzlich verstand sie, dass sie sich die Unsicherheit ansehen musste, wenn sie sich sicher fühlen wollte. Sie erkannte, warum sie immer kurz vor dem Durchbruch die Veränderung selbst verhinderte. Sie war entschlossen, die Verwandlung zu erlauben, auch wenn sie sich wie Sterben anfühlte. Sie schaute in ihr Raupenland und sah, dass das ganze Land sich unsicher fühlte. Da das Nachbarraupenland große Angst hatte, baute es viele Waffen. Und andere Raupenländer bestraften das Land dann mit Verboten, weil sie hilflos waren und nicht wussten, was sie tun sollten. Die Raupe träumte davon, wie es doch wäre, wenn sich alle Raupen eines Landes mit ihrer Unsicherheit auseinandersetzten und sie heilten. Sie entschied für sich, genau das zu tun und es dann weiterzuerzählen. Es wurde immer sonniger um ihr Herz, und sie verlor nie wieder die Verbindung zu ihrer Seele.

Nie wieder fiel sie aus ihrem Nest. Sie fühlte sich vollkommen sicher. Sie fühlte sich sicher und geborgen, auch in einem unsicheren Raupenland.

Übungen, Energiearbeit und Meditationen

Die heilende Fühl-Übung: »Sich dem Raum öffnen«

Bei einem der letzten Seelencoach-Wochenenden hat sich spontan eine Energie-Meditation ergeben. Ohne wirklich zu wissen, was ich vorhatte, bat ich alle Teilnehmer aufzustehen, durch den Raum zu gehen und an dem Platz, der für sie stimmig war, stehen zu bleiben. Dann leitete ich die Teilnehmer an, sich mit diesem Platz zu verbinden, indem sie die Füße auf dem Boden spüren sollten. Ich fühlte, wie durch weiches Atmen und fühlende Aufmerksamkeit die »Stille« im Raum immer stärker wurde. Ganz sachte und langsam bewegte ich mich durch den Raum, die Präsenz weiter verstärkend. Das Zeitgefühl löste sich auf, es herrschte nur noch pures Gewahrsein. Da hinein sprach ich, einem Impuls folgend, einen für mich recht komplizierten Satz, den ich ein paar Tage zuvor gelesen hatte: »Die Energiemenge mit der kürzestmöglichen Wellenlänge in einem Kubikzentimeter Raum ist weitaus größer als die Energie, die in der Summe aller festen Stoffe im bekannten Universum steckt.«

Dieser Satz interessierte mich gar nicht wirklich. Er war eher anstrengend. Kaum hatte ich ihn gelesen, ließ ich ihn schon wieder gehen. Doch jetzt, in jenem Moment, zog mich die Essenz dieses Satzes immer weiter hinter seine bloßen Worte. Ich wurde berührt von einem tiefen Gefühl von Wahrheit. Es ging darin überhaupt nicht darum, einen Vergleich zu ziehen. Das, was mich so viel mehr faszinierte, war der Raum, war die Energiemenge in einem Kubikzentimeter Raum, war der Raum von allem.

Ich fand es lächerlich, von einem Kubikzentimeter Raum zu sprechen, und doch kamen die Worte durch meinen Mund. Die Botschaft war enorm stark. In einem Kubikzentimeter Raum steckt unendlich viel Energie und Kraft. Darin ist Liebe. Dieser Raum ist ein »Heiler«, der allumfassendste den ich kenne. In ihm gibt es Antworten und Freiheit. Er löst alle Illusionen auf, beispielsweise auch die Illusion der Trennung. Dieser Raum ist mein bester Freund.

In unserer heutigen Zeit breitet sich die Furcht vor Mangel aus. Sie manifestiert sich nicht nur im persönlichen Leben einzelner Menschen, sondern auch im gesellschaftlichen Denken. Der Glaube an das »Es ist zu wenig da« kennt, liebt oder nutzt diesen energetischen Raum nicht.

Heute bangen viele Menschen um ihre Existenz. Sie durchleben schreckliche Horrorvorstellungen von Notzeiten, und dabei steigen meist alte, erlebte Ängste auf. Das geschieht selbst, wenn Menschen von materieller Fülle umgeben sind, sei es für sie unerreichbar in den Regalen der Konsumtempel oder aber auch als ihr eigener Besitz. In meiner Praxis habe ich viele Menschen erlebt mit nagender Existenzangst, obwohl sie keinen realen Grund dazu hatten: Sie wohnen in eigenen Häusern oder Villen, besitzen Wohnungen oder große Aktiendepots und Sparkonten und zittern dennoch.

Warum nur nutzen Menschen die Quelle der geistigen Energie in ihrem Inneren nicht oder noch viel zu wenig? Wissen sie nicht, dass sie ihnen zur Verfügung steht? Haben sie Angst vor ihr? Was würde sich für sie verändern? Vielleicht befürchten sie, sie könnten diese Energien nicht kontrollieren.

Doch stellen Sie sich nur einmal vor, wie diese Quelle Sie und uns alle bereichern könnte. Der Erde gehen vielleicht irgendwann die alten Energielieferanten wie das Erdöl aus – doch an geistiger Energie wird niemals ein Mangel herrschen. Wir sind aufgefordert, uns unbekannten Energiequellen zu öffnen, die es wirklich gibt. Unser Verstand kann sie nicht verstehen und greifen. Daher ist es wichtig, erst einmal uns selbst zu erfassen. Es ist wichtig, den Mut aufzubringen, zu erforschen, wer wir sind. Nicht darüber nachzudenken, sondern uns dem Unbekannten auszusetzen. Bereit zu sein, ihm zu begegnen. Offen zu sein, für das, was wir sind. Empfänglich zu sein für das Unbekannte, das ist unser Weg.

Fühl-Übung: »Heilen der Trennung«

Wenn Sie selbst mit dieser Übung Erfahrungen machen möchten, dann lesen Sie sich bitte zuerst Teil 1 durch, und öffnen Sie sich für diese Empfindungen. Danach erst lesen Sie Teil 2 dieser Übung – dann können Sie diese innere Arbeit für sich selbst nachvollziehen.

Ich bat die Seminarteilnehmer einer Gruppe, sich für Teil 1 dieser Übung einen Partner zu suchen. Nach Monaten kannten sich die Teilnehmer untereinander gut. Doch auch allein können Sie sich der Essenz dieser Übung öffnen.

TEIL 1

Im ersten Teil dieser Energieübung bestand mein Anliegen an die Teilnehmer darin, den Übungspartner bewusst als Seele zu betrachten. Die Aufgabe in diesem Zweier-Kontakt war, über die gegenwärtige Körper-Form des Gegenübers hinauszugehen. Mit offenem Bewusstsein zu schauen, bedeutet zu wissen, dass diese Seele seit ewigen Zeiten in unterschiedlichsten körperlichen Formen auf Reisen ist. Die sichtbare Form im Moment trägt ein Teilbewusstsein dieser Seele und ist ein Tor zur gesamten Seelenpräsenz dieses Menschen.

Wieder einmal überwältigte mich, dass »offenes, wertfreies Schauen« Liebe ist – denn sofort war Liebe da. Ich bat die Teilnehmer, diese Liebe bewusst wahrzunehmen, sie einfach fließen zu lassen und zu beobachten, was daraus entstehen möchte. Weiterhin gab ich allen die Anregung, ihren Impulsen zu folgen und sich Bewegungen zu erlauben.

Einige Übungspaare schauten sich zunächst länger in die Augen, andere nahmen mit geschlossenen Augen über die Hände Kontakt auf. Es begann ein wunderbarer Flow. Das Energiefeld der Liebe erfüllte den Raum. Manch einer der Teilnehmer stand nur still da, und es flossen Tränen der Berührung. Eine 71-jährige Frau stand mit einer jungen Frau Mitte zwanzig zusammen. Zu Beginn erblühte die Liebe ganz sachte – und mit ihr Freude. Ein Paar stand Stirn an Stirn zusammen. Es begannen Energiebewegungen, die ihren Ursprung auf der Seelenebene hatten. Die Quelle hatte die Führung übernommen. Ich beobachtete, wie sich die Grenzen auflösten. Die Teilnehmer erzählten mir, dass sie nicht mehr sagen konnten, wo sie selbst aufhörten und der andere begann. Sie verschmolzen miteinander und spürten, wie tief sie das nährte und erfüllte.

Alle hatten das Gefühl, die Liebe im Raum anfassen zu können. Das ist mein Lebensgefühl. Der Raum um mich ist Liebe, und ich bewege mich darin. Später erfuhr ich von Teilnehmern, dass in ihnen auch Erinnerungen aufstiegen. Sie berichteten beispielsweise, dass sie deutlich gespürt haben, schon einmal Tochter, Partner oder Vater gewesen zu sein.

TEIL 2
Im zweiten Teil der Übung wollte ich einen weiteren Schritt zur Heilung der Trennung gehen. Nun stand jeder Teilnehmer für

sich. Dennoch fühlten sich alle verbunden. Wo sie auch hinschauten, war Liebe. Wen sie auch ansahen, es kam Liebe zurück, da von jedem Liebe ausging.

Ich bat die Teilnehmer, die Augen zu schließen und in diesem Gefühl der Verbundenheit präsent zu sein. Nach einem Moment bat ich sie, einen Menschen, der sie verletzt hat, innerlich mit in dieses Gefühl hineinzunehmen: einfach vertrauensvoll darauf zu warten, wer nun vor ihrem inneren Auge auftaucht. Vielleicht ein Mensch, der sie einmal verlassen, enttäuscht oder belogen hat. Diesen Menschen, der ihnen körperlichen, seelischen oder materiellen Schaden zugefügt hat, sollten sie mit in diese Liebe hineinnehmen. Es konnten auch mehrere Menschen sein oder auch ein ihnen persönlich nicht bekannter Mensch aus den Medien oder aus der Politik, ein Mensch der Gewalt ausgeübt hat, oder auch eine historische Gestalt. Ich bat die Teilnehmer nur, zu beobachten, was mit ihrem Herzen passiert. Welche Gedanken aufsteigen und wie diese ihren Körper beeinflussen. Bleibt ihr Körper weit, oder wird er enger? Wird er härter, und verkrampft er sich bei dieser Vorstellung?

Unser Herz kann alle Wunden heilen, wenn wir es offen lassen. Die Liebe selbst ist der Heiler, und durch sie geschieht Transformation. Ich sage nicht, dass es einfach ist, unser Herz für alle Menschen und Dinge zu öffnen. Doch glauben Sie daran, dass es möglich ist! Sie schenken sich damit Heilung. Wenn Sie sich auch in diesem zweiten Teil der Übung ganz dem Energiefeld von Licht und Liebe öffnen, wird der andere kein anderer mehr bleiben. Sie tragen damit Heilung in die Welt, und die Allverbundenheit wird zum tiefen Fundament für eine neue Gemeinschaft.

Kapitel 7

Selbstliebe und Selbstvertrauen empfangen

Sind Sie bereit, Ihrer Seele die Führung auf Ihrem Lebensweg zu überlassen?

Wollen Sie sich selbst hundertprozentig vertrauen können?

Wie Sie wieder lernen, sich frei zu geben und zu zeigen.

Der Weg zur Selbstliebe

Uns selbst mit allen Verletzungen und Taten zu lieben stellt eine große Herausforderung für uns dar. Gleichermaßen führt uns die Annahme unseres Körpers oft an unsere Grenzen, besonders wenn er Schmerzen hat oder unser Aussehen nicht unserer Vorstellung entspricht. Wie können wir uns dennoch in uns selbst zu Hause fühlen? Die Liebe zu uns selbst ist die Antwort.

Im Erwachensprozess das Thema Selbstliebe umschiffen zu wollen – ganz nach dem Motto »Wasch mich, aber mach mich nicht nass« – bringt uns keinen Schritt weiter auf unserem Weg. Es ist nichts weiter als ein Vermeiden des Lebens, ohne dabei anzuerkennen, dass das Leben mit all seinen Herausforderungen »für« uns ist. Es spricht zu uns. Das Ignorieren oder Vermeiden von Schmerz bringt keinen Durchbruch bei unseren tieferen Themen und keine echte Veränderung in unserem Leben.

Sie selbst haben die Wahl, den Weg zur Selbstliebe zu gehen oder weiterzuschlafen. Es ist Ihre eigene Entscheidung, wann für Sie die Zeit gekommen ist, aufzuwachen. Für manche mag es leichter sein, ein unerfülltes Leben zu führen, als wie ein Einäugiger unter Blinden zu sein. Als Erwachter sind Sie anders und werden künftig sicher nicht von jedem in Ihrem Umfeld verstanden. Und es wird Zeiten geben, in denen Sie allein sind. Doch glauben Sie mir, es dauert nur eine gewisse Zeit, bis Sie andere Einäugige treffen und mit ihnen gehen. Dann spüren Sie gemeinsam, dass das andere Auge auch schon blinzelt. Es wird sich öffnen, und dann sehen Sie alle das erste Mal mit beiden Augen.

Den wirklichen Wert meines Weges zur Selbstliebe erkannte ich auf einer Reise vor knapp zehn Jahren. Ich verstand und fühlte, dass ein Schritt näher zu mir ein Schritt näher zu Gott war. Damals begleitete ich während einer Ausbildung eine Gruppe von schwerkranken Menschen zu einem Heiler. Viele, darunter schwer an Krebs erkrankte Patienten, waren von der Schulmedizin mit der Diagnose einer unheilbaren Krankheit aufgegeben worden. Auf dieser Reise erlebte ich sowohl Wunder als auch Grenzen der Heilung, vor allem aber eine tiefe Demut vor dem Weg der Seele.

Zwei Geschichten über das Finden zur Selbstliebe

Ich möchte Ihnen den schweren Weg einer Frau schildern, die durch die Begegnung mit einem Mann zu sich selbst zurückfand. Ich habe die Lebensgeschichten der beiden schon vor langer Zeit einmal gehört und weiß nicht mehr, durch wen sie zu mir kamen. Mir ging es nie so sehr darum, ob diese beiden Geschichten wirklich authentisch sind. Allerdings habe ich gespürt, wie tief sie mich berührten. Ihre Botschaft lautet, ein jeder Mensch kann zur Liebe zu sich selbst zurückfinden.

Die Frau wuchs ohne Mutter, aber mit ihrem Vater und mehreren Brüdern als jüngstes Kind und einziges Mädchen in sehr armen Verhältnissen auf. Alle lebten in einer einfachen Hütte mit nur einem Raum. Liebe kannte das Mädchen nicht. Schon früh in ihrer Kindheit wurde sie vom Vater sexuell missbraucht. Sie kannte nichts anderes als Schläge, harte Arbeit und mit hinter die Hütte gehen zu müssen. Sie verstand gar nicht, was da passierte. Am Anfang weinte sie viel, doch später war sie dann nur noch irgendwie körperlich anwesend, aber innerlich leer wie eine Hülle. Sie wuchs heran, und aus dem Mädchen wurde eine junge, schöne Frau. Bald kamen auch ihre Brüder und nahmen sie mit hinter die Hütte. Zum ersten Mal bekam sie nun von ihnen Aufmerksamkeit, und es tat ihr gut, von ihnen gesehen zu werden. Sie hoffte auf Rettung, doch die Hoffnung zerbrach, denn ihre Brüder wurden immer grober und gemeiner, wie ihr Vater. So ging es über Jahre, und sie verlor jede Achtung vor sich selbst. Wenn jemand vorbeikam, wünschte sie sich, er würde sie mitnehmen. Und so war es dann auch, als sie, verkauft von ihrem Vater, mit einem Mann mitgehen musste. Doch dieser Mann war ihrer bald überdrüssig und ließ sie allein. Danach lebte sie in den Wäldern und wanderte umher. Ihre Schönheit verblasste, und man sah ihr immer mehr den Hunger und ihre innere Scham an. So verwahrlost, wie sie war, kannte sie nur eine Möglichkeit, um zu überleben. Jedem, der ihr über den Weg lief, bot sie sich an. Manchmal ging sie ein paar Tage mit den Fremden, doch länger war sie es jenen nicht wert, ihre Nahrung mit ihr zu teilen. Sie wurde immer einsamer, und ihre Scham und Verachtung sich selbst gegenüber wurden noch bodenloser. Die Angst war ihr ständiger Begleiter.

Eines Tages begegnete sie, nicht mehr schön anzusehen, einer Gruppe von Männern. Sie ging auf sie zu und bot sich ihnen an, doch keiner hatte Interesse. Trotzdem signalisierten sie ihr, zu bleiben. Ausgehungert nahm sie das angebotene Essen, ging fort und schlang es in sich hinein. Aus sicherer Entfernung beobachtete sie die Männer. Sie wirkten anders. Am nächsten Morgen wanderten sie weiter, und sie folgte ihnen mit etwas Abstand. Wenn sie Rast machten, wartete auch sie. Sie ließen ihr immer etwas zu essen zurück. Den Mut, sich zu ihnen zu setzen, hatte sie zu dieser Zeit noch nicht. Nur langsam traute sie sich an sie heran und verlor etwas ihre Angst. Sie sah, dass die Männer sich unterhielten und einem von ihnen besonders intensiv zuhörten. Dieser Mann gab ihr auch oft das Brot, doch sie sah ihn niemals an. Erst lange Zeit später, als sie ihm in die Augen blicken konnte, stand die Zeit für sie still. Sie sah darin etwas, was sie noch nie gesehen hatte. Von ihnen gingen eine tiefe Ruhe und Wärme aus.

Sie blieb immer näher bei dieser Gruppe und zog bald mit ihr durchs Land. Sie wurde gelassener, und in ihr löste sich der Würgegriff der Angst. Sie hörte zu, worüber dieser Mann sprach, obwohl sie seine Lehren kaum verstand. Er sprach von Liebe. Der

Liebe eines Vaters. Ihr Inneres saugte diese Worte auf wie ein Schwamm. Sie blieb ständig in seiner Nähe und fühlte sich von Tag zu Tag besser. Als sie ihm genug Vertrauen entgegenbrachte, begann er, sie zu unterrichten. Er vermittelte ihr, welch große Heilkraft die Liebe zu sich selbst besitzt. Er spürte die Verhärtungen ihres Lebens und brachte ihr unendlich viel Geduld und Liebe entgegen.

Es dauerte Jahre, bis seine Worte zu ihrem Herzen durchdrangen. Sie schafften es, ihr Herz zu erwärmen und zu öffnen. Aus der Bewunderung für ihn wurde Liebe, und durch ihre Liebe für ihn fand sie die Liebe zu sich selbst wieder. Nach und nach konnte sie immer klarer auf ihr Leben schauen. Sie erkannte die Zusammenhänge, die sie so hatten leiden lassen. Immer liebevoller schaute sie auf die Erfahrungen ihres Lebens und erkannte den Ausweg, den ihr diese Tür zurück ins Leben bot.

Ihr Lehrmeister bat sie, ihre Erfahrungen an andere Frauen weiterzugeben, und sie wurde eine große Lehrerin. Auch heute noch fühlen sich viele Frauen mit ihrer Energie tief verbunden, und sie heilt weiter seelische Wunden.

Mich berührt ihre Geschichte sehr, da sie zeigt: Es ist möglich! Es gibt diesen Weg von der Selbstverachtung zurück zur Selbstliebe. Diese Erzählung gibt uns auch den Segen, unsere schlimmsten Erfahrungen in Licht zu tauchen. Erkenntnis und Annahme unserer Taten – dass man beispielsweise so handeln musste, um seelisch und physisch zu überleben –, bringen inneren Frieden und heilen unsere Scham. Die Hure und die Heilige verschmelzen zu einem göttlichen, wahren Wesen.

Nun möchte ich Ihnen die Lebensgeschichte des Mannes schildern, vor der Begegnung mit jener Frau. Er war in einer religiösen Gemeinschaft mit Heilwissen aufgewachsen. Die Menschen in dieser Gemeinschaft heirateten nicht. Sie blieben frei für Gott – das war ihr Lebensverständnis. Mitglieder, die heirateten, verloren die Anerkennung ihrer Gemeinschaft.

Dieser Mann, von dem ich erzähle, war in jungen Jahren schon so etwas wie ihr Führer. Man erkannte seine besonderen Gaben, und er bekam viel Anerkennung. Doch er verliebte sich in eine junge Frau. Eine große Liebe erblühte zwischen den beiden, und in ihm wuchs die Sehnsucht zu heiraten. Für ihn ergab diese Regel, nicht zu heiraten, keinen Sinn. Die beiden heirateten aus tiefer Seelenverbundenheit und Liebe. Daraufhin verlor er die Anerkennung als Vorbild und Lehrer in seiner Gemeinschaft und wurde verachtet. Seine geliebte Frau wurde schwanger und starb bei der Geburt, zugleich auch ihr gemeinsames Kind. Er hatte alles verloren. Weiterhin ausgeschlossen, vergrub er sich tief in seinem Leid. Sein Herz war gebrochen, er war wütend, voller Trauer und allein.

Eines Tages beschloss er fortzugehen, egal, wohin. Er zog los, ohne zurückzuschauen. In tiefem Kummer wanderte er durch die Wüste, und die Wüste um ihn herum glich der Wüste in seinem Herzen. Doch der Weg durch die Wüste wurde für ihn zum Weg der Erkenntnis. Er durchlebte viele Gefühle und fand den Weg ins Leben zurück. Er empfand Liebe zu den Menschen, die ihm begegneten, hatte Mitgefühl für ihr Leid und ihren Kummer, da er den Schmerz selbst kannte. Diese wahre Nächstenliebe heilte in ihm sein eigenes Leid. Ausgeschlossen aus seiner Gemeinschaft, fand er in die Verbundenheit mit allen Wesen. Er erkannte die Illusion der Trennung. Er erkannte die Erfahrung, voller Leid zu sein, und die Erfahrung, voller Liebe zu sein, als ein Ganzes an. Alle Menschen waren nun für ihn gleich und einzigartig. Es gab für ihn nichts mehr zu bewerten, nur noch zu lieben.

Als er dieser Frau mit dem leidvollen Schicksal das erste Mal begegnete, sah er sich in ihr gespiegelt, verschlossen im Leid vor den Toren der Liebe. Auch sie heilte etwas in ihm. Er war fähig, wieder zu lieben, ohne Angst vor Verlust. Er gab sich offen und vertrauend ihrer Liebe hin. So schloss er Frieden mit sich selbst und konnte alles lieben.

Unser Schicksal anzunehmen birgt große Kraft

Vor einiger Zeit leitete ich kreative Integrationsprojekte an. Es klingt zwar recht einfach, Malseminare für Krebspatienten zu führen, aber die Teilnehmer waren Frauen, die Tage zuvor eine schlimme Krebsdiagnose bekommen hatten oder die mit den körperlichen Veränderungen durch ihre Krankheit nicht zurechtkamen und deren Selbstwert abstürzte. Teilnehmer waren auch Männer, Frauen und Kinder, die in der ständigen Angst lebten, bald sterben zu müssen.

Andere Gruppen, die ich leitete, waren gemischte Gruppen, »Rollstuhlfahrer und Fußgänger«, in denen wir die Rollstuhlfahrer in ihr neues Leben begleiteten. Es waren ganz junge Menschen dabei, die einen Unfall oder eine schwere Infektion hinter sich hatten. Nichts in ihrem Leben war mehr wie zuvor. Sie spürten einen großen Teil ihres Körpers nicht und waren auf Hilfe angewiesen. Einige hatten schon Selbstmordversuche überstanden, oft ausgelöst durch Situationen, in denen sie mit ihrem alten Leben konfrontiert wurden. Sie haderten mit ihrem Schicksal. An ihnen konnte ich sehr gut beobachten, welch unglaublich großen Einfluss es hat, ob und wie wir unser Schicksal annehmen.

Der Psychiater Viktor Frankl, der im KZ war, beschrieb es so: Die letzte Freiheit des Menschen ist »die Einstellung zu den Dingen«. Love it, leave it, change it …

Vertrauen

Wir leben in einer Zeit, in der sich viele Menschen ängstigen. Dies ist nicht außergewöhnlich, denn zu allen Zeiten haben die Menschen Angst empfunden. Angst, das ist die Furcht vor der Trennung und vor dem Getrenntsein. Wir haben uns losgelöst aus der All-Einheit, und unsere Urangst liegt darin begründet, den Weg zurück nicht mehr zu finden. Diese Angst zeigt sich in unseren alltäglichen Ängsten.

Wir leben hier und heute in einer Welt, in der wir genug zu essen und die Möglichkeit haben, Krankheiten zu behandeln. Wir können heute Entfernungen überwinden, um liebe Menschen immer wieder zu treffen. Selbst wenn uns Nahestehende auf einen anderen Kontinent umziehen, können wir sie erreichen, mit ihnen telefonieren und sie per Videoübertragung auch sehen. Wir leben in einem Land ohne Krieg. Selbst wenn wir überfallen werden und man uns etwas wegnimmt, bleibt immer noch genügend zum Überleben. Im Gegenteil, wir haben immer noch viele Dinge um uns, die wir gar nicht brauchen, und doch haben viele Menschen Existenzangst. Daher ist es für uns wichtig, in ein echtes Vertrauen hineinzuwachsen: in das Vertrauen in uns selbst, das Vertrauen in unser Leben, in das Vertrauen, dass es uns trägt, und in das Vertrauen, dass wir geführt und begleitet sind auf allen unseren Wegen.

So wählen wir auf der Seelenebene unser Leben, mit all den Schmerzen, mit all dem Leid, mit all den Herausforderungen, die es mit sich bringt. Wenn wir unser Leben gelebt haben, kehren wir zurück in die Einheit, in die Liebe, in das Bewusstsein der Verbundenheit. Zurück bleibt eine gelebte Erfahrung. Aus unserem menschlichen Bewusstsein heraus betrachtet, kann dies erschreckend sein. Doch wenn Sie genauer darüber nachdenken, verstehen Sie, dass unser Leben letztlich ein Geschenk ist. Sie erkennen, dass Sie in Ihrem einen Leben das Leid wählen, in einem anderen Leben das Glück, die Freude, den Erfolg – und immer wieder von allem etwas. Sie haben nicht nur dieses eine Leben. Sie sind nicht nur diese eine Persönlichkeit. Sie können sich bewusst machen, dass Sie in diesem Lebensfilm Ihrem eigenen Weg folgen. Dann können Sie mehr und mehr die Angst vor dem Versagen loslassen. Wir leben hier in unserer Kultur in einer Leistungsgesellschaft.

Schon in jungen Jahren lernen wir, dass wir Leistung bringen müssen, um anerkannt zu sein. Wir müssen Regeln befolgen, müssen zur Schule gehen, müssen Dinge lernen, ob sie uns interessieren oder nicht. Wir müssen uns in dieser Gesellschaft behaupten und müssen einen Platz einnehmen. Manch einem gelingt es besser, dem anderen schlechter.

Ein Mensch, der Angst hat, geht in den Widerstand, zieht sich zurück und versucht zu kontrollieren. Er verliert dadurch viel Kraft. Uns selbst zu vertrauen bedeutet, uns selbst zu lieben und in uns zu spüren, dass da Vertrauen ist.

Wenn Sie mit Vertrauen durch Ihr Leben gehen, dann wissen Sie nicht immer, wo Ihre Entscheidung Sie hinführen wird. Sie können jedoch davon ausgehen, dass diese Entscheidung Sie immer genau an diesen Punkt führt, an den Sie kommen sollen. So müssen Sie tatsächlich keine Angst haben, eine Fehlentscheidung zu treffen, denn Sie wissen, dass Sie immer wieder neu entscheiden können.

Zu vertrauen bedeutet, sich dem Leben hinzugeben. Das heißt, sich selbst, Ihrer Seele, Ihrer göttlichen Führung zu vertrauen, und das Leid nicht meiden zu wollen. Sie werden spüren, welche Kraft, welche Stärke in diesem Vertrauen liegt. Vergleichen Sie das mit einem Menschen, der sich vorgenommen hat, einen hohen Berg zu bezwingen. Er weiß, dass es ein schwerer Weg wird. Er weiß, dass ihm die Knochen wehtun werden und dass er stürzen kann. Er weiß also, welcher Gefahr und welcher Anstrengung er sich aussetzt. Und doch geht er diesen Weg, weil er seiner Kraft vertraut, weil er die Erfahrung machen will, über sich selbst hinauszuwachsen. So ist es auch mit unserem Leben. Wir wollen diese Erfahrung machen.

Am Ende eines jeden Lebens steht der Übergang in die geistige Ebene, der Weg nach Hause, der Weg in das Bewusstsein der Einheit. Dann erkennen wir, wie wertvoll unsere Erfahrungen waren. Ein jeder von uns wird am Ende seines Lebens dieses Leben segnen können. Beginnen Sie schon jetzt damit, auch wenn Sie vielleicht verzweifelt sind, auch wenn Sie in der Trauer stehen, auch wenn Sie glauben, es nicht zu schaffen. Können Sie sich trotzdem dem Fluss Ihres Lebens hingeben und vertrauen?

Selbstvertrauen

Das Vertrauen in sich selbst kann sich kein Mensch anziehen wie einen teuren Anzug oder irgendein anderes Outfit. Allerdings können wir uns kurzzeitig etwas wohler fühlen. Die Werbung vermittelt uns das Gefühl,»mein Haus, mein Auto, meine Badewanne, mein Schaukelpferd macht mich glücklich«. Den Partner nicht zu vergessen. Mit all dem können wir uns eine Zeit lang zufriedener und sicherer fühlen, doch können wir das nicht aufrechterhalten. Unser Selbstwertgefühl wird schwanken, von hoch oben bis tief unten. Es wird uns immer mehr Energie kosten, es aufrechtzuerhalten, um zu funktionieren. Doch wird nichts Irdisches, an dem wir uns festhalten wollen, uns helfen.

Der Verlust von äußeren Dingen kann uns auf den Weg bringen, unseren wahren inneren Wert zu finden. Eine Zeit lang werden wir vielleicht noch versuchen, ihn im Außen wieder neu aufzubauen. So kann es sein, dass wir nach einem neuem Partner, einer neuen Geschäftsidee oder einer neuen Bestätigung irgendeiner Art Ausschau halten. Da das jedoch nicht dauerhaft funktionieren wird, bleibt uns nur der Weg, unseren Wert in uns selbst zu finden. Der Weg des Annehmens beginnt.

Die Seele findet immer einen Weg – auch den »Reset-Knopf«

Meine Freundin Sissy alberte vor ein paar Jahren jubelnd mit Kindern im Schwimmbad herum. Sie war ganz im Augenblick und spielte und tobte mit ihnen im Wasser. Dann, ohne Vorwarnung, riss sie sich den Fußnagel ihres großen Zehs ab, und der blitzartige Schmerz zog sie noch tiefer in das Hier und Jetzt. Ich konnte sehen, wie durch diesen stechenden Schmerz mehr von ihr präsent wurde. Es standen erschrockene Kinder um sie herum, nachdem ein junger Bademeister ihr aus dem Becken geholfen hatte. Ich bin mir sicher, auch die kleineren Kinder nahmen etwas davon wahr, was ich bei ihr bemerkte: Es war wie eine Infusion ihrer Seele. Blaues und weißes Licht strömte in sie hinein – eine spirituelle Infusion! Es war dieser Schock, der zum Innehalten führte. Zum sofortigen, totalen Stopp. Das war die Chance für die geistige Welt, das war ihr Fuß in der Tür für diese Infusion von neuer Energie und höherem Bewusstsein.

Es war wie ein Reset oder Neustart am PC. Ich hatte ihr die Wochen vor diesem Ereignis den Impuls gegeben, nicht immer auf der Überholspur im Leben unterwegs zu sein und mal einen Gang herunterzuschalten und langsamer zu machen. Auf einer tieferen, unbewussten Ebene muss sie die Wahl getroffen haben, dem Impuls auf diese Weise nachzugeben. Ich bin sicher, wir können eine freudvollere Wahl treffen. Zum Beispiel, wenn wir die Tür unseres Herzens allen Facetten unseres Seins öffnen, allem Neuen und Unbekannten. Diese Wahl können wir erst treffen, wenn das Vertrauen zu uns selbst gewachsen ist. Das Vertrauen ist der Schlüssel zu diesem wahren Selbst. Geist und Seele möchten uns beleben, in unserem Körper wohnen. Sie werden immer einen Weg finden, uns zum Innehalten zu bringen. Gehen wir ihnen ein Stück weit entgegen, indem wir bewusst atmen und unsere Seele in unseren Körper einladen – bis hinunter in den kleinsten Fußzeh!

Wir stehen mitten im Beginn einer neuen Zeit. Viele Menschen spüren, dass etwas Neues in ihr Leben kommen möchte. Fühlen Sie, dass Ihnen etwas Wesentliches fehlt? Oder dass Sie etwas zu geben haben und sich einen Weg wünschen, es auch zu teilen? Wenn wir uns selbst vertrauen, können wir tief in unserem Inneren den Funken spüren, der aus unserer Quelle kommt. Dieser Funken ist oft etwas Vertrautes, das wachsen will, oder etwas völlig Neues, das in unserem Leben Platz haben möchte. Unseren Seelenwert zu kennen führt zu Selbstwert und Selbstvertrauen.

Die Entscheidung, sich selbst zu vertrauen

Sie kennen die menschlichen Sinneswahrnehmungen wie Schmecken, Riechen, Sehen, Hören, Berühren. Viele Menschen vertrauen diesen Wahrnehmungen nur auf einer greifbaren, oberflächlichen Ebene. Sinneseindrücke außerhalb ihres Vorstellungsvermögens machen ihnen Angst. Sogar dann, wenn sie mental offen sind, an Engel glauben und über geistige Dimensionen philosophieren. Auch wenn ihr Verstand daran interessiert ist, dem Übersinnlichen in die Karten zu schauen und dort Inspiration zu suchen, heißt das nicht, dass sie diese Energien auch in sich hineinlassen. Wenn sie ein offenes Herz haben, lassen sie sich vielleicht ein wenig von ihnen wärmen, doch das muss nicht bedeuten, dass sie die Energien wirklich in ihren Körper einladen. Sie rufen nach diesen Impulsen, haben aber gleichzeitig Angst, sie in ihr Energiesystem zu integrieren.

Unser Verstand kann greifen, was er hört und sieht oder auch schmeckt. Die Geschmäcke von uns Menschen sind total verschieden. Die wirkliche Kluft ist das Fühlen. Es ist nicht wirklich messbar, nicht einzuordnen oder zu vergleichen. Beim Fühlen beginnt das Vertrauen zu uns selbst. Es ist der Übergang von etwas, das wir definieren können, zu etwas Undefinierbaren.

Schon zwei Jahre, bevor ich an Krebs erkrankte, hatte mir eine Freundin bei der Fußreflexzonenmassage immer wieder gesagt, irgendetwas stimmt da nicht. Immer wenn sie an bestimmte Punkte kam, ging ich in die Luft vor Schmerzen. Das ist jetzt fast 20 Jahre her. Medizinisch war über zwei Jahre lang überhaupt nichts festzustellen gewesen. Mein Körper hatte aber schon damals die Signale nach Beachtung ausgesendet. Jede Krankheit ist zuerst energetisch vorhanden, erst später manifestiert sie sich dann auch im Körper.

Übung: »Der eigenen Wahrnehmung vertrauen«

Nehmen Sie irgendeinen Stein, eine Muschel aus einem Urlaub oder ein Geschenk mit allen Sinnen wahr. Nehmen Sie zum Beispiel diesen Stein einfach so an, wie er ist. Betrachten Sie ihn genau. Riechen Sie an ihm. Steine werden bisweilen in der Aromatherapie eingesetzt. Kosten Sie den Stein – wie schmeckt er? Steine gibt man auch ins Wasser, um dem Wasser Informationen zu geben. Hören Sie Ihrem Stein zu. Was erzählt er Ihnen? Er spricht vielleicht nicht Deutsch, Spanisch oder Englisch, aber er spricht die Sprache des Lebens, eine Energiesprache. Durch achtsame Wahrnehmungen lernen Sie die Sprache Ihrer Seele kennen.

Auf diese Weise nähern Sie sich auch dem Fühlen. Wie fühlt sich Ihr Stein an? Bewegen Sie ihn in der Hand, und vertrauen Sie dem, was er Ihnen sagt. Nehmen Sie ihn als reine Energie wahr. Sie wissen bestimmt, dass um die kleinsten Teilchen herum, die es gibt, leerer Raum – »Nichts« – ist. Es gibt viel Raum, und es gibt viel Nichts.

Wenn Sie Ihren Stein mit einem unscharfen Blick ansehen, dann zweifeln Sie nicht an dem, was Sie sehen. Sie können Ihre

Augen auch etwas zusammenkneifen. Was sehen Sie? Ein Gesicht? Zweifeln Sie nicht daran. Sie nehmen vielleicht das Gesicht von einem Menschen wahr, der diesen Stein schon einmal in der Hand hatte. Ganz gleich, ob er den Stein gefunden oder ihn bearbeitet hat, und vielleicht ist das auch schon 100 Jahre her. Sie vertrauen einfach Ihrer Wahrnehmung. Es taucht vielleicht auch ein Muster auf oder ein Symbol – an was erinnert es Sie?

Vertrauenserfahrungen

Als mein Sohn 18 wurde, schenkte ich ihm, *on top* sozusagen, meine Unterstützung beim Aufräumen nach seiner Megaparty. Er wollte mit seinen Freunden in den Geburtstag hineinfeiern, und wir hatten ausgemacht, dass ich am nächsten Tag dazukomme. Ich war davor ein paar Tage auf einem Seminar gewesen und freute mich, an seinem lang ersehnten 18. Geburtstag mit ihm zusammenzusein. Ich kam mittags an, natürlich in ein Chaos. Wer dageblieben war, schlief in der Einliegerwohnung. So konnte ich ganz gemütlich mit dem Aufräumen anfangen. Überall war es klebrig, und es standen jede Menge Teller, Flaschen und Gläser herum. Aber ich war völlig relaxt und fühlte mich ganz erfüllt von meiner Aufgabe. Eine Freundin kam mir zu Hilfe, und es wurde sogar noch lustig.

Dann kam der besondere Moment. Ich nahm zwei halb leere Bierflaschen in die Hand, die vor dem Kamin standen. Sprachlos hielt ich inne. Was war das? Ich hörte lautes Lachen und sah Mädchen. Es kam eine Flut von Bildern, ganz spontan. Partystimmung, Begrüßen, Anstoßen, Trinken. Immer noch die Flaschen, wie Stromkabel, in der Hand, hörte und sah ich zwei Mädchen erzählen. Das eine Mädchen kannte ich, das andere nicht. Sie unterhielten sich über das Haareglätten. Ich wusste zu der Zeit nicht, dass man sich Haare glätten kann, sondern wusste nur, wie man sich Locken macht. Ich stellte die Bierflaschen ab und setzte mich auf den Boden. Vollkommen verblüfft fragte ich mich, was das eben für ein außergewöhnliches Erlebnis gewesen war.

Nachdem wir etwa zwei Stunden sauber gemacht hatten, kam mein Sohn mit noch schlaftrunkenen und leicht verkaterten Freunden zum Brunch. Wir zauberten ein buntes Resteessen. In einem Moment, als wir beide alleine in der Küche standen, fragte ich ihn so nebenbei:»Wer war denn die hübsche Schwarzhaarige gestern?« Er sah mich mit großen Augen an. Ich fügte verlegen hinzu:»Na die, die sich die Haare glättet.« Seinen Blick vergesse ich nie. Dieses Mädchen war ein Zufallsgast. Eine Freundin, die um elf Uhr abends noch vorbeigekommen war, hatte sie mitgebracht, da sie bei ihr zu Besuch gewesen war. Keiner der eingeladenen Gäste kannte sie. Mein Sohn fragte mich ein paarmal ungläubig, ob ich nicht doch heimlich da gewesen wäre.

Ich hatte schon davon gehört, dass zum Beispiel ein Apfel alle Informationen in sich trägt – Informationen über das Wetter und die Erde, die für sein Wachstum bestimmend waren, über den Menschen, der den Apfelbaum gepflanzt oder den Apfel gepflückt hat, und wie der Apfel zu uns gelangt ist. Doch ein persönliches Erleben, dass Informationen auf dieser für oberflächliche Betrachter weniger zugänglichen Energielinie gespeichert sind, ist tief prägend.

Ich hatte verschiedene solche Erlebnisse. Bei einem Seminar hatte ich»Groupcare«. Meine Aufgabe war es also, mich um den Gruppenraum zu kümmern. Ich ging schon frühmorgens mit dem Staubsauger durch den Raum, sammelte den ganzen Tag Papiertaschentücher auf und stellte Blumen auf ein kleines Tischchen. Ein paar Tage lang nervte es mich, dass alles auf eine bestimmte Art und Weise angeordnet und erledigt sein musste. Das Wasserglas musste an seinem vorgesehenen Platz stehen, und es musste unbedingt dieses bestimmte Wasserglas sein, diese Serviette, diese Flasche, dieser Stift und dieser Block und an genau dieser Stelle.

Ich glaube, es war am vierten Tag, als ich viele Energielinien sah. Ich konnte alles sehen und fühlen. Ich wusste, wer das Glas gespült, wer es abgetrocknet, wer das Geschirrtuch gebügelt hatte – und das in einem großen Seminarhaus. Ich danke dieser Erfahrung von Herzen. Heute kann ich darüber schmunzeln. Heute bin ich bei meinen Seminaren jedes Mal froh und begeistert, wenn die Kissen jeweils da liegen, wo ihr Platz ist, und wenn ein Teilnehmer die Decken mit Sorgfalt zusammenlegt. Ich habe einen feineren Radar für Achtsamkeit entwickelt.

Ihr größtes »Ja-Wort«

Sagen Sie »Ja« zu Ihrer Seele, dann heißt das auch, ihr uneingeschränkt zu vertrauen. Ist es ein aufrichtiges »Ja«, dann gehen Sie eine lebenslange Verbindung mit ihr ein. Sie geben ein Commitment ab, dass Sie zu dieser Verbindung stehen.

Sie können sich aber auch erst ein paarmal mit Ihrer Seele zu einem Rendezvous verabreden. Vielleicht fangen Sie danach eine Affäre an, oder Sie spüren immer stärker, dass Sie mit ihr eine Beziehung eingehen wollen. Nach ein paar vertraulichen Abenden mit Ihrer Seele, bei Tee oder Rotwein, haben Sie vielleicht das Bedürfnis nach einer noch engeren Verbindung. Vielleicht wollen Sie diese Partnerschaft nicht mehr missen, frühmorgens, wenn sie wach werden oder wenn Sie nachts verwirrt nach Hause kommen. Oder wenn »böse Post« im Briefkasten liegt, wenn Sie Absagen bekommen oder mit sich selbst hadern.

Vielleicht verloben Sie sich erst einmal mit Ihrer Seele. Wie fühlt sich das an? Sie haben ein mulmiges Gefühl? Dann atmen Sie einfach tief durch und sagen »Ja«. Sagen Sie »Ja«, denn das, was danach folgt, ist ein Geschenk für Sie. Entscheiden Sie sich, Ihre Seele zu heiraten? Können Sie ein klares »Ja« zu sich selbst sagen – auf immer und ewig?

Es ist Ihre Hochzeit mit Ihrer Seele. Feiern Sie! Machen Sie es sich richtig schön, genießen Sie, etwas Besonderes zu essen, tun Sie, was Ihnen auf immer in Erinnerung bleibt. Es ist Ihr Fest.

Übung:»Seelenbefragung«

Diese Übung zeigt Ihnen einen Weg auf, Antworten von Ihrer Seele zu bekommen. Es ist ein ganz fantastischer Weg, Impulse für die nächsten Schritte zu erhalten und für das, was noch kommen möchte. Ihr Vertrauen öffnet die Tür dazu. Wenn Sie diese Übung allein machen, lesen Sie sich zunächst alle unten stehenden Fragen durch. Lassen Sie dabei Bewertungen und Erwartungen los. Dann begeben Sie sich zum Sitzen oder Liegen an einen ruhigen Platz und atmen beim Lesen der Fragen Energie ein. Lassen Sie auch neue Fragen zu, über die Sie sich bisher noch nie Gedanken gemacht haben. Bleiben Sie bei keiner Frage hängen, und denken Sie nicht nach. Das ist alles. Vertrauen Sie.

Wenn Sie sich führen lassen, indem Ihnen jemand diese Fragen vorliest, bitten Sie ihn, die Fragen schnell hintereinander vorzulesen. Somit bleibt Ihrem Verstand keine Zeit, über die einzelnen Fragen nachzudenken. Nehmen Sie eigene Fragen dazu, und mischen Sie sie einfach unter die anderen Fragen.

Bitten Sie Ihre Seele um Begleitung. Atmen Sie sanftes, warmes, goldenes Licht ein, bis es Sie ganz und gar erfüllt.

Wenn Sie jetzt Fragen hören oder in sich tragen, atmen Sie einfach die Energie ein, die fließt. Vertrauen Sie, und seien Sie sich sicher, dass Ihnen Antworten über Ihren Atem zufließen. Fühlen Sie, ob ein Windhauch Sie berührt.

Erinnern Sie sich, dass Sie sich alles für Ihren Lebensweg bereitgelegt haben. Sie haben sich versprochen, sich selbst zu vertrauen und zuzuhören. Atmen Sie dieses Gefühl tief ein. Sagen Sie innerlich »Ja«. Ja, ich bin es. Ich höre mir zu, meiner Seele. Öffnen Sie Ihr Herz, und lassen Sie es weich werden. Versichern Sie Ihrem Herzen, dass alles gut ist, was jetzt zu Ihnen kommt. Haben Sie keine Angst vor der Größe und Schönheit Ihrer Seele. Vielleicht ist sie Ihnen nur nicht mehr vertraut oder noch unbekannt. Atmen Sie heilende Energie ein. Ihre Seele wird Ihnen Wertvolles eröffnen und bisher Getrenntes in Ihnen zusammenbringen. Überlegen Sie nicht, wie sich das alles manifestieren wird oder woher etwas kommt. Vertrauen Sie einfach darauf, dass es Sie unterstützen und bereichern wird. Erlauben Sie, dass es in Ihr Leben kommt.

Mögliche Fragen für den Weg deiner Seele

- Was hat dein Kind oder dein Projekt für einen Namen?
- Wohin geht deine nächste Reise?
- Wie heißt dein erster Song?
- Wo kann man deinen ersten Film sehen?
- Wenn du ein Buch schreibst, wie heißt es?
- Wie wirst du finanziell unabhängig sein?
- Was kannst du für deine Beziehungen tun?
- Welcher Name passt am besten zu dir?
- Was macht dein Engel gerade?
- Was ist deine größte Angst?
- Was ist deine Lieblingsmusik, dein Lieblingsspiel?
- Was war dir als Kind wichtig?
- Wo willst du arbeiten?
- Was willst du lernen?
- Was kann dir Klarheit bringen in deinem Leben?
- Wen liebst du?

- Wer hat dich enttäuscht?
- Wo würdest du gern leben?
- Welche Sache hält dich am meisten zurück?
- Was macht dir riesengroße Freude?
- Wie viel Geld willst du verdienen oder haben?
- Was ist im Moment dein Traum?
- Was würdest du erschaffen, wenn du unendlich viel Geld hättest?
- Was würdest du malen?

Kollektives Selbstvertrauen

In einer Gemeinschaft wirkt ein Feld, ein gemeinsamer Rahmen des Selbstvertrauens. Es ist ganz egal, ob es sich dabei um ein Unternehmen, um einen kleinen Verein, ein Nationalteam oder um ein Land handelt. In einer Umfrage gaben zum Beispiel 68 Prozent der US-Amerikaner an, sie dächten, dass sie in Mathematik gut seien, wohingegen nur 28 Prozent der Südkoreaner dies von sich behaupteten. Tatsächlich waren aber die mathematischen Kenntnisse der Südkoreaner gegenüber denen der US-Amerikanern viermal so gut!

Der wahre Nährboden für kollektives Selbstvertrauen ist die Selbstliebe des Einzelnen. Wir können uns nicht selbst vertrauen, ohne uns selbst zu lieben und uns anzunehmen.

Der Kreislauf des Empfangens unserer Gaben

Selbstliebe
Ich liebe mich!
Der Weg in den Kreislauf von Empfangen und Geben beginnt mit Selbsterkenntnis. Erst uns selbst zu erkennen ermöglicht uns

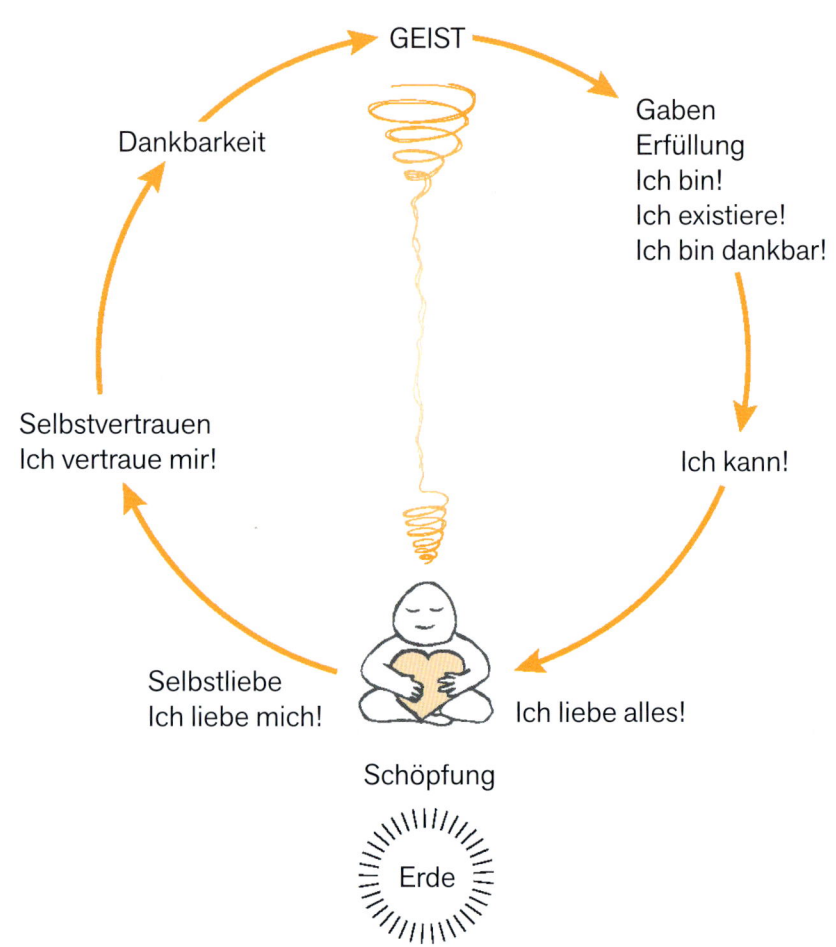

GEIST

Dankbarkeit

Gaben
Erfüllung
Ich bin!
Ich existiere!
Ich bin dankbar!

Selbstvertrauen
Ich vertraue mir!

Ich kann!

Selbstliebe
Ich liebe mich!

Ich liebe alles!

Schöpfung

Erde

Selbstakzeptanz und bringt uns in die bedingungslose Liebe zu uns selbst. In dieser Liebe ist all unser Leid, unser Kummer mit eingeschlossen. Wie könnten wir uns selbst je vertrauen, wenn wir uns selbst nicht lieben?

Selbstvertrauen – Ich vertraue mir!
Auf dem fruchtbaren Boden der Selbstliebe lernen wir uns selbst wirklich zu vertrauen. Dieses Gefühl, wenn eine ganz neue Art von Vertrauen und Gewissheit in uns auftaucht, in sich zu erleben ist göttlich. Wir sind dann glücklich und voller Dankbarkeit und Demut.

Dankbarkeit
Ich bin dankbar! Dieses Gefühl ist wie ein stilles ständiges Gebet, ohne zu beten. Es fließt einfach aus uns heraus und erfüllt uns. Wir sind unendlich dankbar für die Liebe und das Vertrauen zu uns selbst. Diese Dankbarkeit trägt uns zur geistigen Ebene.

Der Geist
Ich bin! Ich existiere! Ich bin ewig und unzerstörbar! Die Seele als Gefährt für den Geist erfüllt uns mit unseren Gaben. Wir sind wie ein Gefäß, eine Schale, ein Kelch. Wir können dann das Gefühl erleben, dass wir ewig sind und unsere wahre Existenz bewusst wahrnehmen können.

Der Weg des Geistes in die Schöpfung

Die Gewissheit, ich existiere eingebunden in die All-Einheit, erfüllt uns mit unendlicher Dankbarkeit und Freude! Es ist so überwältigend, sich von seinem Seelenselbst erfüllen zu lassen, dass in meinen Seminaren, wenn Teilnehmer dieses Gefühl zum ersten Mal verspüren, oft Tränen der Freude und Berührung fließen. Diese Dankbarkeit ist nicht in Worte zu fassen, da wir uns in dieser Energie als Person mit der Einheit verschmolzen fühlen. Wir sind in den Kreislauf zurückgekehrt und fühlen uns über und über beschenkt. Dann werden das Geben und das Sich-Ausdrücken und das Verströmen aus dieser Liebe heraus ganz natürlich. Unser Geist möchte sich in der Schöpfung erfahren. Wir können mit absoluter Gewissheit sagen: Ich kann!

Auf unserem Weg der Selbstentfaltung in der Schöpfung wird aus der Gewissheit unseres Geistes das tiefe Wissen: »Ich liebe – alles!« Und auf der Ebene der Schöpfung schließt sich dann der Kreis. Die Liebe zu uns selbst war der erste Schritt zum wahren Empfangen und ist nun der Ausdruck unserer Liebe zu allem. Es gibt keine Trennung oder Bewertung mehr. Die Liebe liebt einfach. Das ist wahres Geben.

Kleine Kinder sind mit diesem Kreislauf des Gebens und Empfangens noch sehr stark verbunden. Sie gehen oft einfach wieder einmal zum »Auftanken« an ihrer Quelle. Bei Marlene, der jüngeren Tochter meiner Schwester, konnte ich das noch im Alter von drei bis vier Jahren beobachten. Sie tauchte einfach aus der Alltagswirklichkeit ab. Verträumt und offen, nahm sie Energie und Inspirationen aus der geistigen Ebene auf und kam mit neuen lustigen Ideen und viel Energie zurück. Manchmal stellte sie sich zu diesem Empfangen einfach nur an einen Baum.

In meiner Kindheit sagte man mir immer wieder, ich solle keine Löcher in die Luft starren. »Was träumst du denn da?«, lautete dann die Frage meiner Eltern. Meine Antwort war: »Nichts.« Aber ich genoss dieses einfache »Sein« zutiefst, das Gefühl dabei war so schön, und es war für mich alles andere als »Nichts«. Ich konnte es nur nicht mit Worten beschreiben, was dabei in mir vorging, doch es machte den Menschen um mich herum Angst, weil ich aus ihrer Sicht richtig »weg« war. Doch ganz im Gegenteil: Ich war präsenter, als es viele Erwachsene waren.

Zurück zum Geben und Empfangen

Die Wüste Sahara dient dem Regenwald des Amazonasgebiets. Tausende von Kilometern trägt der Wind den nährstoffhaltigen Sand über das Meer. Ich habe auf Lanzarote erlebt, wie der gelb-rote Sand am Horizont über das Meer getragen wird. Der Sand der Wüste ernährt zusammen mit Wasser den Regenwald und trägt zur Fülle bei. Würde nur ein Element fehlen, wie der Wind, könnten im Amazonas nicht dieses Wachstum und diese Vielfalt von Pflanzen- und Tierwelt entstehen. Vergleichbares gilt auch für den geistigen Bereich: Eine Ebene dient der anderen. Es findet ein ständiger Austausch statt, bei dem sich gar nicht erst die Frage stellt, welche von allen Ebenen wertvoller als eine andere ist. Annehmen ist ein Geschenk, und Geben ist ein Geschenk.

Ich möchte Ihnen kurz schildern, wie sich das Geben und Nehmen in meinem eigenen Leben manifestiert. Seit Tagen war ich wieder am Schreiben für dieses Buch. Wenn Sie wollen, können Sie es sich bildhaft vorstellen: Schreiben zu jeder Tageszeit. Manchmal im Business-Outfit, manchmal in Holzhacker-Kluft oder in der Nacht, wenn ich plötzlich eine gute Idee hatte, direkt aus dem Bett im Schlafanzug. Das kenne ich auch vom Malen, und manches Shirt hat davon schon Farbe abbekommen.

Ich tauche tief in diesen Prozess ein, manchmal bin ich müde, schreibe aber doch wie elektrisiert bis nachts um drei. Morgens wache ich auf und tauche wieder in Einzelarbeit mit einem Klienten ein. Dazwischen gibt es keine Trennung, ich empfinde keine Unterbrechung, ich fühle nur einen Flow, mein LEBEN.

Schreiben – mich spüren, Schreiben – ein Telefoncoaching, Schreiben – Wäschemachen, Schreiben – Kochen, Schreiben – intensive Einzelarbeit, Schreiben – Auto zum TÜV fahren, Schreiben – Seminar, Schreiben – Liebe, Freunde, Familie, Welt. Alles in mir und um mich ist ein Ganzes; es wechselt nur seinen Ausdruck und bleibt doch gleich.

Ich bin erfüllt, weil ich erkenne, welchen Weg ich bisher gegangen bin. In mir entsteht eine neue Achtung dafür. Dieser Rückblick im Schreiben hebt mich wieder auf eine bewusstere Wahrnehmungsebene. Viele Zusammenhänge werden mir deutlicher klar. Ich sehe auf mein Leben und erkenne, dass ich schon immer geben wollte. Ganz gleich, in welchen Winkel meines Lebens ich schaue, es war eine Sehnsucht in mir, zu geben. Ich kann jetzt noch in viele Momente in meiner Kindheit, in meiner Jugendzeit unter Gleichaltrigen oder später als Erwachsene hineinspüren, und dieser Wunsch, zu geben, was mich ausmacht, war immer da. Es war der Wunsch, in jedem Moment zu 100 Prozent da zu sein. Wenn ich ganz da bin, kann mein natürlicher Ausdruck fließen. Ganz gleich, in was er fließt, er ist Geben. Dieser Fluss des Gebens hat in erster Linie mit mir selbst zu tun, dann erst mit meiner Umwelt.

Vielleicht kennen Sie das Gefühl und den großen seelischen Schmerz, vor geschlossenen Türen zu stehen. Vielleicht kennen Sie es aus Ihrer Kindheit, dieses ohnmächtige Gefühl, Eltern zu haben, die physisch da, aber doch nicht anwesend, doch nicht greifbar sind. Sie konnten ihre Präsenz nicht spüren. Ihre Liebe, Ihr natürlicher Ausdruck wollte zu Ihrer Mutter oder Ihrem Vater fließen, konnte aber von ihnen nicht angenommen, nicht hineingelassen werden. Es bleibt im Kind ein trauriges Gefühl, nicht gesehen und abgelehnt zu werden. Meistens geschah das nicht mit Absicht. Ihre Eltern waren nicht ganz da, nicht offen, sie lebten nicht bewusst. Zu viel Schmerz war in ihrem Inneren vergraben, oft durch eigene Kriegserlebnisse oder die ihrer Eltern. Sich von diesem Schmerz zu distanzieren war ihre Überlebensstrategie. Für mich besteht ein Zusammenhang dazu, dass heute viele alte Menschen ins Vergessen gehen, zum Beispiel mit einer Alzheimer- oder Demenzerkrankung. Sie konnten sich zeitlebens ihren Gefühlen nicht bewusst stellen. Wenn sie erkranken, sind sie ungefiltert, unmittelbar mit ihren unterdrückten Gefühlen von früher konfrontiert. Daher haben viele Demenzkranke panische Angst.

Ich spüre, dass es vielen Kindern heute auch so geht. Sie kommen mit Liebe und dem Wunsch, sich zu zeigen, auf die Welt, in ihre Familie. Diese Liebe kann nicht angenommen werden. Gefühle sind Energie, und Energie, die nicht fließen kann, stoppt und wandelt sich. Aus der Liebe-Energie wird Trauer-Energie. Aus der Trauer-Energie wird Wut-Energie. Die ursprüngliche Liebe-Energie wandelt sich zu Ohnmacht, Hilflosigkeit und Enttäuschung, bis hin zum Hass oder zur Gleichgültigkeit. Später wiederholt sich das in ihrem eigenen Leben. Solche Menschen suchen sich einen Partner, bei dem sie wieder vor geschlossenen Türen stehen. Sie ziehen immer wieder Situationen in ihr Leben, in denen sie um Anerkennung kämpfen müssen. Die innere Erfahrung der Ablehnung bestätigt sich immer wieder.

Wollen wir zu unserem authentischen Sein zurück, müssen wir diese Energie des Gebens und Empfangens auf der Gefühlsebene wieder zurückverwandeln. Liebe war der Ursprung, sie lag immer allem zugrunde, und zur Liebe geht es zurück.

Können Sie fühlen, wie sich Geben und Annehmen durchdringen? Spüren Sie, dass es zwischen beidem keine Trennung gib? In ein Handbuch zum Glücklichsein würde ich genau das schreiben. Gib, gib, gib, nimm an, nimm an, nimm an. Sich offen zeigen, Ihr wahres Selbst zum Ausdruck bringen, macht Sie glücklich. Das Leben antwortet Ihnen mit Freude. Sie werden erfüllt mit Freude, in solcher Fülle, bis zum Überfließen. Berührt und voller Dankbarkeit, manchmal mit Freudentränen, geben Sie diese Fülle dem Leben wieder zurück. Es ist ein ständiger Austausch.

Ein Blick aus Ihrem Inneren ist Geben. Schauen Sie einen Baum an, dann fließt etwas zu diesem Baum. Atmen Sie bewusst ein, dann fließt auch etwas zu Ihnen. Sie werden beschenkt. Schauen Sie in Kinderaugen. Können Sie spüren, wie die Energie

Ihres Blickes hineingelassen wird? Bitte empfangen Sie auch, nehmen Sie an. Geben Sie diesem Kind das Geschenk, vor einer offenen Tür zu stehen und gesehen zu werden. Geben Sie ganz spontan einem Passanten auf der Straße ein Lächeln, lassen Sie einem Autofahrer die Vorfahrt oder einem Menschen an der Kasse den Vortritt. Wir alle können geben.

Heute, in diesem Teil der Welt, ist es ein Irrtum, zu glauben: »Ich habe zu wenig«. Meist beziehen wir das Geben vorwiegend auf Finanzielles oder Materielles, zumal unsere Keller voll sind. Doch auch das, was wir sind, haben wir bekommen. Daher sprechen wir ja auch in der Vergangenheitsform von unseren »Gaben«.

Viel von unserer Energie des Gebens und Nehmens haben wir gestoppt, doch wir können uns jederzeit neu entscheiden. Wir können in diesen natürlichen Kreislauf der Kommunikation und Verbundenheit zurückkehren. Ein kleines Kind in der Wüste, auf sich allein gestellt, hat diese Wahlmöglichkeit nicht. Diese Situation bedeutet wirklich, ohne Macht zu sein und keine Wahl zu haben.

Meine jetzige Erfahrung ist: Ein Schreibtag ist ein Geben-Tag! Viele Schreibtage sind viele Geben-Tage. Schreiben ist »in die Welt bringen«. Und die Welt beschenkt, beschenkt, beschenkt mich, jeden Tag. Auf allen Ebenen: Körper, Geist und Seele. Alles wird genährt. Gestern bekam ich von einer Freundin zwei Pullover und ein Kleid geschenkt, die sie nicht mehr tragen wollte, mir aber sehr gut passten und gefielen. Kurz danach wurde ich zu einer Massage eingeladen. Es war wirklich himmlisch. Das Leben war wohl einfach der Meinung, das würde mir guttun. Auch aus dieser Lebensquelle bekam ich getrocknete Kräuter und Honig geschenkt. Und am Abend von einem lieben Freund noch eine selber gemachte Feuerschale für den Garten. Ich bekam liebe E-Mails und wundervolle Umarmungen. Es gab ein unerwartetes tolles Gespräch. Alles an einem Tag. Ich werde bei all meinem Tun und Nicht-Tun beschenkt. Der Kosmos umarmt mich, die Erde umarmt mich. Es ist, wie Liebe mit dem Universum machen.

Einige Geben-Fallen

Stellen Sie andere nicht über sich selbst, Ihr eigenes Wohl nicht hinter das von anderen zurück. Das ist ein Irrweg, der stark aus unseren religiösen Prägungen gespeist wird. Geben Sie und geben Sie sich hin, weil »Sie« glücklich sind und sich spüren wollen.

Eine andere Falle des Gebens besteht darin, mit einer bestimmten Absicht zu geben, mit Blick auf das, was dann zurückkommt. In der Geschäftswelt ist das gut zu beobachten. Doch nur, wenn unser Geben ehrlich und aus einer inneren Passion kommt, wird es auch dauerhaft sein und vor allem ganzheitlichen Erfolg haben. Als Trainerin für Führungskräfte in der Wirtschaft gab ich in meinen Coachings den Teilnehmern meine Lebenseinstellung weiter: »Was habe ich heute schon für das Wachstum meiner Mitarbeiter getan?« Als die PC-Monitore noch große Würfel waren, war dieser Satz sogar mein Bildschirmschoner, der immer wieder als Frage über den Bildschirm lief.

Ich wurde als Coach erfolgreich, weil ich schon immer Freude daran hatte, andere Menschen erfolgreich zu machen. Das gehört zu meinem Wesen. Es beinhaltet ein natürliches Dienen – aber kein Missionieren. Darüber hinaus halte ich nicht viel von Hierarchien, sondern möchte das Miteinander stärken.

»Wenn die Welt ein Dorf wäre ...«

Diese Aufstellung las ich auf einer Tafel bei einer Wanderausstellung in Weil der Stadt. Sie relativiert unseren Blick auf die Welt in vielerlei Weise.

Wenn wir die ganze Menschheit (über 7 Milliarden Menschen) auf ein Dorf von 100 Einwohnern reduzieren und auf die Proportionen aller bestehenden Völker achten würden, so wäre dieses Dorf so zusammengestellt:

59 Asiaten, 15 Afrikaner, 11 Europäer, 14 Amerikaner (5 Nord-
  und 9 Südamerikaner), 1 Ozeanier
52 wären Frauen und 48 wären Männer
73 Erwachsene (davon 8 Senioren) und 27 Kinder
70 Nicht-Weiße
30 Weiße
31 Christen
26 Muslime
13 Hindus
6 Buddhisten
11 nicht religiös
10 lebten mit einer Behinderung
6 Personen würden 59 Prozent des gesamten Weltreichtums
  besitzen, und alle 6 Personen kämen aus den USA.
46 lebten von weniger als 2,50 € am Tag
80 hätten keine ausreichenden Wohnverhältnisse
13 könnten nicht lesen und schreiben
14 hungerten
24 Erwachsene wären übergewichtig
38 hätten keinen Zugang zu Sanitäranlagen
18 hätten kein sauberes Wasser
76 hätten Elektrizität (die meisten aber nur für Beleuchtung)

12 Menschen sprächen Mandarin
6 Menschen sprächen Arabisch
6 Menschen sprächen Hindi
5 Menschen sprächen Englisch
5 Menschen sprächen Spanisch
2 Menschen sprächen Russisch
1 Mensch spräche Deutsch
13 hätten ein Auto
68 hätten ein Handy
12 hätten einen Computer
25 hätten Zugang zum Internet

Wenn man die Welt aus dieser Sicht betrachtet, wird jedem klar, dass Zusammengehörigkeit, gegenseitiges Verständnis, Akzeptanz und Bildung notwendig sind.

Kapitel 8

Selbst-Coaching für bewussteMeisterschaft

Warum glauben wir so oft,
eine Situation nicht verändern zu können?

Erfahren Sie, wie Sie allein für sich
Ihre Emotionen heilen können.

Wie wir unsere inneren Werte durch Selbst-Coaching
zu unseren besten»Mitarbeitern« machen.

Vom Opferbewusstsein zum Schöpferbewusstsein

Das Rausgehen aus einem Opferverhalten kann sehr schwierig und ein langwieriger Prozess sein. Oft wiederholen wir diesen Prozess viele Male, fallen aber doch wieder in unsere Opferrolle zurück. Warum landen wir wieder und wieder darin, obwohl wir diese Rolle unbedingt verlassen wollen oder obwohl wir es schon einmal geschafft haben, uns daraus zu befreien?

Gefangen in der Opferschleife

Enttäuschung

Ein Grund dafür, dass wir das Gefühl der Enttäuschung erleben oder in uns tragen, kann sein, dass andere Menschen uns gegenüber ihre Zusagen nicht einhalten, dass wir belogen, verraten oder betrogen wurden … Das große Spektrum des leidvollen Gefühls nach solchen Erfahrungen mit anderen Menschen ist wohl jedem bekannt.

Stecken wir in einer Facette dieses bitteren Gefühls fest, so erkennen wir unsere Interaktionen mit anderen Menschen nicht als Spiel. Wir leiden unendlich. Wer kennt nicht Liebeskummer? Nicht umsonst bezeichnet man die Eifersucht als einen »kleinen Tod«. Vielleicht schreit aber auch noch unser Inneres Kind stumm nach der Liebe von Vater oder Mutter. Solche erlebten Enttäuschungen geschahen nicht nur ein- oder zweimal, sondern immer wieder, und sie wirken bis in unser Erwachsenenleben nach.

Selbstzweifel oder Selbstablehnung

Nach akuter Enttäuschung durch andere Menschen entstehen in uns Zweifel, oder frühere Zweifel an uns selbst bestätigen sich aufs Neue. Der Glaubenssatz, den wir daraus ableiten, ist die Überzeugung, »Ich bin allein« und »Ich bin nicht gut genug«. Die Strategie in unserem Leben dazu lautet: »Keiner ist da, keiner hilft mir, ich muss alles allein machen.« Im Lauf der Zeit bildet sich eine innere Überzeugung in uns heraus:»Ich hab das verdient, weil ich nichts wert bin.«

Was bringt uns dieser Glaubenssatz, und welchen Gewinn ziehen wir daraus? Unsere Selbstisolation bietet uns Schutz vor weiterer Enttäuschung und Ablehnung, die uns erneute Schmerzen zufügen würde. Es können sich sogar ein gewisser Stolz und eine Anerkennung vor sich selbst herausbilden, nach dem Motto:»Ich kann es besser als andere, ich sorge für mich selbst.« Auch haben wir dadurch eine vermeintlich größere Kontrolle über unser Leben und müssen nicht das Risiko eingehen, anderen vertrauen zu müssen. Wir geben uns der Illusion unserer Unabhängigkeit hin, die wir für Freiheit halten, auch wenn wir einen hohen Preis dafür bezahlen. Bei manchen von uns geht dieser Selbstschutz so weit, dass wir lieber in diesem Opferverhalten verharren.

Es lässt sich pauschal nicht einfach sagen, dass wir, wenn es uns nicht gut geht, einfach nicht aus unserem Opferverhalten herauskommen wollen. Allein finden wir vielleicht keine Tür. In uns wird es aber einen unbewussten Anteil geben, der bestimmte Lebensumstände erzeugt und daran festhält.

Die wichtigste Frage, die wir uns in diesem Fall stellen müssen, lautet, was bringt uns diese Situation? Was für einen Gewinn ziehen wir daraus? Wie könnten wir uns unsere Bedürfnisse auf andere Art erfüllen?

Die Opferrolle wird bisweilen auch eingesetzt, um Macht über andere auszuüben. Ein Opfer bekommt oft von außen Energie, Beachtung und Mitgefühl. Ein Mensch kann sich tief in diese Strategie verstricken. Damit ist er gleichzeitig aber auch Täter. Es ist eine große Chance, wenn ein Mensch, der sich in seiner Opferrolle gefangen fühlt, daran erinnert, dass er auch etwas zu geben hat. So findet er gleichzeitig zu einem natürlichen Nehmen zurück, zum Annehmen.

Fühl-Übung: Unser »Ich-Haus« renovieren

Stellen Sie sich vor, Sie wollen Ihr Haus von Grund auf erneuern. Es soll heller, freundlicher, günstiger im Energieverbrauch werden, pflegeleichter sein, viel Raum bieten, gemütlich für Sie und einladend für Ihre Freunde und Gäste sein. Gestalten wir Ihr neues Haus ganz nach diesen Vorstellungen!

Zu Beginn müssen natürlich die alten Tapeten herunter. Einweichen ist notwendig, da sie schon Schicht über Schicht übereinander kleben. So ist es auch bei uns selbst, einiges liegt in so vielen Schichten übereinander, dass wir uns ohne Einweichen schwertun. Auch in meinen Seminaren kennen wir solche »Einweichtage«, Tage zum Auftauen.

Und darunter bröckelt dann auch noch der halbe Putz ab. So ein richtig gründlicher Umbau war ja gar nicht geplant, doch wir sind jetzt fest entschlossen, diesmal keine halben Sachen zu machen. Die eine Wand fällt uns beim Putzabklopfen halb entgegen, und so kommen wir auf die Idee, wir könnten sie doch eigentlich gleich rausreißen. Vor unserem inneren Auge sehen wir schon, wie viel schöner dieser Raum danach sein wird. Er bekommt dann Licht von der anderen Seite, wunderbar, und das alte Fenster kommt dabei auch raus und ein größeres rein.

Doch die Wand scheint stur zu sein, obwohl sie schon so marode ist. Das Herausreißen braucht unsere ganze Geduld. Jede Menge Staub wird dabei aufgewirbelt, und wir ziehen vorläufig in ein kleines Zimmerchen, wo wir uns halbwegs sicher fühlen und erst einmal ausruhen können. Dann sind ein paar Türrahmen dran, raus damit. Sie kommen gleich mit ein paar alten Möbeln auf den Haufen für Feuerholz. Gut, dass wir so geduldige und fleißige Helfer haben. Einige von ihnen brauchen allerdings eine klare Ansage, was wir von ihnen wollen und brauchen, denn schließlich sind wir ja der Bauherr.

Machen wir uns an den alten, hässlichen Boden. Wir danken ihm, er ist noch von unseren Eltern und hat mal gute Dienste geleistet. Noch mehr Staub. Das Haus sieht aus wie ein Schlachtfeld und fühlt sich wie eine offene Wunde an. Kennen Sie das? Nun kommen auch die alten elektrischen Leitungen raus, und es werden neue Stromkabel verlegt. Sie sind unsere alten Muster, die uns mit Energie versorgt haben. Wir wollen nun eine neue, saubere Energiezufuhr haben und entschließen uns, auch die alte Heizung rauszuschmeißen. Ja, wir stellen auf ein komplett neues Energiesystem um. Wir sind von der Idee begeistert. Keine überkommenen Muster mehr, die sind wie stinkende Kohlekraftwerke. Wir stellen um auf reine, klare, unerschöpfliche Seelenenergie.

Dann schauen wir nach den Wasserleitungen und sehen, dass einige nicht mehr stimmig sind für unser neues »Ich-Haus«. Wir spülen die Leitungen, die erhalten bleiben können, mit reichlich frischem Wasser durch. Unser Gefühlssystem erlebt neue Klarheit und eine ungeahnte Tiefe. Irgendwie können wir jetzt alles fühlen, und es ist so ganz anders, denn es lebt ja. Wir erfahren, wie lebendig unser Leben sein kann.

Nach und nach legt sich der große Umbruch, und es kehrt mehr Ruhe ein. Der Staub ist mit Wasser weggespült, und frischer Wind weht durch die neuen großen Fenster. Wir spüren, wie etwas in uns erwacht. Wir hören eine innere Stimme, die wir vergessen hatten. Plötzlich fühlen wir genau: »Solch ein Boden ist der Passende für mich.« Erst waren wir unsicher und wussten nicht, ob wir uns für Parkett, Fliesen oder Teppich entscheiden sollten. Doch dann war spontan dieses Wissen da, Korkboden sollte es sein, heller Korkboden. Woher kam dieser Impuls? Er war so unerwartet und doch unglaublich klar. Und der Entschluss fühlte sich so gut an, so sicher wie nie zuvor, wir spürten Vertrauen und folgten allen weiteren Impulsen. Uns kamen Farben in den Sinn, und unsere Wände begannen zu leuchten, zart und kraftvoll. Die Küche wurde eine Wohlfühloase. Alle Menschen, die zu Besuch kamen, fühlten sich sofort wohl bei uns und eingeladen. Im Kamin knisterte ein Feuer, und es wurde immer gemütlicher. Ganz gleich, wo wir hinschauten, die Räume erfüllten uns mit Freude. Wir verbrachten entspannte Zeiten in unserem Bad, in dem wir unseren Körper achtsam und liebevoll pflegten. Das ganze Haus begann neu zu schwingen, in seinem eigenen Klang. Es trat tiefer Frieden ein, zugleich aber sprudelte es darin vor Leichtigkeit, Kreativität und Leben. Wir fühlten uns himmlisch zu Hause auf diesem Stückchen Erde. Wir waren in uns selbst angekommen.

Die Herz-Spiegel-Meditation

Ich kenne diese Meditation schon sehr lange und habe sie in verschiedenen Variationen praktiziert. Sie ist sehr einfach und kraftvoll. Sie brauchen dazu einen Platz, an dem Sie recht nah in einen Spiegel schauen können. Sie wird daher auch oft Spiegelmeditation genannt. Sehr gut ist es, wenn Sie einen kraftvollen Platz haben, an dem Sie schon öfter meditiert oder mit sich gearbeitet haben und an dem sie sich wohlfühlen. Sie können ganz offen in diese Meditation gehen und schauen, was aufsteigt, oder gleich mit einer bestimmten Emotion, wie Schuld, Trauer, Existenzangst, Verlust- oder Versagensangst, Einsamkeit, hineingehen. Das Herz liegt in der Mitte unserer sieben Hauptchakren. Drei sind darunter dem Irdischen und Menschlichen zugeordnet, und drei befinden sich darüber, dem geistigen Bereich zugehörig. Unser Herz kann unsere verletzten Emotionen in reine Energie wandeln. Wenn Sie diese Übung beginnen, schließen Sie einen Moment die Augen und bitten Ihre Seele um Begleitung. Atmen

Sie bewusst, und werden Sie ruhiger und stiller. Richten Sie nun Ihre Aufmerksamkeit auf Ihr Herzzentrum in der Mitte Ihrer Brust. Sie können gern die Hände auf Ihr energetisches Herz legen. Stellen Sie sich vor, wie grünes Licht Ihr Herz stärkt und die Farbe Rosa Ihre Brust einhüllt.

Öffnen Sie jetzt langsam Ihre Augen, und schauen Sie mit einem weichen Blick in den Spiegel. Schauen Sie nicht fokussierend, sondern offen aufnehmend. Schauen Sie mit diesem offenen Blick der Person im Spiegel in die Augen. Sie wissen, die Augen sind das Tor zur Seele. Beobachten Sie, welche Gefühle Sie wahrnehmen. Wenn Sie Schmerz sehen, atmen Sie diesen Schmerz der Person in Ihr Herz ein, und atmen Sie Frieden an die Person im Spiegel aus. Fühlen Sie, was in Ihnen aufsteigt.

Ist Schuld die zu heilende Emotion, dann atmen Sie die Schuld der Person im Spiegel in Ihr Herz und die Unschuld und Reinheit an die Person im Spiegel aus. Sie sind frei zu entscheiden, wie lange dieser Prozess dauern soll. Vielleicht nur zehn oder auch 20 Minuten. Es ist wichtiger, diese Übung täglich zu wiederholen, bis eine bestimmte Emotion nicht mehr auftaucht. Dann ist sie verwandelt. Lassen Sie es bitte zu, wenn sich Energien durch Tränen lösen. Genau das ist der Prozess der Transformation. Es ist Alchemie, Energien werden gewandelt.

Wenn Sie beispielsweise die Trauer transformieren wollen, atmen Sie die Trauer in Ihr Herz und die Freude an die Person im Spiegel aus. Wollen Sie eine Schwere wandeln, atmen Sie die Schwere ein und die Leichtigkeit an die Person im Spiegel aus.

Mit dieser Übung können Sie für sich Großartiges bewirken. Ich wünsche Ihnen tiefe Erfüllung dabei. Ihr Herz kann alles heilen. Alle Gefühle passen in ein Herz. Ich habe ein Bild zu diesem Prozess gemalt, und Menschen, die es betrachten, sind überwältigt davon, wozu unser Herz in der Lage ist.

Unser Inneres Kind heilen

Wir alle tragen verletzte kindliche Anteile in uns. Diese Anteile, unser Inneres Kind, zu heilen und wachsen zu lassen, ist sehr wichtig für unseren Erwachensprozess. Meist ist es nicht ganz einfach, die traumatisierten Anteile in uns aufzuspüren. Da wir noch sehr klein waren, als sie verletzt wurden, sind sie manchmal tief in unserem Unterbewusstsein verborgen. Diese Verdrängung war unser Überlebensmechanismus. In Seminaren oder in der Einzelarbeit kann ich diese verletzten Inneren Kinder aufspüren, indem ich mit einem Klienten zum Beispiel die »Timeline« gehe, das heißt zu dem traumatischen Erlebnis an einem Zeitpunkt vor seinem jetzigen Leben. Dort spüre ich schon, ob es einen Zug nach vorn in dieses Leben gibt oder eher nach hinten. Wir gehen dann in ganz kleinen Schritten zurück in die Zeit der Schwangerschaft. Der Körper hat alle Erfahrungen abgespeichert und gibt mir ständig Informationen – Impulse, die der Klient oft selbst nicht bemerkt. Wir durchleben dann den Prozess der Geburt, dann die ersten Monate und Kinderjahre. Ich spüre, wann etwas geschehen ist, und wir können mit dem, was ich spüre, arbeiten.

Eine sehr tief greifende Methode zum Aufspüren verletzter Innerer Kinder ist eine bestimmte schnelle Atemtechnik, in der es fast zur Hyperventilation kommt. Diese empfehle ich aber nur mit einer Begleitung durchzuführen, die über fundierte Kenntnisse der Methode verfügt.

Macht sich aber ein um Hilfe schreiendes Inneres Kind bemerkbar, können Sie auch allein in einen heilenden Prozess gehen. Haben Sie Mut dazu, denn heute sind Sie groß und erwachsen. Sie können Ihr Inneres kleines Mädchen oder Ihren Inneren kleinen Jungen an die Hand nehmen und einfach da sein.

Setzen Sie sich für diese Übung bequem auf den Boden oder wo Sie gern sitzen. Bitten Sie als Erstes Ihre Seele um Begleitung und Führung. Legen Sie sich eine Decke um die Schultern, und stellen Sie sich vor, wie Ihre Seele Sie voller Liebe umarmt. Atmen Sie weich und ruhig. Atmen Sie gelbes Licht ein. Wie flüssiges, warmes Gold erfüllt es Sie mit jedem Atemzug, mehr und mehr.

Für Ihr Inneres Kind können Sie sich ein Kissen nehmen, oder Sie können Ihre Vision von ihm vor Ihrem inneren Auge sehen. Schauen Sie, ob Sie ein Bild bekommen. Was nehmen Sie wahr? Sitzt Ihr Kind verschlossen und traurig in einer Ecke, oder kommt es weinend auf Sie zu? Wie alt ist es? Irrt es umher, oder ist es isoliert und apathisch? Vielleicht taucht ein Erlebnis aus Ihrer Vergangenheit auf. Ihr Inneres Kind ist in einer alten Lebenssituation gefangen. Es sitzt in einer Erlebnisblase fest und weiß nicht einmal, dass Ihr Leben weitergegangen ist. Es ist immer noch zwei, drei oder vier Jahre alt.

Sagen Sie Ihrem Inneren Kind, dass Sie jetzt gekommen sind, um es zu befreien. Nehmen Sie sinnbildlich die kleinen Händchen Ihres Inneren Kindes in Ihre Hände. Sie können symbolisch auch die Hände auf das Kissen legen, wenn Sie mit einem Kissen arbeiten. Sagen Sie:»Ich hole dich jetzt da raus.« Schauen Sie, ob Ihr Kind Sie hören kann. Wenn es nicht reagiert, wiederholen Sie diesen Satz. Es ist ja auch schon lange Zeit ganz allein dort. Haben Sie Verständnis und Geduld. Es ist auch schon gut, wenn es Ihre echte Stimme hört. Sprechen Sie einfach aus, was Ihnen in den Sinn kommt. Der Klang und die Schwingung Ihrer Stimme können Ihr Inneres Kind wieder zum Leben erwecken.

Doch vielleicht ist Ihr Inneres Kind schon in Ihrer Nähe. Klammert es sich an Ihr Hosenbein, oder schaut es Sie groß an? Wenn ein erster Kontakt hergestellt ist und Sie es erreichen, lassen Sie Ihr Leben ab diesem Zeitpunkt Revue passieren. Ihre Arme sind wie Stromkabel mit den Händen Ihres Inneren Kindes verbunden. All die Erlebnisse, die auftauchen, fließen energetisch zu Ihrem Inneren Kind. Spüren Sie, wie es langsam wächst. Gehen Sie mit Geduld durch die Kindergarten- oder Schulzeit. Sie können auch gern Worte des Trostes und der Liebe zu Ihrem Inneren

Kind sagen. Kommen diese Worte wirklich aus Ihrem Herzen und nicht aus Ihrem Verstand, wird es Ihre Liebe spüren. Es wird Vertrauen zu Ihnen haben und mit Ihnen gehen. Hat es noch Angst und ist zögerlich, dann bauen Sie Vertrauen auf. Sagen Sie:»Du bist ich, als ich noch klein war.« Oder:»Uns ist Schlimmes passiert, doch schau, wir haben überlebt. Ich bin heute für dich da. Wir können heute handeln, und so etwas wird uns heute nicht mehr passieren.« Ihr Inneres Kind wird wieder Vertrauen finden und wachsen. Wenn es gleich alt ist wie Sie jetzt, zeigen Sie ihm Ihr Leben. Machen Sie einen kleinen Spaziergang durch Ihre heutige Welt. Geben Sie ihm immer wieder das Gefühl, willkommen und geborgen zu sein und einen Platz in Ihrem Herzen zu haben. Es wird sich wohlfühlen und zu sich selbst finden. Sie sind wieder vereint, geborgen in Ihrer Seele. Danken Sie Ihrer Seele für Ihr Dasein.

Falle Bewertungen

Viele Menschen begegnen dem Leben mit einem Schwarz-Weiß-Denken. So nennen wir die Einstellung, dass »dieses« richtig und »jenes« falsch ist. Sich zum Beispiel einen malerischen Sonnenuntergang anzuschauen ist wunderbar, also richtig. Sich solch einen beeindruckenden Sonnenuntergang am Fernsehen anzuschauen ist dagegen Blödsinn, sinnlos oder nicht gut. Nur wenige Menschen besitzen eine tiefere Grundhaltung, die sagt:»Oh, es ist einfach nur anders.« Wir wissen ja nicht, ob das Anliegen dieses Menschen nicht vielleicht gerade der künstlerische Impuls ist, wie fantastisch man solch einen Sonnenuntergang mit der Filmkamera einfangen kann.

Dies ist ein ganz harmloses Beispiel, das dennoch zeigt, wie schnell Menschen in eine Bewertung gehen. Durch eigene Erfahrungen habe ich gelernt, keine vorgefassten Meinungen zu haben.

Eine nette Anekdote dazu erlebte ich beispielsweise während eines Unternehmensseminars in einem schönen Hotel. Nach dem Abendessen blieb ich mit den Teilnehmern noch in gemütlicher Runde sitzen. In unsere Unterhaltung hinein fragte uns eine Dame vom Service, ob sie zu uns noch andere Gäste setzen dürfte. Es war schon spät geworden, und sie wollte die Tische für das Frühstück vorbereiten. Erfreut, noch bleiben zu können, setzten sich also Teilnehmer eines anderen Firmenseminars zu uns. Da ich am Rand saß, bekam ich etwas von deren Gesprächen mit, in denen es um den neuen Wellnessbereich des Hotels ging. Sie erzählten von Sauna und Pool, dann stellte ein Mann die Frage, wer am nächsten Morgen ins kostenfreie Solarium mitkommen wolle. Sofort kam als Antwort ein begeistertes »Ja« von einem farbigen Tischnachbarn, einem gut aussehenden schwarzen Mann. Ich weiß heute noch, wie spontan ich lachen musste. Es passte einfach nicht in mein Bild, dass ein dunkelhäutiger Mensch ins Solarium geht. Der Abend wurde noch lustig, und ich weiß jetzt, dass Menschen nicht nur, um braun zu werden, ins Solarium gehen. Das war bei mir so abgespeichert gewesen. Ich selbst bin kein Solariumgänger, doch heute weiß ich, dass in der dunklen Jahreszeit einfach das Licht den Menschen guttut. Kennen Sie auch einige dieser Situationen, in denen Sie für andere gedacht haben?

Wie kann Polarität im Einklang mit der Einheit sein?

Wie können wir feststellen, ob in einer bestimmten Situation Reden oder Schweigen besser ist? Im Volksmund heißt es: Reden ist Silber, Schweigen ist Gold. Wenn Sie mit »Reden« aber einen Menschen aus Lebensgefahr retten, weil Sie ihn warnen können, wäre in diesem Moment das Reden wertvoller als das Schweigen.

Das gibt uns den Hinweis, dass wir diese Entscheidung nur in Bezug zu einer bestimmten Situation treffen können. Je nach Situation kann das eine oder das andere stimmiger sein. Um zur richtigen Einschätzung zu finden, ist es notwendig, mit beiden Polen im Einklang zu sein. Kennen Sie das Sprichwort »Willst du recht haben oder glücklich sein – beides gleichzeitig geht nicht«?

Im Zuge meiner jahrelangen Erfahrungen mit Aufstellungsarbeit bin ich vielen Klienten begegnet, die mit solch scheinbar widersprüchlichen Eigenschaften zu kämpfen hatten. Erst durch das Sichtbarmachen ihres inneren Konflikts in einer Aufstellung wurde ihnen klar, dass sie nur zu einer Seite ihres Verhaltens oder ihrer Eigenschaften stehen können. Durch das Erkennen des Zwiespalts bekamen sie dann aber die Chance, auch den ausgeschlossenen Part, den blinden Fleck ihres Bewusstseins oder ihr Bewerten aufgrund von vorgefassten Meinungen anzusehen und damit Frieden zu schließen.

Auch gegensätzliche Strategien und Verhaltensweisen lassen sich durch bewusste Integration vereinen und bedeuten so keinen Konflikt in unserem Leben. Im Grunde handelt es sich dabei um »Zwillingseigenschaften«, die uns zunächst wie zwei konträre Pole erscheinen, wie einerseits Mut zu haben und andererseits vorsichtig zu sein oder wie sich empfänglich zu zeigen, zugleich aber auch – wenn es angebracht ist – unbeeinflussbar zu sein.

Jede Polarität kann zur Einheit werden, wenn wir in den Gegensätzen die Einheit erkennen. Das Zauberwort »und« hat große Kraft in der Transformationsarbeit. Es verbindet. Wir können zum Beispiel ein altes Gedankenmuster erkennen und es mit einem neuen, uns unterstützenden Muster verbinden. Wir müssen das Alte nicht ignorieren, sondern können es anerkennen und uns gleichzeitig auf das Neue ausrichten.

Wir können sagen: »Ja, ich habe Angst vor … und … ich weiß heute, meine Seele wird mich führen und ich bin geborgen in der All-Einheit.«

Ich spüre, dass ich immer Angst hatte, mich zu zeigen, *und* ich sehe, dass ich heute den Mut und die Kraft habe, zu mir zu stehen, wenn ich mich zeige. Das Wort »und« stellt keine Realität infrage, es erkennt die parallele Existenz vieler Realitäten an. Dies ist wahr, und jenes ist wahr – sowohl als auch. »Und« ist das Wort der Multidimensionalität, denn auf der Ebene des Problems liegt nicht die Lösung. Das Wort »und« öffnet den Raum zu einer weiteren Ebene, und das ist die Lösung.

Positive Glaubenssätze

Ich habe zuvor schon beschrieben, wie negative, begrenzende Glaubenssätze unser Leben beeinflussen. Doch Glaubenssätze können uns auch unterstützen und uns dienen. *Fühlen* Sie einmal bewusst die Wirkung der folgenden Glaubenssätze:

- Ich bin es wert, glücklich zu sein.
- Ich bekomme die Unterstützung, die ich benötige.
- Ich habe genug Raum, um ein fantastisches, glückliches Leben führen zu können.
- Ich gehöre dazu, sodass ich ein erfülltes Leben führen kann.
- Ich bekomme die menschliche Wärme und Geborgenheit, die ich brauche, um rundum glücklich zu sein.
- Ich bin es wert, sicher zu sein.
- Ich bekomme die Unterstützung, die ich benötige, um mich sicher zu fühlen.
- Ich habe genug Raum, um mich sicher zu fühlen.
- Meine Grenzen werden respektiert, sodass ich mich sicher fühlen kann.
- Ich gehöre dazu, sodass ich mich sicher fühlen kann.
- Ich bekomme die menschliche Wärme und Geborgenheit, die ich brauche, um mich sicher zu fühlen.
- Ich bin es wert, erfolgreich zu sein.
- Ich bekomme die Unterstützung, die ich brauche, um erfolgreich zu sein.

Übungen mit »Energieankern«

Zettel sind in der Einzelarbeit wunderbare Anker, die eine bestimmte Energie manifestieren. Das Kraftvolle daran ist die Information, die wir auf das Blatt Papier schreiben. Zum Beispiel benennen wir darauf eine Person, einen Zeitpunkt, eine Wahlmöglichkeit, eine Idee oder ein Ziel.

Sie können Zettel auch verdeckt einsetzen, indem Sie oder Ihr Übungspartner nicht wissen, was auf dem Zettel steht. Arbeiten Sie mit mehr als drei Zetteln, empfiehlt es sich, die einzelnen Blätter zu nummerieren. Wenn Sie allein mit sich arbeiten, legen Sie die Zettel ganz intuitiv auf dem Boden aus, einzeln oder in verschiedenen Abständen zueinander. Schon die Art und Weise, wie Sie die Zettel legen, enthält eine Botschaft. Nehmen Sie wahr, welcher Zettel Sie zum Beispiel anzieht und welcher Sie abstößt. Stellen Sie sich auf jeden Zettel, und lassen Sie sich einen Moment Zeit, um zu spüren. Machen Sie sich eventuell Notizen, was Sie fühlen, welchen Stand Sie haben – ganz ohne Wertung – und welche Impulse in Ihnen auftauchen.

Führen Sie diese Übung mit einem anderen Menschen durch, so legt er die Zettel, und Sie notieren seine Aussagen. Machen Sie sich zusätzliche Notizen von dem, was Sie spüren, sehen und wahrnehmen. Wenn alle Informationen zusammengefügt werden, erhalten Sie oft ein überraschend klares Bild.

Sie können Übungen mit Zetteln auch so durchführen, dass die Botschaft darauf offen sichtbar ist. So sehen Sie oder Ihr Übungspartner, wofür Ihr Energieanker steht. Auch dies wirkt sehr kraftvoll, um mit einer Energie in Resonanz zu gehen.

Die Arbeit mit Kissen ist besonders geeignet für Familienthemen und starke Emotionen. Ich habe in meinem Seminarraum viele Kissen, die für die Einzelarbeit ohne Stellvertreter in einer Reihe an der Wand lehnen. Sie sind alle 40 x 40 cm groß, hell, weiß oder cremefarben und doch zu unterscheiden, durch den Stoff oder ihr Muster. Diese Kissen waren schon oft Oma, Opa, Mutter, Vater, Ehemann oder Liebhaber, Sohn oder Tochter. Sie waren aber auch schon die Angst, die Unruhe, das Verlassensein, eine Krankheit, ein Verlust, eine Prüfung, eine alte oder neue Arbeit, und vor allem auch die Liebe und die Seele. Ich habe ein Kissen mit einem Sternchen darauf, das immer für den Klienten selbst steht. Für einen Blick in ein Familiensystem oder eine berufliche Situation beginnt ein Klient immer mit dem Sternchenkissen für sich selbst. Oft sind auch schon Kissen weit in eine Ecke geflogen, stellvertretend für einen Menschen oder eine Verletzung. Ich liebe die Arbeit mit Kissen, da sie an sich so kuschelig sind. Sie strahlen etwas Warmes und Weiches aus. Wenn ein Kissen zum Beispiel für einen alten, ausgegrenzten Seelenanteil steht, können wir uns diesem ganz behutsam nähern. Wir können unsere Hand auf das Kissen legen und uns der Energie öffnen. Wir können ganz zart das Kissen streicheln und die Energie und den Kummer dieses Seelenanteils wieder in unser Herz hineinnehmen. Auch hier ist dieser Prozess mit dem Herzen verbunden, wie in der Herz-Meditation (siehe Seite 156) beschrieben.

Übung:
»Bewusstmachen Ihrer persönlichen Bedürfnisse«

Kommen Sie mit auf eine Reise. Stellen Sie sich vor, Sie sind auf einem Schiff auf hoher See. Sie werden nun den Rest Ihres Lebens auf diesem Schiff leben. Schaffen Sie sich also das Schiff, auf dem Sie Ihr Leben verbringen möchten. Wie sieht Ihr Schiff aus? Stellen Sie sich vor, Sie sind jetzt auf dem Schiff und gehen bewusst darauf spazieren. Nehmen Sie den Geruch des Meeres wahr, lauschen Sie den Geräuschen des Wassers, sehen Sie den Himmel, die Farbe des Wassers, fühlen Sie die Bewegung Ihres Schiffes.

Sie haben alles auf dieses Schiff mitgenommen, von dem Sie glauben, Sie brauchen es für Ihr Leben. Machen Sie nun einen Rundgang auf Ihrem Schiff, um zu sehen, ob alles da ist. Gehen Sie unter Deck, zum Frachtraum. Hier ist alles, was Sie zum eigenen Überleben brauchen. Es ist alles da für Ihr körperliches Wohlbefinden und Ihre Gesundheit. Nehmen Sie bestimmte Dinge wahr, die Sie für Ihr physisches Wohlergehen zur Hand haben müssen.

Gehen Sie nun die Treppen hinauf zum nächsten Deck, auf dem Sie alles Notwendige für Ihre Sicherheit und Ihren Schutz vorfinden. Was ist in diesem großen Raum, das Sie davon abhält, Angst zu haben und sich Sorgen zu machen? Nehmen Sie Dinge, Menschen oder Tätigkeiten wahr?

Steigen Sie nun eine weitere Treppe hinauf. Sie sind jetzt auf dem Passagierdeck, wo sich all Ihre Beziehungen abspielen werden. Hier werden Sie mit anderen Menschen zusammen sein. Bewegen Sie sich auf diesem Deck, und schauen Sie, wer Ihnen begegnet. Gehen Sie auch den Flur entlang, und schauen Sie in die offenen Kabinen.

Sehen Sie Menschen, die Sie mit auf Ihrer Lebensreise haben wollen? Sehen Sie Menschen, die Sie lieben? Sehen Sie Menschen, die Ihnen das Gefühl der Zusammengehörigkeit vermitteln? Wer sind die Menschen, die Sie gebeten haben, mitzukommen? Sagen Sie diesen wichtigen Menschen ein paar Worte, die von Herzen kommen.

Nehmen Sie wahr, ob jemand nicht da ist, den Sie gern an Bord hätten. Nehmen Sie auch wahr, wer nicht an Bord ist, weil Sie es so wollten.

Verlassen Sie nun das Passagierdeck, und steigen Sie zum nächsten Deck hinauf. Dies ist der Platz, an dem Sie alles finden, um sich erfolgreich zu fühlen. Es durchströmt Sie ein Gefühl von Erfüllung und vollbrachter Leistung. Dort werden Sie arbeiten. Sie werden Selbstachtung und die Achtung der anderen erfahren. Gehen Sie umher. Was ist das für ein Ort? Was tun Sie? Wer ist bei Ihnen?

Steigen Sie nun wiederum auf das nächsthöhere Deck. Hier sehen Sie alles, Menschen, Dinge und Aktivitäten, die bedeuten, Sie haben Ihr Lebensziel erreicht. Sie schmecken das Gefühl von persönlicher Erfüllung. Jede Zelle in Ihnen spürt tiefe Befriedigung, da Sie alles erreicht haben, was der Sinn Ihres Lebens ist. Was nehmen Sie wahr, was das für Sie bedeutet, alles bekommen zu haben, was Sie sich vom Leben erhofft haben?

Nehmen Sie nun die paar Stufen zum Oberdeck. Spüren Sie die kühle Brise des Meeres, sehen Sie den klaren blauen Himmel. Es ist alles gut. Ihr Schiff ist auf Fahrt. Alle Ihre Bedürfnisse sind erfüllt.

Bitte notieren Sie sich Ihre Empfindungen und Erkenntnisse dieser Reise. Was haben Sie darüber herausgefunden, was Sie brauchen, zu Ihrem Schutz, zu Ihrer Erfüllung, zu Ihrer Freude? Haben Menschen gefehlt, die Sie dabeihaben wollten? Hatten Sie alles für Ihr menschliches Wohl? Waren manche Dinge für Sie nicht klar zu sehen? Um welche Bedürfnisse handelte es sich dabei?

Unser Wertesystem

Es gibt Werte, die uns bewusst sind, und Werte, die in unserem Unterbewusstsein schlummern und uns nicht klar sind. Es können auch alte Werte, aus lange vergangenen Leben, noch in uns wirken, die oft mit unseren jetzigen Werten kollidieren. Das gilt zum Beispiel auch für Werte aus unserem religiösen Vorleben.

Ich habe bei einer Ausstellung in einer Galerie vor fast zehn Jahren viele Bilder verkauft. Schon beim Aufbau verkaufte ich vier und bei der Vernissage 13 Bilder. Ich war von den Besuchern der Galerie und ihren Gefühlen berührt und bewegt. Die roten Punkte an so vielen Bildern konnte ich noch gar nicht richtig fassen, und es kam ein größerer Betrag zusammen.

Am darauffolgenden Dienstag sorgte ich allerdings dafür, dass er schnell wieder weg war. Ich zerlegte mein Auto. Dabei passierte nichts, außer Blechschaden. Ich ging in Kontakt mit dem Anteil in mir, der sich mit Geld unwohl fühlte. So erkannte ich, dass er immer noch glaubte, wenn man dem Göttlichen nah sein will, passt Geld nicht dazu. Dieser Anteil hatte einfach Angst, dass mich das Geld von meinem spirituellen Weg abbringt. Meine Seele zu spüren, ihre Liebe, die Erfüllung, mich auszudrücken und meine Gefühle weiterzugeben waren für mich ein weitaus höherer Wert als finanzielle Fülle. Doch andererseits wollte ich auch gut leben und für Dinge, die mir wichtig sind, ein ausreichendes Budget haben. Ich überlegte mir also eine Übung zur Lösung meines Problems.

Ich setzte mich auf den Boden, mein üblicher Platz, wenn ich an inneren Prozessen arbeite. Nach einem Moment weichen Atmens ruhte ich ganz bewusst in mir. Ich nahm symbolisch den Wert »meine Seele leben« in die eine Hand und in die andere Hand den Wert »finanzielle Fülle«. Letzterer stand für Geldannehmen und Besitzendürfen. Es begann eine Kommunikation zwischen meinen beiden Anteilen. Ich fühlte immer stärker, dass der Anteil, der das Geld wieder wegschickte, mich nur schützen wollte. Ich selbst trug ihm diese Aufgabe auf, da ich bereits die Erfahrung gemacht hatte, dass ich mich durch materielle Dinge ablenken ließ und mich darin zu verlieren drohte.

Da ich ganz sicher war, dass da nun keine Gefahr mehr bestand und ich mich nicht mehr verlieren konnte, entspannte sich die Situation. Ich wusste, dass ich mittlerweile immer wieder den Weg zu mir zurückfinde. Beide Werte konnten sich miteinander aussöhnen und erstrahlten jetzt in hellem Licht. Ich konnte beide Hände nah zusammenbringen und spüren, dass kein Widerspruch mehr vorhanden ist, sondern Einheit. Die Antwort meiner Seele lautete, dass ich heute beides leben kann.

FALLBEISPIEL:
»WERTEKONFLIKT BERUF – FAMILIE«

Marc, 41 Jahre, Teilnehmer einer Seelencoach-Gruppe, hatte von Jugend an den Wert verinnerlicht, beruflich erfolgreich sein zu müssen. Er wollte finanziell unabhängig sein und sich etwas aufbauen. Seit ein paar Jahren ist er nun allerdings auch glücklich verheiratet und hat einen kleinen Sohn. Die Familie ist für ihn mittlerweile der viel höhere Wert als sein beruflicher Erfolg. Dennoch bestimmt der Beruf fast sein ganzes Leben, von früh bis spät.

In unserem Unterbewusstsein haben Werte eine Hierarchie. Es gibt Werte für bestimmte Teilbereiche des Lebens, und es gibt übergeordnete Werte für das gesamte Leben. Meine Erfahrung ist, dass uns Werte zu mehr Klarheit bei unserer Lebensgestaltung und unserem Wachstumsprozess führen. Einem bestimmten Wert im eigenen Leben besondere Bedeutung beizumessen heißt keineswegs, dass wir dabei in eine Bewertung gehen. Es geht uns nicht um Verurteilung eines anderen Wertes oder von Werten unserer Mitmenschen.

Es kommt im Laufe eines Lebens aber vielfach zu inneren Wertekonflikten, wie beispielsweise hier, wo der Wert beruflicher Erfolg mit dem Wert, genug Zeit für die Familie zu haben, kollidiert. Die Auseinandersetzung mit diesem inneren Konflikt ist essenziell für unseren Wachstumsprozess.

FALLBEISPIEL: »GUTE MUTTER SEIN – DEN EIGENEN SEELENWEG GEHEN«

Ich selbst war zehn Jahre alleinerziehend, wollte natürlich eine gute Mutter und weiterhin beruflich erfolgreich sein und vor allem mich selbst finden. Es war schwierig, mir einzugestehen, was das Wichtigste für mich war. Natürlich meine Kinder. Doch da war auch dieser Ruf in mir, diese Sehnsucht, die immer präsent war.

In der Zeit, als ich noch nicht eindeutig dazu stand, war es gerade meine Tochter, die mir diese Unklarheit spiegelte. Kinder spüren ja auch das, was nicht ausgesprochen wird. Und so sagte sie einmal zu mir: »Mama, du liebst ja Gott mehr als mich.« Das traf mich damals ganz schön hart. Ich sah, dass in mir zwei Werte kollidierten, und mein unklares Bewusstsein darüber gab meiner Tochter das Gefühl, zu wenig zu bekommen. Ab dem Zeitpunkt, als ich bewusst zu mir stand, betrachte sie meinen Wachstumsprozess nicht mehr als Liebesentzug. Wir sprachen offen darüber, und sie lernte zu akzeptieren, was für mich wie ein Lebenselixier ist. Nach einiger Zeit gab sie mir mit einem besseren Gefühl den Freiraum, zeitintensive Ausbildungen im Heilungsbereich zu machen. Unsere gemeinsame Zeit, in der sie Mama, Liebe und Geborgenheit auftanken konnte, war danach intensiver. Sie wusste und spürte, dass ich sie liebte, ganz gleich, ob ich bei ihr war oder nicht. Sie lernte auch, sich selbst zu nähren und sich ihrer inneren Quelle zuzuwenden. Manchmal war es eine Herausforderung für sie, wenn sie sich wegen ihres Hinterfragens von Gefühlen und Gedanken von ihren Freundinnen nicht verstanden fühlte. Heute jedoch ist es ein großartiges Fundament für ihr Leben. So, wie sie auch aus dem früh erweckten Vertrauen in ihre innere Quelle den Mut mitnimmt, zu sich zu stehen, ihren Weg gehen zu dürfen und den Ausdruck ihrer Seele nicht zurückzuhalten.

Übung: »Klarheit über die eigenen Werte«

Fragen Sie bei dieser Übung, für die Sie sich ausreichend Zeit und Ruhe zum Nachdenken gönnen sollten, was Ihnen besonders wichtig ist. Bei welcher Tätigkeit oder in welcher Situation fühlen Sie sich glücklich und motiviert? Welcher innere Wert war dabei für Sie erfüllt? Hier eine kleine Liste zur Anregung:

Liebe, Wahrheit, Familie, Glück, Weisheit, Natur, gesundes Essen, Geld, Erfolg, Gerechtigkeit, mit Menschen teilen, Freude, Humor, Wohlstand, Mitgefühl, Reisen, Sex, innerer Frieden, Frieden in der Welt, Macht, Ehrlichkeit, eigene Kinder, Partnerschaft, innere Stärke, Ruhm, Sicherheit, Gemeinschaft, Treue, Sieger sein (zum Beispiel im Sport), Grenzerfahrungen, Kreativität, Ordnung, Selbstständigkeit, Freundschaft, das Leben an sich, Genuss, Lernen, Erkenntnis, Gesundheit, Reichtum, Beruf, Selbstverwirklichung, Freiheit, Erleuchtung.

- ⚙ Stellen Sie eine Liste auf mit fünf bis zehn Werten, die für Sie die größte Bedeutung haben.
- ⚙ Sortieren Sie diese nach ihrer Wichtigkeit.
- ⚙ Prüfen Sie, ob es verschiedene Werte für bestimmte Lebensbereiche gibt.
- ⚙ Finden Sie die übergeordneten Werte für Ihr gesamtes Leben.

Es ist wichtig, die Motivation zu erkennen, die hinter Ihren Werten stehen, oder ob Sie durch das Festhalten an einem bestimmten Wert etwas anderes vermeiden wollen.

- Hat Partnerschaft an sich einen sehr hohen Wert für Sie, oder wollen und können Sie nicht allein sein? Wollen Sie weg von Ihrer Einsamkeit?

- Ist beruflicher Erfolg für Sie ein Wert, der Ihnen Erfüllung bietet, oder wollen Sie auf keinen Fall Mittelmaß oder gar ein Versager sein?

- Wollen Sie Reichtum und viel Geld, um ein gutes Leben zu führen, oder nur um nicht arm zu sein, oder wollen Sie mit Ihrem Reichtum Macht über andere Menschen ausüben?

- Essen Sie jede Menge Vitamine und Nahrungsergänzungsmittel, um Ihre Gesundheit zu stärken und Ihrem Körper Gutes zu tun, oder aus Angst vor Krankheit, weil es für Sie das Schlimmste wäre, hilflos zu sein?

- Ist Ihr höchster Wert Freiheit? Dann fragen Sie sich, ob er bedeutet, nicht abhängig zu sein, oder ob Sie die Angst in sich tragen, von anderen vereinnahmt zu werden.

- Wollen Sie sich selbstständig machen, nur um dem Hamsterrad Ihres beruflichen Alltags zu entkommen? Dann fragen Sie sich erst einmal, was Ihnen das Rennen in diesem Hamsterrad bisher an Vorteilen gebracht hat.

Klären Sie Ihre Werte, und betrachten Sie die Emotionen, von denen Sie sich verabschieden wollen. Diese Emotionen können Sie mit der Herz-Meditation (siehe Seite 156) heilen.

In Seminaren erkennen die Teilnehmer immer wieder, dass ihr Unterbewusstsein andere Werte abgespeichert hat und vor allem in einer anderen Hierarchie und Anordnung. Durch Blindaufstellungen von Werten zeigt sich auch deren Dynamik, ob Werte kollidieren oder zusammengehen. Man kann selbst erkennen, welcher Wert einem am Herzen liegt oder ob man einen Wert ablehnt.

Als Aufstellerin wähle ich in Seminaren oft zehn Stellvertreter für verschiedene wichtige Werte. Jeder Stellvertreter weiß nur selbst, für welchen Wert er steht. Es ist unglaublich interessant, zu sehen, welche Werte zusammenfinden, ohne dass die Stellvertreter wissen, für welchen Wert der andere steht.

Ganz spannend ist auch, welcher Wert einem am nächsten steht. Ein Teilnehmer, der sich gerade selbstständig gemacht hatte, erkannte, dass seine Berufung am weitesten entfernt von ihm war. Er selbst setzte diesen Wert auf den zehnten Platz. Somit bekommt sein Unternehmen wenig Kraft.

Eine andere Teilnehmerin war vollkommen überrascht, dass sie bei ihren Werten das Geld vergessen hatte. Sie befand sich in ihrem Leben in finanzieller Abhängigkeit und lebte am Existenzminimum. Es gelang ihr, sich mit dem Thema Geld auszusöhnen und diesem Wert einen Platz zu geben. Sie löste sich von ihrem alten Muster, sich zwischen Geld oder Liebe entscheiden zu müssen.

Gerade bei diesen Seminaren haben die Teilnehmer richtig viel Spaß, denn sie stecken voller Überraschungen. Unsere Werte verändern sich oder lassen sich durch uns verändern, und es lohnt sich, sie genau zu betrachten. Werte dienen uns, unser Verhalten richtet sich nach ihnen aus, und sie lenken unsere Energien. Jeder Wertekonflikt ist ein Energiefresser, daher ist ein bewusstes Energiemanagement wichtig. Unsere Werte sind auch unsere besten Mitarbeiter, die rund um die Uhr für die Gestaltung unseres Lebens tätig sind. Schenken Sie ihnen daher größere Aufmerksamkeit.

In Aufstellungen sehe ich öfter, dass Menschen an bestimmten Idealen und Vorstellungen krampfhaft festhalten. Sie glauben vielleicht, dass diese für ihr Leben wichtige Werte sind, doch sie haben bisweilen nichts mit den wahren inneren Werten ihrer Seele zu tun. Der Verstand erschafft Vorstellungen, um sich gut zu fühlen und etwas zu tun zu haben. Nach einem Ideal kann man eifrig streben, und dieser Aktionismus kann die Sehnsucht nach den wirklichen Werten ihrer Seele ersetzen. Dieser Irrglaube lässt sich genial für die Zwecke der Werbung einsetzen, denn er erzeugt Menschen, die im Mangel und in Angst leben. Durch Konsumieren betäuben sie ihre Ängste und kompensieren ihre Defizite und Sehnsüchte.

Fortgeschrittenen-Übung: »Die Vergangenheit segnen«

Um die eigene Vergangenheit zu segnen, braucht es meist einen Abschnitt im Leben, in dem man sich diesem Prozess aufmerksam widmet. Vielleicht befinden Sie sich gerade darin und wissen nicht recht, wie Sie damit umgehen sollen.

Bevor wir unsere vergangenen Erfahrungen segnen können, müssen wir sie uns erst anschauen, sie gefühlsmäßig durchdringen und sie gewissermaßen destillieren, um die darin enthaltene Weisheit herauszufiltern.

Eine systemische Aufstellung bestimmter Lebensabschnitte kann uns deutlich machen, wie tief wir bereits in die Aussöhnung und Vergebung gegangen sind. Ab einem bestimmten Punkt des Prozesses ist es uns möglich, in Frieden auf unser bisheriges Leben zu schauen.

Für diese Aufstellung ist es möglich, zuerst einen Stellvertreter für sich selbst zu wählen oder auch gleich persönlich in die Aufstellung zu gehen. Dann wählen wir jeweils einen Stellvertreter für unsere Geburt, einen für uns als Baby, einen für die Kleinkindzeit, für die Teenagerzeit, für die junge und reifere Erwachsenenzeit und je nach Alter eventuell für die heutige Zeit.

Dann gehen wir, beginnend mit der Geburt, in Kontakt mit jeder Energie, für die die jeweiligen Stellvertreter stehen. Es ist ergreifend, zu spüren und zu sehen, wo wir im Frieden sind und

174

welchen Zeiten im Leben wir noch Vertrauen, Anerkennung und Heilung entgegenbringen müssen.

Wenn Sie diese Übung für sich allein mit Energieankern auf dem Boden, wie etwa mit Kissen, machen, ist Ihre ganze Achtsamkeit sich selbst gegenüber erforderlich. Sie sind im Hier und Jetzt handlungsfähig. Mit wachem Bewusstsein und tiefem Erkennen schauen Sie auf die einzelnen Lebensabschnitte Ihrer Vergangenheit. Bleiben Sie immer in Kontakt mit Ihrem Herzen. Wenn Sie spüren, dass ein Part zu überwältigend ist, wie beispielsweise die Geburt, dann sollten Sie mit professioneller Begleitung in diese Übung gehen, bei einem Einzeltermin oder in einer Aufstellung mit Stellvertretern.

Sobald Sie bewusst in Kontakt mit Ihrer Vergangenheit gehen, atmen Sie in Ihr Herz. Es ist kein Problem, wenn Sie weinen und sich mit den Tränen alte Energien lösen. Vielleicht fällt es Ihnen ja auch leichter, für sich allein die Tränen fließen zu lassen, als wenn andere Menschen dabei sind. Nehmen Sie Ihr Inneres Kind in seinem Kummer an, und geben Sie ihm einen Platz in Ihrem Herzen. Schauen Sie offen auf Ihre Jugendzeit. Haben Sie sich und anderen alles vergeben? Fühlt sich eine Erinnerung noch ungeklärt an? Dann stellen Sie sich die damalige Situation und die eventuell darin wichtigen Personen vor, und sprechen Sie hörbar mit ihnen oder mit sich selbst in der damaligen Situation. Drücken Sie Ihre Gefühle aus. Erinnern Sie sich immer wieder an das Atmen im Hier und Jetzt. Das wird Ihnen Halt und Erdung geben. Bleiben Sie immer wertfrei gegenüber allen Gefühlen, die auftauchen, und seien Sie sich selbst gegenüber sehr ehrlich. Alles braucht Ihre Anerkennung. Wenn Sie alle Ihre Anteile im Blick haben, schauen Sie noch einmal, ob sich jedes Gefühl, damals versagt zu haben, aufgelöst hat. Ist das noch nicht der Fall, so wenden Sie sich noch einmal diesem Anteil und Gefühl zu. Lassen Sie zu, dass der Schmerz sich ausdrücken kann. Das macht ihn fließend, und wenn er dann keinen Ort findet, sich zu lokalisieren, integriert er sich zurück ins Ganze. Er muss nicht erst körperliche Symptome in Ihnen ausprägen, um gesehen zu werden. Verneigen Sie sich vor Ihren Lebenserfahrungen. Danken Sie ihnen. Erkennen Sie die Weisheit und Tiefe, die Sie durch diese Lebenserfahrungen mitbekommen haben.

Viele Erlebnisse und Erfahrungen, etwa ein großer Verlust, bleiben wie Spurrillen in uns. Wir können sie nicht vergessen, doch wir können die Emotionen heilen, die damit verbunden sind. Auch die inneren Überzeugungen, die durch Erfahrungen entstanden sind, können wir verwandeln. So gehen wir den Weg in unsere eigene Meisterschaft.

Paradigmenwechsel – eine neue Sicht

»Ein Haus sieht von jeder Seite anders aus« lautet eine Redensart. So ist es auch mit der Welt. Doch wir betrachten sie meist nur aus unserem eigenen Blickwinkel. Auch wir werden von anderen Menschen jeweils ganz unterschiedlich gesehen. Gibt es dabei wirklich eine Schokoladenseite?

Nehmen Sie sich einmal einen Moment Zeit, genauer darüber nachzudenken. Wechseln Sie probeweise ganz bewusst die Perspektive und schauen Sie sich Situationen oder Personen aus verschiedenen Blickwinkeln an.

Zur Veranschaulichung des Themas fällt mir eine berührende Beispielgeschichte ein: Es ist später Nachmittag und die S-Bahn voller Berufspendler. Die Menschen sind von ihrem Tag geschafft, teils auch gestresst. In diese Stimmung steigt ein Mann mit seinen beiden Kindern ein. Die Kleinen sind acht und elf Jahre alt und albern miteinander herum. Der Vater erwischt noch einen Sitzplatz, und die Kinder toben immer ausgelassener durch den Waggon. Doch es scheint den Vater überhaupt nicht zu interessieren.

Mancher Fahrgast liest Zeitung oder in einem Buch. Einige Fahrgäste sind schon genervt davon, wie laut und quirlig die Kinder sind. Ein paar Reisende schlafen. Ein Fahrgast ist sauer, dass der Vater die Kinder nicht ermahnt, und spricht ihn empört an: »Sehen Sie nicht, dass Ihre Kinder die anderen Fahrgäste stören?« Der Vater schaut überrascht auf, wie aus einer anderen Welt. Er hatte es gar nicht mitbekommen, was die Kleinen trieben. Er entschuldigt sich bei dem Mann und erklärt ihm: »Tut mir leid, wir kommen gerade aus dem Krankenhaus. Vor einer Stunde ist ihre Mutter gestorben.«

Spüren Sie, wie sich die Situation plötzlich verändert hat? Was meinen Sie, was der empörte Mann jetzt fühlt?

Nehmen Sie eine neue Sichtweise ein. Ein spiritueller Paradigmenwechsel wird viel bewegen in Ihrem Leben, wenn Sie alle Dinge, Situationen und Mitmenschen von verschiedenen Seiten betrachten. Vielleicht dauert es eine Weile, sie ganz aus der Sicht der Einheit sehen zu können. Doch jede neue Situation birgt eine Chance, und jeder Versuch, eine andere Perspektive einzunehmen, bedeutet Heilung und Wachstum für Sie.

Das gilt auch für den Blick auf sich selbst. Läuft in Ihnen immer wieder die gleiche Schallplatte, wenn Sie mit sich selbst sprechen? Oder schauen Sie auch mal von links, von rechts oder von oben auf sich? Wie geht es Ihnen dabei? Betrachten Sie sich von allen Seiten liebevoll? Wie gehen Sie mit sich um, wenn es Ihnen nicht gutgeht? Erinnern Sie sich in diesem Moment daran, dass Sie in Ihrem Erwachensprozess stehen? Können Sie dann annehmen, dass Sie nicht mehr nur funktionieren? Fordern Sie sich immer noch bestimmte Leistung ab? Oder können Sie Ihrem Körper, wenn er angeschlagen ist, sagen: »Du befindest dich gerade in einem Wandlungsprozess. Alles ist gut.« Sind Sie in diesem tiefen Vertrauen, »alles ist gut«? Oder kommt sofort der Gedanke, Sie müssten etwas Bestimmtes tun, vielleicht sogar der Gedanke »Was mache ich nur falsch«?

Nichts machen Sie falsch. Sie durchlaufen gerade eine tief greifende Transformation. Wenn Sie versuchen, diesen Prozess mental zu steuern, verhindern Sie Ihre eigene Verwandlung. Genau das beobachte ich häufig in meiner Praxis. Viele Menschen, die ich begleite, fangen an, zu viel über sich nachzugrübeln. Finden Sie die Balance zwischen achtsamer Bewusstseinsarbeit und des »einfach So-sein-Lassens«. Vollziehen Sie einen inneren Paradigmenwechsel. Schauen Sie mit Achtung auf das, was in Ihnen vorgeht, geben Sie Ihrem Wandlungsprozess Anerkennung und Wertschätzung, und erkennen Sie, dass »Sie« diesen Prozess in Ihrem Leben gewählt haben. Er ist Teil Ihrer Heilung. Er ist Teil Ihres Erwachens. Er ist seelische Alchemie.

Das Wunder der Resilienz

Unter psychischer Resilienz verstehen wir die innere Stärke eines Menschen, Lebenskrisen positiv zu begegnen. Ich habe in meiner Praxis über die Jahre sehr wirksame Resilienztrainings entwickelt und durchgeführt. Es ist ganz unterschiedlich, wie Menschen beispielsweise eine schwere Erkrankung, Kindheitstraumata, den Verlust eines nahestehenden Menschen durch Tod oder Trennung, einen Unfall, einen finanziellen Schicksalsschlag, berufliche Stresssituationen, Mobbing oder Misserfolge bewältigen.

Resilienz ist so etwas wie das Immunsystem der Seele, eine Art inneres Fundament, das sich in Widerstandsfähigkeit und Gelassenheit zeigt. Es gibt Menschen, die in jeder Lage handeln können und in kurzer Zeit aus schwierigsten Situationen wieder auf die Beine kommen. Sie erholen sich auch schneller von Schicksalsschlägen und Niederlagen.

Die amerikanische Entwicklungspsychologin Emmy Werner hat über 40 Jahre hinweg 698 Kinder, die auf der Insel Kauai geboren wurden, wissenschaftlich begleitet. Ihre ab 1955 durchgeführten Langzeitstudien zeigen uns nicht nur, wie wichtig mütterliche und väterliche Zuwendung in frühen Lebensjahren ist, sondern ebenso, welch heilsamen Einfluss die Liebe und Aufmerksamkeit von Freunden oder gar Fremden, wie beispielsweise von Lehrern, im Kindes- und Jugendalter haben kann. Obgleich alle der in der Langzeitstudie beobachteten Kinder aus sozial benachteiligten und zerrütteten Verhältnissen stammten, kam etwa ein Drittel von ihnen im späteren Leben gut zurecht und konnte sich stabile Beziehungen schaffen.

Vielleicht fühlen Sie den Impuls, sich tiefer mit diesem faszinierenden Thema zu befassen, denn psychische Resilienz lässt sich auch im Erwachsenenalter entwickeln und stärken.

Einstieg und Prozess im Einzelcoaching

Mein Anliegen im Einzelcoaching-Prozess ist es, sehr lebensnah und lösungsorientiert zu arbeiten. Da ich Impulse empfange, die meinem jeweiligen Gegenüber bisher verborgen geblieben sind, kann ich meist sehr schnell den wunden Punkt einer Persönlichkeit oder einer Situation erkennen. Meist schon zu Beginn eines Einzelcoachings bitte ich die Seele dieses Menschen um Begleitung und Führung. Dies ist ein Moment der Stille und des Atmens. Ich bitte auch mein Gegenüber, seine Seele einzuladen. Sie kann zu jedem Zeitpunkt während eines Einzelcoachings erwachen. Es ist wunderbar, wenn das geschieht, weil dann der Klient nicht länger in seinem Schicksal feststeckt. Die vertrauensvolle Beziehung mit seiner Seele enthält alles, was ein Mensch dazu braucht, um erfolgreich mit dem, was in ihm nicht heil ist, umzugehen. Seine Seele kann ihm alle Informationen geben, die für ihn in diesem Moment wichtig sind.

Manchmal spüre ich jedoch, dass ein Mensch feststeckt, und zwar nicht, weil er nichts fühlt. Es sind Gefühle da, doch irgendwie sind sie flach, nicht greifbar und zusammenhanglos. Ich helfe ihm dabei, sie zu deuten und Zusammenhänge zwischen ihnen herzustellen.

Sie haben nun schon verschiedenste Methoden der Bewusstseinsarbeit kennengelernt. Meist wird in einem persönlichen Coaching schnell klar, ob es um eine systemische Klärung geht, um die Verarbeitung von Gefühlen, oder darum, das eigene seelische Erwachen zuzulassen.

Doch was tun Sie als Coach, wenn der Mensch, der zu Ihnen kommt, selbst absolut im Regen steht, keine Ahnung hat, was mit ihm los ist, nichts spürt und bestenfalls verwirrt ist? Sie können als Coach nur mit dem arbeiten, was dieser Mensch Ihnen preisgibt. Hier beschreibe ich Ihnen einen Weg, das herauszufinden, was er selbst nicht weiß und fühlen kann. Es bringt Sie zu diesen Dingen, um die es geht, mit denen Sie arbeiten können.

Vor allem brauchen Sie Raum in sich, um aufnehmen und wirklich zuhören zu können. Spüren Sie achtsam, ob Sie dafür Platz und genügend freie Energiekapazitäten in sich haben.

Eine Erkrankung des Klienten, Schmerzen wie Kopf-, Bauch- oder Knieschmerzen, Beschwerden, Verspannungen, Blockaden sind ganz direkte Anknüpfungspunkte für einen Coaching-Prozess. Einige Menschen erzählen aber auch eine Geschichte aus ihrer Kindheit, die im Moment ganz präsent ist. Es können sich auch alte Anteile melden, aus vergangenen Zeiten. Andere Klienten hingegen sehen viele Bilder. Wenn ein Mensch guten Zugang zu Bildern hat, kann das zum Beispiel ein Einstieg sein. Ich hatte schon oft Klienten, die erzählten, dass sie immer wieder Spinnen oder Babys oder abstürzende Flugzeuge sehen, ohne dass sie diesen Bildern eine Bedeutung geben konnten. Es gab für sie keinen erkennbaren Zusammenhang zu ihrem Leben. Auch unsere Träume können Impulsgeber sein für Lebensthemen, die gerade aufsteigen und anstehen.

Neben meiner Tätigkeit als Coach machte ich verschiedene

Ausbildungen in geistigen energetischen Heilmethoden. Die wunderbare Heilweise und Gnade des Geistes ist mir vertraut, und ich empfinde die Energieebene wie mein Zuhause. Ich liebe die Energiearbeit, da sie noch stärker als die Meditation mit dem Körper verbunden ist. Ich beschäftigte mich intensiv mit der Frage, wie wir Geistheilung und Energiearbeit mit der irdischen Ebene verbinden können. Dazu halfen mir die Erfahrungen aus meinen eher weltlich ausgerichteten Ausbildungen. In der Anfangszeit meiner Seminartätigkeit hatte ich viel mit Menschen in Führungspositionen von Unternehmen zu tun. Ich schätze NLP und habe in den Neunzigerjahren Ausbildungen dazu gemacht und damit gearbeitet. Es ist erkenntnisreich für jeden Coach, sich damit zu befassen und die breite Literatur dazu zu nutzen. Mich beeindrucken dabei vor allem auch ganz pragmatische Lösungsansätze und kreative Ideen. Ich habe einen Weg gefunden, in Frieden mit allen sinnvollen und hilfreichen Methoden der Selbstentfaltung und Heilung zu sein. Es gibt kein »Besser als«, aber es gibt das Passende für jede Situation und jeden Moment.

Kapitel 9

Kreativität –
die Brücke zwischen Spirit
und Menschsein

*Wie kann Kreativität Ihnen helfen, sich selbst
mehr zu erfahren und zu spüren?*

*Welches kreative Potenzial schlummert in Ihnen
und könnte Ihr Leben bereichern?*

*Der Weg zur seelischen Erfüllung ist ein kreativer Weg,
der von Abhängigkeit und Süchten befreit.*

Diese fließende Brücke der Kreativität spüre ich tief in meinem Herzen, sie ist zur Autobahn geworden. Ich muss einfach schwärmen, es geht nicht anders. Kreativität ist der Ursprung jeder Leidenschaft und Passion, und sie verbindet uns mit dem Geist der Stille. Alles beginnt mit dem Zuhören, dem Hinspüren zur Stille. Die Kreativität ist ein Tor zu uns selbst, sie kommt aus der Einfachheit, Spontaneität und Freude.

Obwohl wir meist als glückliche, scheinbar unbelastete Kinder in diese Welt kommen, bringen wir bestimmte Themen mit in dieses Leben. Zusätzlich werden wir schon bald mit zahlreichen Bewertungen konfrontiert: zu laut, zu wild, zu frech, zu unruhig, zu ruhig.

Wir lernen schnell, uns anzupassen und den Erwartungen der Erwachsenenwelt gerecht zu werden, denn wir brauchen Anerkennung und das Gefühl, geliebt zu sein. Wir sagen »Ja« nach außen und »Nein« zu uns selbst. So haben wir uns selbst und unsere Kreativität von klein auf unterdrückt und abgestellt.

Unsere Schöpfungen tragen Bewusstsein

Musik, Tanz und Bilder sind auf wundersame Weise in der Lage, Gefühlsenergien zu integrieren und Bewusstsein zu tragen. Wir können dabei aus der Stille schöpfen. Zuerst war das Wort, es hat schon Bewusstsein. Auch ein Ton trägt schon eine Schwingung. Der Ton A beispielsweise ist dem Herzen zugeordnet. Ein Musikstück, ein beseeltes Lied, in dem die Stille mitschwingt, öffnet mich für die Stille. Es ist ganz gleich, ob ich die Sprache verstehe, es berührt mein Herz. Manchmal fließen auch Tränen. Vielleicht kennen Sie auch das Gefühl, wie Bewegung und Tanz berühren, wenn sie von der geistigen Ebene beseelt sind. Wenn ich zum Beispiel male, sind das auch Bewegungen, nur mit Pinsel und Farbe.

Bewusstsein, Energie, Informationen und Botschaften fließen in ein Bild und somit in die greifbare Schöpfung.

Es spielt keine Rolle, ob wir unsere Kreativität ausleben, indem wir mit Liebe kochen, mit ganzem Herzen Gartenarbeit machen oder malen. Kreativer Geist erlaubt uns, neue Ideen zu entwickeln, Bücher zu schreiben, Musik in die Welt zu bringen, ein Business mit Herz zu gründen und unser Leben bewusst zu gestalten.

Fühl-Übung: »Bin ich ein kreativer Mensch?«

Ein kreativer Mensch ist jemand, der seine Seele kennenlernen will oder sie bereits kennt und sie ausdrückt. Er begibt sich in Neues hinein, erforscht, entdeckt, lernt, erfährt und findet. Er findet diesen Ort, wo es kein »Begabt« oder »Unbegabt« gibt, kein »Falsch« oder »Richtig«. In diesem Raum können Sie Erfahrungen machen, aber keine Fehler. Sie können spüren, was in Ihnen lebendig ist. Dort sind Sie beschützt, sicher und angenommen. Öffnen Sie sich diesem Raum, atmen Sie ihn ein, und seien Sie sich Ihres Zentrums bewusst. Ihr Zentrum sind Sie, in diesem gegenwärtigen, kostbaren Moment. Dort befindet sich Ihre Essenz.

Vielleicht haben Sie ein paar Vorstellungen in Bezug darauf, wer Sie glauben, sein zu müssen, wie alles sein sollte, doch es gibt nichts, was göttlicher ist als Ihr innerer Kern, hier und jetzt, in diesem Augenblick.

Ihr Zentrum ist sehr einfach. Es ist nicht komplex. Es befindet sich nicht im Verstand. Es ist der einfachste Teil Ihres Wesens. Aber in dieser Einfachheit liegt auch gleichzeitig die Großartigkeit, die Sie ausmacht.

Sie müssen noch nicht einmal versuchen, es zu finden. Es findet Sie, wenn Sie es erlauben. Atmen Sie es ein.

Neue Perspektiven

Fragen Sie sich, ob es erfüllend ist, alles auf einfache Art zu tun. Ist es nicht das größte Geschenk, seinen eigenen Weg zu gehen und sich zu entfalten? Spüren Sie doch einmal in sich hinein, ob es nicht eine Freude für Sie wäre, andere Menschen dabei zu unterstützen, ihre eigenen Potenziale zu finden und zu entfalten?

In der Ausbildung zum Seelencoach und zum Kreativitätstrainer bilde ich Menschen aus, die uns dabei helfen, unsere Einzigartigkeit wiederzufinden, unsere eigene Kreativität auszudrücken und Wegweiser zu sein, um aus alten Mustern auszusteigen. In allen Lebensbereichen werden kreative Pioniere gebraucht, ob im Bildungswesen, in den Bereichen Heilung und Medizin, in Technik und Wissenschaft, dem Geldwesen, rund um das Thema Energie usw., vor allem aber auch in der Führung von Menschen und Unternehmen.

Als Kreativitätstrainer haben Sie verschiedenste berufliche Möglichkeiten. Sie können selbst Kurse anbieten, mit Ausbildungszentren zusammenarbeiten oder im Rahmen persönlicher Beratung für andere Menschen da sein. Sie könnten sich auf das spezialisieren, was Ihnen Freude macht. Sie können Themen und Bereiche verbinden und Ihre eigene Nische oder Ihren eigenen Beruf entstehen lassen.

Es gibt bereits einige originelle Beispiele, wie beispielsweise Klangreisen in Wirtschaftsunternehmen anzubieten. Eine andere Teilnehmerin meiner Seelencoach-Seminare hat vor Kurzem eine Tanzsession für Kleinwüchsige und ihre Familien veranstaltet. Auch Achtsamkeitsspaziergänge zur Bewusstwerdung, kreative Malseminare, Meditationen in Schulen sowie Aufstellungsarbeit mit Lehrern, Eltern und Schülern oder die Idee, eine Verbindung zwischen Büro und Natur zu schaffen, wurden als kreative Ideen schon durch Teilnehmer hinaus in die Welt getragen.

Fühlen Sie, wie viel Freude Sie vielleicht depressiven und resignierenden Menschen bringen oder wie Sie energetisch ausgebrannten Unternehmen Leben einhauchen können.

Es ist an der Zeit, dass auch Wirtschaftsunternehmen die Bedeutung von Kreativität erkennen. Sie ist das verbindende Element zwischen Körper, Geist und Seele. In vielen Zeitschriften wird über die Einheit von Körper, Geist und Seele berichtet, und dieses Thema ist mittlerweile in vielen Bereichen unserer Gesellschaft bekannt, daher macht es auch vor Unternehmen nicht mehr Halt. Doch es fehlten ein echtes Empfinden und Verständnis dafür, was denn eigentlich die Seele und was der Geist ist. Es ist ein Fortschritt, dass ein Wort wie Seele inzwischen auch immer häufiger in den Führungsetagen von Unternehmen verwendet wird. Es ist heute unentbehrlich für Firmen, nicht nur körperlich, sondern vor allem seelisch gesunde Mitarbeiter zu haben.

Ich freue mich auf die Zeit, wenn Kreativität und Seelsorge einen Platz in den Businessplänen bekommen und ihr Wert auch finanziell gewürdigt wird. Jedes Unternehmen, das diese Bereiche einbezieht, wird erfolgreich und gesund wachsen und die Menschen bereichern und erfüllen. Es wird zum Vorbild und zu einem neuen Standard werden. Körper, Geist und Seele sind wie ein Stuhl mit nur drei Beinen, dem das vierte Bein fehlt. Das erfordert von uns Menschen ein ständiges Ausgleichen. Wir haben uns schon so sehr an dieses anstrengende Balancehalten gewöhnt, dass es uns gar nicht mehr auffällt. Wir sind daran gewöhnt, dass der Stuhl unsicher steht und wacklig ist, da uns das Gefühl von Sicherheit und innerer Stabilität verloren gegangen ist. Dieses fehlende vierte Stuhlbein ist die Kreativität. Es verbindet alle anderen Stuhlbeine miteinander. Die Kreativität ist die fließende Brücke für unsere Impulse und Inspirationen. Mit der Kreativität als viertem Stuhlbein werden wir ganz. Das wünsche ich uns allen.

Ein guter Ausgangspunkt, um kreativ zu werden, sind Fragen. Steht eine Frage im Raum, eröffnet sie zugleich einen größeren

Raum für Antworten. Wenn wir an Fragen nicht nur mit dem Verstand, sondern auch mit offenem Herzen herangehen, regen sie unseren ganzen kreativen Geist an. Der Verstand allein hat keine wirkliche Kreativität.

Als freiheitsliebender Mensch hat mich ein Satz von Leonardo da Vinci sehr bewegt: »Kunst wird durch Eingrenzung beatmet und von Freiheit erstickt.« Im Laufe der Zeit habe ich immer besser verstanden, dass ich gerade durch die Einschränkungen in meiner Kinder- und Jugendzeit besonders kreativ wurde. Von klein auf war für Spiele und Beschäftigung Ideenreichtum gefordert. Spielzeug, so wie heute und in diesen Mengen, gab es kaum. Es herrschte dennoch keine Langeweile, weil es immer spannend war, sich etwas Neues auszudenken. Mein Vater war großartig bei solchen Dingen, alle Kinder liebten ihn. Ein gewisser Mangel weckte also unseren Erfindungsgeist.

So war es auch beim Kochen. Gab es noch eine Zwiebel im Haus, konnte ich ein Essen zaubern, wie meine Mutter. Wir waren Weltmeister im Improvisieren, und ich bin heute noch »geländegängig«. Ganz gleich, worum es ging – etwas bauen, reisen, Camping oder eine Festlichkeit –, wir waren mit Feuereifer und Freude dabei, da wir ganz involviert und mit unseren Schöpfungen innerlich verbunden waren.

Süchte als Ausdruck der Suche nach dem göttlichen Wesenskern

Es gibt vielerlei Formen von Sucht, und nicht alle sind als solche auf den ersten Blick erkennbar. Bei der Sucht sind wir bestimmten Verhaltensweisen ausgeliefert. Das merken wir erst dann, wenn wir uns bemühen, diese Verhaltensweisen zu verändern.

Bei der Überwindung einer Sucht geht es vor allem darum, dass wir in uns selbst diesen ursprünglichen göttlichen Anteil wiederfinden, der uns erlaubt, einfach nur wir selbst zu sein, in jedem Augenblick. Wir alle haben uns für dieses Leben eine eigene Persönlichkeitsstruktur gewählt. Sie ist die Form, durch die wir unsere Göttlichkeit zum Ausdruck bringen wollen. Doch meist haben wir bestimmte, nicht nur gesunde Strategien gelernt, um zu überleben. Wir tragen alle die Sehnsucht in uns, geliebt zu werden, und häufig verknüpfen wir das mit einem Leistungsanspruch. Viele Menschen glauben, sie müssten bestimmten Erwartungen entsprechen, sie müssten besonders lieb, attraktiv, hilfsbereit und freundlich sein, um Liebe erfahren zu können.

Als Menschen durchlaufen wir einen langen Entwicklungsweg, und auf diesem Weg entstehen Bewertungen, die später für uns zur Falle werden. Viele Menschen haben kaum je die Erfahrung machen können, dass sie einfach um ihrer selbst willen geliebt werden. Selbst wenn wir in einer liebevollen Familie aufgewachsen sind, lernen wir früher oder später, dass wir Erwartungen und Aufgaben zu erfüllen haben, ob uns das gefällt oder nicht. Und wir mussten selbstverständlich mit negativen Reaktionen rechnen, wenn wir diese Erwartungen nicht erfüllten.

Es ist an der Zeit, unsere Suche zu erkennen und uns auf den Weg zu machen, uns selbst zu finden. Wenn wir dieses Ziel erreicht haben, erleben wir ganz deutlich, dass wir Ausdruck der Liebe sind. Wir spüren, dass es unsere Aufgabe ist, unser Wesen in all seinen Facetten und in all seiner Reinheit zum Ausdruck zu bringen, unabhängig davon, ob wir damit einem Bild im Außen entsprechen oder nicht. Der Weg zu uns selbst führt natürlich durch die unterschiedlichsten menschlichen Erfahrungen.

Im Erwachsenenalter können wir zu allem, was uns begegnet, eine veränderte Haltung einnehmen. Es geht jetzt darum, uns zu öffnen und die Einheit mit allem Sein zu spüren. Über das Wahrnehmen dieser Einheit fühlen wir uns verbunden, gewinnen unser Urvertrauen zurück und fühlen uns geborgen. Hier finden wir die Wurzeln, nach denen wir so lange gesucht haben.

Wir können üben, Bewertungen zu vermeiden, negative Selbstbewertungen loszulassen und ganz nah bei uns selbst zu sein.

Wenn wir anderen begegnen, können wir bewusst darauf achten, ob wir uns verstellen, um einem Bild im Außen gerecht zu werden, oder ob wir uns verbiegen, um die Anerkennung anderer Menschen zu bekommen.

Die Sucht, »gefallen zu wollen«, ist die Suche nach Liebe. Die Sucht, immer wieder einen Adrenalin-Kick zu erfahren, durch welche Aktionen auch immer, ist die Suche nach echter Lebendigkeit. Die Sucht nach irgendwelchen Drogen, die die Sinne vernebeln, gleich welcher Art, ist die Suche nach Leichtigkeit, nach einem Rückzug, letztlich nach unserem wahren Sein. Erst aus unserer Seele heraus können wir unser Leben bewusster und aufrichtiger gestalten. Wir leben in einer Zeit und in einer Gesellschaft, die uns im Außen stark reglementiert. Wir sehnen uns nach Leichtigkeit, wir sehnen uns nach einem spielerischen Umgang mit uns selbst und dem Leben. Wir sehnen uns nach kreativem Selbstausdruck. Wir sehnen uns danach, einfach nur wir selbst zu sein. Wir sehnen uns nach Freiraum. Dies fällt vielen Menschen in ihrem Umfeld heutzutage besonders schwer. Und doch: Verändern wir uns selbst, dann verändern wir auch die Gemeinschaft, in der wir leben. Erlauben wir uns, echt zu sein, innerlich frei und voller Freude, dann geben wir diese Erlaubnis auch anderen Menschen. Dies ist das Ziel.

Menschen, die sich in Drogen flüchten, die ihnen die Sinne vernebeln, sind häufig sensible Menschen, die spüren, dass sie woanders zu Hause sind. Sie suchen diesen Weg nach Hause, möchten sich aus der Konfrontation mit dem Alltag zurückziehen.

Wir können eine Sucht nicht einfach durchbrechen, da sich die Suche des vermeintlichen Ziels bereits mit einem Suchtobjekt gekoppelt hat. Es ist schwierig, diese Kopplung aufzulösen, wenn ein Mensch nicht weiß, wonach er wahrhaftig sucht. So gelingt es mitunter, die eine Sucht durch eine andere zu ersetzen. Es kann durchaus sein, dass ein Drogenabhängiger lernt, durch eine Therapie von den Drogen loszukommen, und dann als Sucht beispielsweise das Joggen entwickelt, was für den Körper gesünder ist, aber immer noch Ausdruck der Suche ist.

Um sich aus Süchten zu lösen, braucht es gute therapeutische Anleitung, die zu verstehen hilft, wonach in Wahrheit gesucht wird. Oft ist das ein Weg der kleinen Schritte, ein Weg der Achtsamkeit, der uns zu uns selbst zurückführt. Dann wird es auf ganz natürliche Weise eine Lösung geben.

Wenn ein Mensch zu der Erkenntnis gelangt, wonach er sucht, braucht er den Willen, in kleinen Schritten darauf zuzugehen. Die Erkenntnis alleine ist noch nicht ausreichend. Das Ziel scheint weit entfernt zu sein. Hinzu kommt der Glaube, den Weg dorthin nicht schaffen zu können. Dies führt zu Verzweiflung, daher ist es wichtig, die kleinen, neuen Augenblicke der Freiheit von der Sucht mit einem Gefühl der Erfüllung wahrzunehmen.

Wenn ein Mensch das Ziel verfolgt, die Sucht zu beenden, ist er an dieses Ziel gebunden. Dann wertet er alle anderen Möglichkeiten ab. Er ist abhängig von seinem Ziel. Dann ist sein Selbstwertgefühl abhängig davon, dass er dieses Ziel erreicht, und damit befindet er sich wiederum in einem Suchtthema. Wenn jedoch die Erkenntnis in ihm schwingt, dass er nach Erfüllung sucht, dass er nach Liebe sucht, dass er nach sich selbst sucht, dann ist dies kein Ziel. Es ist nichts, was in der Zukunft liegt, denn es gibt in jedem Leben Augenblicke und Momente, sich zu öffnen und es zu erfahren. Sein Ziel darauf auszurichten löst das gesamte Suchtthema.

Viele begehen jedoch den Fehler, zu glauben, sie wären erst dann erlöst, wenn sie den ganzen Weg dorthin gegangen sind und alle Schwierigkeiten auf diesem Weg bewältigt haben. Dies führt dazu, dass sich das Gefühl der Mutlosigkeit, der Unzulänglichkeit noch verstärkt. Jedes Mal, wenn in uns die Tendenz auftaucht, ein Suchtpotenzial zu leben, können wir uns folgende Fragen stellen:

»Wird dies die Erfüllung meiner Suche sein? Wird dies jetzt das bringen, wonach ich wahrhaftig suche?« Leider kann ein süchtiger Mensch diese klaren Gedanken nicht fassen, daher braucht er eine therapeutische Begleitung.

Kinder sind sich ihrer Süchte nicht bewusst. Heranwachsende Kinder, die der Faszination verfallen, Fernsehen zu schauen oder Computer zu spielen, leben mit ihrer Fantasie in diesen Spielen. Als es sie noch nicht gab, haben sich Kinder draußen getroffen und sich selber Spiele ausgedacht. Manch ein Kind hat lieber Bücher verschlungen und sich von der Gemeinschaft distanziert. Beim Eintauchen in die Fantasiewelt der Bücher geschieht Ähnliches wie bei Computerspielen. Die Kinder tauchen in andere Welten ein und erleben sich in diesen Geschichten, weit weg vom Anspruch ihres Alltags.

Wir können mit ihnen darüber reden, was sie fasziniert, weshalb ihnen diese Spiele gefallen, welche Rollen sie gerne darin übernehmen würden. Dadurch erkennen wir sie als Persönlichkeit an, und wir erkennen das an, was sie tun. Wir interessieren uns für sie, und wir erfahren, was das Kind in diesen Spielen sucht. Dann können wir auch eine Überleitung schaffen und die Kinder fragen, wo sie eine ähnliche Rolle im Alltag leben könnten. Wir können immer wieder den Bezug zur Wirklichkeit herstellen.

Die Frage ist: Ab wann wird diese Beschäftigung zur Sucht? Nun, sie wird dann zur Sucht, wenn das Kind sich nicht mehr auf andere Weise spüren kann. Wenn es sich nicht mehr auf andere Weise in der Gemeinschaft fühlen kann und keine Freude und keine Faszination mehr in der realen Begegnung mit anderen erlebt. Wenn ein Kind diese Medien benutzt, um das wirkliche Leben auszublenden, dann ist die Gefahr der Sucht da.

Dann ist es für die Eltern wichtig, zu verstehen, was dieses Kind im alltäglichen Leben nicht finden kann. Welche Unterstützung braucht es, damit es sich auch in diesem physischen Leben verwirklichen kann? Und hier ist Achtsamkeit gefordert. Wir sind aufgefordert, die Kinder in ihrem So-Sein zu bestärken, sie durch Lob zu unterstützen, sie spüren zu lassen, dass sie so, wie sie sind, liebenswert sind. Damit sie Vertrauen aufbauen und sich in ihrem Leben sicher fühlen können, und damit sie wissen, dass sie anerkannt und akzeptiert sind. Diese Grundstärke braucht es, um dem Leben und der menschlichen Gemeinschaft begegnen zu können. Wenn wir aus Furcht und eigener Hilflosigkeit versuchen, sie durch Strafen von diesen Medien fernzuhalten, geben wir ihnen damit das Gefühl der Abwertung, und sie werden sich daraufhin noch stärker in ihre eigene Welt zurückziehen und für unsere Kontaktversuche kaum mehr erreichbar sein.

Es spielt bei der Abhängigkeit keine Rolle, um welche Sucht es sich handelt, ob um Internetsucht, Spielsucht, Kaufsucht oder um stoffgebundene Süchte wie Drogen- oder Alkoholsucht, und natürlich sind die Grenzen fließend. Abhängig sind wir nur dann, wenn wir nicht mehr anders können, wenn wir keine Alternative mehr haben. Wenn wir nicht mehr hinterfragen können. Wenn ein Mechanismus eingeprägt ist, der uns nur noch in einer Spur laufen lässt, dann sind wir unfrei. Haben wir aber das Gefühl, wir möchten einfach nur nach Herzenslust einkaufen, um uns neu einzukleiden, und wir spüren, dass das nur für eine gewisse Zeit im Vordergrund steht, und dann wird wieder etwas anderes wichtig, dann sind wir nicht davon abhängig – weder unser Selbstwert noch unser Gefühl der Erfüllung. Wenn wir das Einkaufen jedoch benutzen, um etwas zu kompensieren, sind wir gefangen. Die moderne Konsumwelt stellt heutzutage, mit ihrem ganzen materiellen Überangebot, eine der größten Ablenkungen von uns selbst dar.

Ich selbst bin der Inbegriff einer Genießerin. Was wäre die Welt ohne Rotwein oder ein kaltes Bier? Aber auch hierbei geht es wieder um die Motivation dahinter. Bei vielen Menschen, die Alkohol trinken, geht es einfach um Entspannung. Es gibt sehr kontrollierte Menschen, die nur mit der Wirkung von Alkohol loslassen können. Im Wein liegt Wahrheit – der eine Mensch wird lustig und redselig durch den Genuss von Alkohol, ein anderer aggressiv und ein Dritter vielleicht nur müde, sodass er nach einem Arbeitstag voller Ärger, Stress und Existenzangst endlich einmal einschlafen und alles vergessen kann. Durch Alkoholkonsum fallen bestimmte Kontrollmechanismen weg. Menschen lassen das zu, was gerade da ist. Das kann entweder unterdrückte Wut oder eine Leichtigkeit oder Albernheit sein, die sie sich sonst nicht erlauben würden.

Doch auch hier besteht der Weg wieder darin, sich selbst so anzunehmen, wie wir in Wahrheit sind. Wenn wir ganz zu uns selbst stehen können, müssen wir uns nicht kontrollieren, und dann brauchen wir auch kein Mittel, das diese starken Kontrollmechanismen wieder auflöst. Wir können dann einfach genießen, ohne Abhängigkeit.

Es gibt Menschen, die es geschafft haben, dem Alkohol zu entsagen. Doch manchmal sind sie dabei einen Weg gegangen, sich von ihrer Sensibilität abzuschneiden, hart zu werden, um die Abstinenz zu schaffen, um nicht mehr angreifbar zu sein. Leider spüren sie dann auch sich selbst nicht mehr und trennen sich von der Freude des Lebens. Es gibt einen liebevolleren Weg.

Vor einer körperlichen Abhängigkeit steht immer die psychische Abhängigkeit. Jegliche körperliche Abhängigkeit muss durch einen Entgiftungsprozess aus dem Körper entlassen werden. Es braucht einen Reinigungsprozess, um das gesamte System umzustellen. Beim Rauchen liegt der seelische Hintergrund darin begründet, dass derjenige, der viel raucht, sich damit ein Gefühl der Sicherheit gibt. Es gibt ihm das Gefühl, sich selbst versorgen zu können. Starke Raucher sind Menschen, die entweder unter innerer Unsicherheit leiden oder unter dem Gefühl, nicht wertvoll genug zu sein. Das betrifft wieder vor allem Menschen, die sehr kontrolliert sind. Menschen geben sich durch Rauchen das Gefühl: »Ich bin stark genug, mein Leben zu meistern und mich selbst zu versorgen.« Es ist das Gefühl einer Scheinunabhängigkeit.

Nicht umsonst wird auch häufig damit geworben, dass derjenige, der raucht, Freiheit und Abenteuer genieße. Frei ist ein Mensch, der sich selbst auf allen Ebenen nähren und erfüllen kann. Es gibt auch die Sucht zur Meditation. Gerade bei Menschen, die sehr sensibel sind und den Zugang zum geistigen Sein sehr leicht finden. Sie erleben ein Losgelöstsein aus ihrem herausfordernden Alltag und das bewusste Empfinden einer bedingungslosen Liebe. Manche können dabei eine Meditationssucht entwickeln, die sie nutzen, um dem Alltag zu entfliehen. Auch hier ist es wichtig, herauszufinden: »Ich bin Mensch, wonach suche ich in dieser Sucht?« Nun, die Antwort könnte lauten: »Ich suche nach einer liebevollen Leichtigkeit, nach einer Geborgenheit einfach nur im Sein.« Und als zweite Frage gilt es dann, zu klären: »Weshalb fällt es mir so schwer, dies im Alltag zu leben?« Vielleicht, weil sensible Menschen dort zahlreichen Herausforderungen ausgesetzt sind, weil es ihnen schwerfällt, zu vertrauen, dass sie auch dann liebenswert sind, wenn sie sich abgrenzen oder wenn Sie in einer Konfrontation aufgefordert sind, zu sich zu stehen. Selbstzweifel sind sehr anstrengend. Es kostet viel Kraft, sich mit Konflikten auseinanderzusetzen, wenn man innerlich unsicher ist. »Darf ich mich dagegen wehren, darf ich mich abgrenzen, müsste ich nicht doch liebevoller oder hilfsbereiter sein? Tue ich auch wirklich genug?«, fragen sie sich dann, wenn sie sich von den Anforderungen überlastet fühlen. Sich selbst infrage zu stellen und Situationen ständig neu einzuschätzen und zu bewerten macht unser Leben anstrengend.

Sexualität als Tor zur Allverbundenheit

Ich finde es schade, im Rahmen dieses Buches einige Themen wie die Sexualität nur kurz ansprechen zu können. Es gibt kaum einen Bereich, in dem so viele Facetten unserer Persönlichkeit, so viele alte Verletzungen und Begrenzungen, so viele Überlagerungen vom Schicksal der Eltern oder anderer wichtiger Personen in unserem Leben mitschwingen. Wie die Kreativität ist auch die Sexualität eine wundervolle Kraft in uns selbst. Sie kann uns über unsere Grenzen hinaus mitnehmen, ein Verschmelzen miteinander ermöglichen und ein Tor zur Allverbundenheit sein. Wir können durch die Sexualität erleben, dass wir kein separates Wesen sind. Jede Einsamkeit kann sich wandeln in All-Eins-Sein. Wir können im Liebesakt mit einem Partner das Gefühl erleben, mit dem ganzen Kosmos in Liebe vereint zu sein.

Zunächst braucht es aber in uns selbst die vollkommene Öffnung unseres Energiesystems, und das können wir nicht direkt durch unseren Willen beeinflussen. Vertrauen kommt erst später ins Spiel. Wenn wir uns im Denken für viele Wahrheiten geöffnet haben, unser Herz offen spüren, können wir auch in unserem Körper lebendig sein. Er hat nicht mehr alte, starre Grenzen, weil unser Herz weit ist und unser Verstand Dinge annehmen oder zulassen kann. Es ist etwas ganz Ruhiges in uns, und wir spüren keine Barrieren mehr. Die Lebensenergie des ganzen Kosmos kann aber auch in jedem Moment durch unseren gesamten Körper fließen und in jeder unserer Zellen vibrieren, denn wir sind ein Teil von ihr.

Im Wasser hatte ich schon oft das Gefühl, nicht zu wissen, wo ich anfange und wo ich aufhöre. Ich war fließend mit dem Wasser eins. Dieses offene Gefühl ist bis heute mein Lebensgefühl geblieben, im Einklang mit dem klaren Empfinden:»Das bin ich.«

Es ist ein riesengroßes Geschenk, uns hier auf der Erde in einem Körper in der Liebe sinnlich zu erfahren. Dank unserer Bewusstseinsarbeit können Energien frei durch unseren ganzen Körper fließen, durch unser ganzes Sein, nicht begrenzt auf bestimmte Stellen im Körper. Wir können offen sein, ohne Angst haben zu müssen, uns zu verlieren.

In Aufstellungen sehe ich immer wieder, wie wir Menschen

viele Verletzungen und zum Beispiel religiöse Prägungen bewusst oder unbewusst in uns tragen. Auf diese Weise halten wir das wunderbare Energiepotenzial unserer Sexualität zurück. Ganz gleich, ob unsere weibliche Seite oder unsere männliche Seite in uns verletzt ist, wir werden sie zuerst heilen müssen, denn die Vereinigung findet zuerst in uns selbst statt. Wenn unsere weibliche Energie der männlichen Kraft vertraut und unsere männliche Energie sich präsent, bewusst und angstfrei in die weibliche Energie fallen lassen kann, erleben wir den Himmel auf Erden auch gemeinsam mit einem Partner.

Wenn ich den Satz höre: »Behandle andere so, wie du selbst behandelt werden willst«, komme ich ins Stocken. Die Frage ist, wie will dieser Mensch denn selbst behandelt werden? Der Ausdruck der sexuellen Kraft ist ein buntes Feld. Was dem einen Freude bereitet, ist für einen anderen Menschen der Horror. Es gibt Hunderte von Ernährungsbüchern, sie können uns einen Weg zeigen, doch wir sind aufgefordert, unsere eigene Wahl zu treffen. Ebenso gibt es auch genügend Literatur über Sexualität, in denen alle möglichen Praktiken oder Wertvorstellungen behandelt werden. So sind wir auch in diesem Lebensbereich aufgefordert, uns zu hinterfragen. Was glauben wir? Was wollen wir? Was befürchten wir? Was könnten wir verlieren, an was halten wir fest? Was macht uns Angst? Was macht uns Freude? Was dürfen, können wir uns erlauben? Was ist Sünde? Wo verraten wir uns selbst? Wie bleiben wir uns treu? Was motiviert uns, und wozu?

Erkennen wir uns selbst, so wird jedes Machtspiel, jede Projektion sich auflösen. Und was echt ist, bleibt: Liebe.

Kapitel 10

Den eigenen Weg gehen wollen

*Wie entwickle ich aus meiner Seelenqualität heraus
ein Angebot, andere auf ihrem Weg zu begleiten?*

Wie bringe ich es in die Ebene der Form?

*Die Herausforderung, zwischen Aktivität und
Empfangen zu stehen, und wie uns energetische Felder
beeinflussen, bremsen oder unterstützen können.*

Berufung – einige Fallbeispiele

Yvonne ist eine Macherin. Sie hat lange in höheren Führungspositionen im Bankwesen gearbeitet. Ihr sehnlicher Wunsch ist es, sich selbst zu verwirklichen. Vor zwei Jahren hatte sie mit Mitte 50 einen guten Ausstieg aus ihrem Beruf gefunden und will nun ihren Weg als Coach gehen. Sie ist brillant und hat einen wachen Geist. Zu ihren Stärken gehört eine sehr gute Analysefähigkeit. Doch was ich wirklich an ihr liebe, ist ihre Entschlossenheit, ihren eigenen Weg zu gehen. Sie war für mich als Coach eine der härtesten Nüsse, die bis jetzt den Weg zu mir gefunden haben. Und sie zeigte mir meine Unbestechlichkeit.

Will man wirklich das Echte, sich selbst inmitten des Ganzen erleben, untrennbar verbunden mit der Einheit, ist es absurd, zu glauben, man könnte diesen Zustand herbeizwingen, beschleunigen, erkaufen oder verhandeln. Man kann ihn nur erlauben. Er ist nur zu empfangen mit einem offenen Herzen.

Ein Jahr habe ich intensiv in Einzelcoachings und Gruppen mit Yvonne zusammengearbeitet. Ich bin richtig stolz auf sie. Sie hat in sich versteinerte Gefühle aufgeweicht, hat sich ihren Weg durch traurige Geschichten und viel Verstandesmüll gebahnt. Sie hat mich infrage gestellt, dann wieder auf ein Podest gestellt und mich anschließend wieder enthauptet. In ihrem zähen Kampf, nicht alles über den Verstand zu betrachten, fand ich mich selbst wieder.

Sie zeigte mir deutlich auf, was auch ich für einen Weg gegangen bin. Ich hörte ihren stillen Schrei nach Liebe und Anerkennung. Da ich jedoch so viel Liebe für sie habe, bediente ich dieses Muster nicht. Es hätte nichts gebracht, denn ich hätte dieses Loch in ihr nicht füllen können. Immer wieder bat ich ihre Seele, sie zu unterstützen. Für Yvonne war ich im wahrsten Sinne eine Lehrerin, bei der sie das Fühlen lernte. Wenn sie ihr Herz öffnet, ist sie ein Wunder der Liebe für mich. Yvonne hatte sich ein Coach-Selbstbild aufgebaut, mit dem sie sich identifizierte. Bei fast jeder Vorstellungsrunde stand dieses Selbstbild – »Coach ist das, was ich bin« – im Vordergrund. Sie verlor oft in diesen Momenten die Verbindung zur Quelle. Sie war dann nur das Bild, was sie sein wollte.

Ich stellte Yvonne einen Stellvertreter für den »Coach« gegenüber, einen Stellvertreter für den Menschen Yvonne, und einen für »Niemand-Sein«. Es fiel ihr sehr schwer, die Aufstellung anzuschauen. Da war das, was sie sein will, der Coach, und das, was sie vermeiden will, ein Niemand zu sein. Der Mensch Yvonne ging dabei fast unter, ihre Stellvertreterin fühlte sich nicht gut. Auch der Part »Coach« stand wie leblos da. Er war kraftlos und strahlte nichts aus.

Ich stellte eine weitere Teilnehmerin für die Liebe dazu. Sie fühlte sich zu Yvonne als Mensch hingezogen. Dadurch wanderte Yvonnes Aufmerksamkeit auf den Part ihres Menschseins. Sie fühlte sich abgeschnitten und war so sehr im Wollen, dass sie nichts mit der Liebe anfangen konnte. Dadurch sprang ihr Reaktionsmuster an. Es kam Wut in ihr auf, und danach war Verzweiflung da. Erst dieses Zusammenbrechen von Widerständen ermöglichte ihr den Zugang zur Liebe. War der Damm ihres Verstandes und ihres männlichen Anteils gebrochen, konnte die Liebe sie erfüllen. Die Intervalle und die Dauer dieses alten Musters wurden kürzer. Sie kam immer besser aus diesen Abstürzen heraus. Mit der Liebe konnte sie auch den verdrängten, ungewollten Anteil des »Niemand-Seins« annehmen. Ihr wurde schmerzhaft bewusst, wie sie ihr Leben lang versucht hat, etwas darzustellen. Von früher Jugend an hatte sie sich einem unglaublichen Leistungsdruck unterworfen. Dem sehnlichen Wunsch, von diesem Anteil des »Niemand-Seins« wegzukommen, hat sie es auch zu verdanken, was sie in ihrem Leben erreicht hat. Ihr ist bewusst geworden, welche Kraft sie hat und was sie schaffen kann.

Mit ihrer Entschlossenheit und Liebe bin ich sicher, dass sie erfolgreich in der Coaching-Welt Fuß fassen wird. Sie hat viele Talente, zusätzliche Ausbildungen und kann mit Klängen Menschen wunderbar berühren. Die Liebe wird jedoch das Wesentliche sein, um erfolgreich zu werden. Dieses Tor zur Liebe öffne ich ihr immer wieder.

Es ist verrückt, manchmal muss man das, was man am meisten will und liebt, loslassen, wie Yvonne ihr Ziel, so rasch wie möglich als Coach tätig zu werden. Ich habe Ähnliches bei mir selbst erfahren. Kein Selbstbild hatte bestand. Sobald ich mir ein Bild von mir aufgebaut hatte, hat das Leben es kurze Zeit später wieder zerlegt. Gott sei Dank, denn so konnte ich herausfinden, dass ich viel mehr bin als alle Bilder oder Vorstellungen von mir. So war die Tür offen für das, was ich wirklich bin.

FALLBEISPIEL: »DIE ANGST IN EINE NEUGEBURT VERWANDELN«

Sonja ist im Seelencoach-Prozess richtiggehend erblüht. Schon als ich sie kennenlernte, sah ich diesen Diamanten in ihr. Am Anfang kam sie schüchtern, unsicher und mit dem Thema »Wertlosigkeit« zu den Seminaren. Schon länger war sie ihren Selbstfindungsweg mit anderen Lehrern gegangen und hatte viel gelernt. Doch ihr Glaubenssatz »Die anderen können alles viel besser als ich« blieb bestehen. Ihre Selbstwahrnehmung war »Ich bin zu dumm, ich weiß und kann zu wenig«, wohingegen die Weggefährten in der Gruppe sie schon lange ganz anders wahrnahmen. Sie strahlte Liebe, Wärme, Klarheit und Authentizität aus. Das Problem war: Sie glaubte einfach nicht an sich.

Ich glaubte und glaube unerschütterlich an sie. Ich hatte ja die Gewissheit in mir, dass sie wunderbar Menschen begleiten wird. Am Anfang stellte sie meine Überzeugung nur infrage und belächelte sie. Meine Worte erreichten sie nicht und prallten einfach an ihr ab. Doch die Energie, die von mir ausgeht, schaffte es innerhalb von sechs Monaten, ihre Türen zu öffnen. Nicht ich, sondern diese Energie, die durch mich fließt und wirkt, ließ ihre Widerstände Schicht um Schicht schmelzen. Sonja ließ die Gefühle zu, die in ihr auftauchten. Sie durchlief intensive Aufstellungsprozesse. Ich war voller Freude, als sie endlich in Resonanz mit meinem tiefen Vertrauen zu ihr ging. Immer strahlender zeigte sie sich, wie sie ist. Ich liebe ihren Humor.

Ihre Aufstellung bei unserem siebten Seelencoach-Treffen war ihre Neugeburt. Samstags spürte ich schon, was bei ihr innerlich arbeitete. Als ich am Sonntagmorgen mit der Gruppe begann, wurde es Sonja richtiggehend schlecht. Ich sah, dass der Anteil, der Angst vor dem Neuen hatte, in ihr kämpfte. Daher begann ich gleich, mit ihr zu arbeiten. Sie wäre in diesem Moment lieber geflüchtet. Es war für sie nicht greifbar, was gerade passierte. Sie hatte das Gefühl, es sei alles zu viel.

Ich stellte Sonja selbst in die Aufstellung und ihr blind, das heißt, sie wusste nicht, wofür, einen Stellvertreter für ihr

»Ich bin« gegenüber sowie einen für den Anteil, der Angst hat, mit den eigenen Gaben hinaus in die Welt zu gehen. Es war schnell deutlich, dass es sie zu dem Anteil der Angst zieht. Dieser Anteil hatte ihre Aufmerksamkeit, und es tat ihm gut, dass er gesehen wurde. Lange Zeit hatte dieser Anteil geglaubt, sie schützen zu müssen. Nun war kein Verdrängen mehr da, sondern Anschauen und Achten. In einer ganz natürlichen Bewegung konnte sie sich anschließend dem Stellvertreter für »Ich bin« zuwenden. Ganz offen war sie bereit, das zu fühlen – für mich ein faszinierender Moment. Die Zeit blieb stehen. Vollkommen und mit tiefer Stille war die Ewigkeit da.

An dieser Stelle wollte Sonja die Aufstellung beenden. Sie fühlte sich gut mit sich selbst. Doch für mich war das erst der erste Schritt, die Empfängnis sozusagen. Ich fragte sie, ob sie das leben möchte, was sie gerade fühlt. Es war eine eindeutige Frage: »Willst du das leben?« Es dauerte eine ganze Weile, bis ein kaum hörbares »Ja« kam. Ich fragte eindringlich noch einmal. Es kam schneller ein »Ja«, doch auch sehr leise. Es kam unsichtbar, so als ob man sie damit nicht sehen sollte. Noch klarer wiederholte ich meine Frage: »Willst du dich leben?« Sonja weinte und kämpfte mit ihrer Stimme. Darin bahnte sich aber immer stärker eine Entscheidung den Weg. Tief einatmend sagte sie: »Ja … Ja, ich will.« Es war wie bei einer Hochzeit. Ich sah, wie sie in ihrem Körper eine Antwort fühlte. Ihre eigene Wahl berührte sie tief.

Impulse empfangend, fragte ich sehr deutlich: »Wann?« Sie schnappte wieder nach Luft. Ich fuhr fort: » Wann willst du dich leben und ausdrücken?« Nach einer ganzen Weile, sagte sie zögerlich: »Im ersten Quartal des nächsten Jahres.« Es war eine halbklare Antwort, die der Kraft, die ich spürte, nicht entsprach. Was ich spürte, fühlte sich an wie

Wehen. Die ganze Aufstellung über wechselten Phasen der Anstrengung mit Pausen ab, dann rang sie wieder, nach Luft schnappend, mit ihren Widerständen. Als sie zur Hingabe an ihren Weg bereit war, war es wie ein Aufgeben. Doch sie hatte Vertrauen gefasst zur Hingabe an das Leben selbst. All das geschah im geborgenen Raum meines Seminars. Ich folgte wiederum meinem Impuls, sie mit ihrer neuen Wahl in die Welt zu schicken. Ich bat alle anderen Teilnehmer, in den Garten hinauszugehen. Sonja schnappte wieder nach Luft. Hier im geschützten Raum »Ja« zu sagen war etwas anderes, als sich ganz offen, gefühltermaßen seelisch nackt, der Welt zu zeigen.

Anschließend sollte Sonja jedem draußen sagen, dass sie jetzt dazu bereit ist, Menschen mit all ihren Gaben zu begleiten. Der erste Schritt der Überwindung war der schwierigste. Doch schnell spürte man, dass Sonja in ihrem Element war, so wie für einen Fisch das Wasser sein Zuhause ist. Sie war präsent und voller Liebe für jeden Einzelnen. Es war ihre Geburt, und sie konnte nun ihr wahres Wesen auf die Erde bringen.

Als wir uns wieder im Raum versammelt hatten, war Sonja überrascht, dass ich sie noch zu einem weiteren Schritt aufforderte. Sie sah wunderbar erfüllt aus. Ich stellte ihr einen Stellvertreter für »Geld« gegenüber. Wieder begann der Geburtsprozess von Neuem. Wieder schwankte sie. Das war jetzt wirklich zu viel für sie. Das irdische Thema Geld warf sie um. Sie hielt die Luft an.

Ich spürte die Sehnsucht und gleichzeitig eine riesige Barriere in ihr, sich wirklich ganz hier auf die Erde bringen zu wollen. Fast beschämt stand sie vor dem Teilnehmer, der für »Geld« stand. Sie konnte ihn kaum ansehen, so peinlich war ihr das. Bald griff sie auf ihre bewährte Strategie zurück, zu lachen und Späße zu machen.

Alle anderen Gruppenteilnehmer verfolgten überrascht diese Wandlung. Es stand die Frage im Raum, ob Sonja für ihre Arbeit mit Menschen Geld annehmen kann. Sie wand sich wie ein Aal und sagte irgendwann:»Ja, vielleicht so 20 Euro die Stunde.«Wir waren nicht überrascht, da ihr anzusehen war, wie unwohl sie sich mit Geld fühlte. Sonja fragte in die Runde:»Würdet ihr wirklich mehr für das bezahlen, was ich zu geben habe?«In den Gesichtern der anderen war zu sehen, wie absurd schon die Frage war. Als Antwort wurden viel höhere Beträge und auch Beispiele genannt. Sonja und ihr Mann haben eine Autowerkstatt, und sie selbst erzählte uns, dass die Werkstattstunde mit 49 Euro berechnet wird. War sie sich wirklich so viel weniger wert? Ich erkannte als Problem, dass sie alles Sichtbare mehr schätzte als das Unsichtbare. Sie berichtete uns von den sichtbaren materiellen Kosten, die in der Werkstatt anfielen. Das erschien ihr nicht überhöht, doch was konnte sie für Liebe, Trost, Zuhören, Geborgenheit, Halt und unsichtbares, energetisches, geistiges und seelisches Heilen verlangen? Durfte sie dafür überhaupt Geld annehmen? Wieder ging sie den Weg des»Ja«:
»Ja, ich erlaube mir, für meine Zeit und Gabe Geld zu empfangen.«

Wir konnten auch noch einen anderen Hintergrund auflösen. Eine Ursache, dass es ihr so unangenehm war, Geld zu verlangen und anzunehmen, war verbunden mit einem früheren Leben als Hure. Sie hatte damals keine Achtung sich selbst gegenüber gehabt und es verabscheut, dafür Geld annehmen zu müssen. Somit war Geld bar in die Hand zu bekommen mit Anbiedern, Scham und Unwohlsein verbunden. Bis zu jenem Tag lastete diese Projektion auf ihrer Berufung in diesem Leben. Bisher hatte sie viele Ausreden gefunden, wenn Menschen mit dem Wunsch nach einem

Termin bei ihr auf sie zugekommen waren. Nach dieser Neugeburt geht sie nun mit ihrer Seele erste Schritte und lernt, sich auch beruflich ins Neuland zu begeben.

FALLBEISPIEL: »SICH KLEINMACHEN«

Jan, um die 40, ist ein herzensguter Mensch. Obwohl er eher mit dem Kopf arbeitet, strahlt er viel Liebe aus. Er zeigt, dass auch ein Spezialist in der Computerbranche mit der Liebe verbunden sein kann. Durch ihn fließt Mitgefühl zu den Menschen und in die Welt.

In dem Moment vor seiner Aufstellung spürte ich eine Schwere in ihm, wie ich sie lange nicht mehr wahrgenommen hatte. Jan ist mit mir durch viel alten Kummer seiner Kindheit gegangen. Er ist spürbar freier geworden in den letzten Monaten, aber nun spürte ich wieder diese Schwere. Ich fragte ihn danach. Er erzählte mir, mit welchen Aufstellungen er an diesem Wochenende deutlich in Resonanz gegangen ist. Eine Übung vom vorherigen Abend wirkte noch ganz besonders in ihm nach. Sie berührte die Frage, was seine Seele mit in diese Welt bringt. Er spürt seine Seelenqualität, aber was sollte er nun damit machen?

Man sagt, wenn man einen Babyelefanten für einige Zeit an eine schwere Kette legt, wird er als großer Elefant nicht mehr weglaufen, auch wenn er nur mit einem Seil angebunden ist. Das Tier hat sich die Schmerzen der Kette eingeprägt und glaubt fest daran, dass es nicht weg kann. Diese Überzeugung hält ihn auch dann noch in Ketten, wenn er stark genug wäre, sich von seinem Seil loszureißen und einfach seiner Wege zu gehen.

Dieses Bild kam mir oft bei Jan. Er könnte loslaufen, überall hin. Also, was hält ihn? Ich stellte ihm einen Stellvertreter für die Schwere gegenüber. Die war ihm nur zu vertraut. Sein Ausdruck war resigniert, er wirkte völlig kraftlos, und es sah aus, als ob ihn das Leben verließe. Ich folgte meinem Impuls und nahm einen Stellvertreter für ein vergangenes Leben von ihm dazu. Es war ein Leben, das er selbst beendet hatte, indem er sich umbrachte. Dieser Anteil war vollkommen abgeschnitten; er starrte nur. Jan kannte dieses Gefühl und empfand tiefe Trauer und Mitgefühl. Ich stellte die Liebe dazu und den Mut zum Leben. Nach und nach löste sich die Ohnmacht in diesem Anteil. Dem Stellvertreter liefen ohne große Regung des Gesichts Tränen die Wangen hinunter. Als ich die Liebe dazustellte, konnte er diese Energie nicht ertragen. Er konnte nicht glauben, dass es Liebe für ihn gibt. In diesem Moment konnte ich nicht mehr verstehen, warum man »Freitod« sagt. Es fühlte sich nichts frei an, sondern verzweifelt, ohne Ausweg, sehr einsam, abgeschnitten und isoliert – viel zu kraftlos für das Wort »Selbstmord«. Es war ein zutiefst resigniertes Gefühl ohne jede Aussicht, dass sich das je ändern würde. Jan belebte diesen eigenen Anteil, der diese Erfahrung gemacht hat, mit seiner Liebe und dem Mut zum Leben. Durch das Geschenk, das er sich selbst gemacht hat, wird er jetzt das Leben ganz neu und lebendiger wahrnehmen können.

Seine Passion im feinstofflichen Bereich halten

Eine Ursache, warum so viele spirituell erwachte Menschen ihre Gaben nicht in wirtschaftlichen Erfolg umsetzen können, liegt in ihrer Angst begründet, sich zu zeigen.

Ich kenne zahlreiche fantastische Künstler und habe auch schon viele liebevolle Menschen im Heilungsbereich begleitet, die die Verwirklichung ihres Seelenpotenzials in einem sicheren Raum verborgen halten. Wenn ihr Potenzial in einem energetischen Zustand bleibt, kann ihre Vision nicht zertrampelt oder bewertet werden. Sie behüten sozusagen ihren Traum in einem geschützten Rahmen. Warum tun sie das?

Eine junge Teilnehmerin am Seelencoach-Seminar ist eine sehr begabte Künstlerin. Schon zweimal hat sie bei meinem Atelierfest eigene Werke ausgestellt. Sie kann mit den verschiedensten Materialien umgehen. Ganz besonders gut liegt ihr alles, was mit Fliesen zu tun hat. Sie gestaltet kunstvolle Bäder und Böden und schafft aber auch in stundenlanger Detailarbeit Mosaiken aus Spiegelglas, zum Beispiel einen Drachen, einen Puma, einen Buddha oder einen Phönix, der aus der Asche emporsteigt. Bei ihrer Intarsienarbeit werden Hunderte kleiner Spiegelteilchen in Holz eingelegt und ergeben zusammen ein wundervolles Bild. Warum zeigt sie ihre Arbeiten nicht der ganzen Welt? Was hindert sie daran, ihren Traum zu verwirklichen, mit Jugendlichen oder im seelischen, handwerklichen und künstlerischen Bereich zu arbeiten?

In einem vergangenen Leben hat sie die Erfahrung gemacht, nicht für das anerkannt zu werden, was sie aus ihrem Herzen heraus geschaffen hat. Diese Endlosschleife der Ablehnung hat sie auch in ihrem jetzigen Leben immer wieder kennengelernt. Ihre Glaubensmuster, dass das, was sie kann, niemand anerkennt, werden also immer wieder im Außen bestätigt. Es gibt einen Anteil in ihr, der noch immer glaubt, missachtet zu werden und dass sich immer wieder das gleiche Spiel wiederholt. Doch ich hoffe, die Welt kann sich auf ihre Gaben freuen. Im Kontakt mit ihrer Seele ist sie dabei, ihren eigenen Weg zu finden.

Ich stehe in meiner Arbeit immer wieder vor Menschen, die in vergangenen Leben Folter, Strafe, Gewalt und Tod erfahren haben. Nicht alles in unseren Geschichtsbüchern sind Märchen. Es ist wirklich passiert, dass Menschen, die heilen wollten und konnten, verfolgt wurden. Es ist passiert, dass sie gelitten haben, dass sie ausgegrenzt und mit Folter bestraft wurden. Für ihr Wissen über die Natur, den Wunsch, Menschen Wissen beizubringen oder mit ihrer Liebe, Leid mindern zu wollen, lebten sie in ständiger Gefahr vor Verfolgung und Tod. Auch die Menschen, die sie liebten, waren dieser Gefahr ausgesetzt. Um sie zu schützen, war der hohe Preis oft die Einsamkeit. Einer Hinrichtung durch Erhängen, auf dem Scheiterhaufen oder durch Ertränken gingen Stunden voller Angst voraus. Zu aller Erniedrigung und Grausamkeit wurden die Verurteilten beispielsweise geblendet, und diese Angst, Trauer, Hoffnungslosigkeit und Wut sind oft noch im Unterbewusstsein gespeichert. Wir alle werden diese Ängste mit Liebe durchdringen müssen, um zu uns stehen zu können. Es ist das Wunder der Liebe für mich, wenn ein Mensch, der trotz allem, was er erlebt hat, neu vertraut und wieder Liebe auf seine eigene Weise einbringt.

Innere Leere und Langeweile

Viele erwachende Menschen stecken in einer Art Langeweile fest. Es ist ein Anteil in ihnen, der keine Lust mehr hat und nicht wirklich sicher ist, ob er noch hier sein will. Er kennt gute und schlechte Beziehungen, er weiß, wie es ist, kein Geld oder viel Geld zu haben, und er weiß, wie es ist, eine gute Gesundheit zu haben oder nicht. Er kennt Macht und Ohnmacht. Also ist er gelangweilt. Was tut er dann? Er fängt an zu spielen, sich abzulenken und Spannung zu kreieren. Ich glaube, vielen jungen Menschen geht es so. Diese Langeweile kann Ungeduld, Intoleranz, Verdruss und Wut mit sich bringen. Das Spiel zieht uns zwar für eine Weile in die Spannung hinein, und wir unterdrücken unsere negativen

Emotionen. Doch anschließend fühlen wir uns platt und kraftlos. So hindern wir uns selbst daran, in unsere Kraft zu gehen. Wenn wir etwas Geld haben, bietet uns die Welt kurzzeitige Hochgefühle. Wir können vor der Langeweile entfliehen, indem wir eine größere Anschaffung machen, beispielsweise ein Haus, ein Auto, den modernsten Laptop, das neueste Handy, ein schickes Kleid. Kurzzeitig hält dieses Hoch an und löst sich dann wieder auf.

Doch es gibt auch die Möglichkeit, sich auf andere Art ins Leben zu stürzen, beispielsweise als Workoholik, durch zu viele Aktivitäten gleichzeitig oder durch extreme Sportarten. Auch eine Affäre, eine Verlobung oder Hochzeit kann zur puren Ablenkung missbraucht werden. Das alles bringt vorübergehend genug Lebendigkeit, damit wir dieses Gefühl innerer Leere nicht mehr spüren. Doch es hält nur kurzzeitig an und hinterlässt in uns ein schales Gefühl.

Auch erwachende Menschen treffen nicht jede Wahl als bewusste Schöpfer, sondern aus einem Anteil der Langweile heraus. Doch nur eine neue, bewusste und eigene Wahl wird uns aus diesem Spiel befreien. Dann sind wir nicht länger begrenzt. Die Gefahr, dass ein innerer Anteil uns von unserem »Ich bin« entfernen will, ist verständlich. Es gibt aber einen Zeitpunkt, an dem wir uns keine Sorgen mehr machen brauchen. Dann ist es ganz natürlich, dass wir uns tief, nah und vollständig in Dinge und Verbindungen hineinbegeben, ohne uns selbst zu verlieren.

Energetische Felder und das Massenbewusstsein

Auch wenn viele Menschen glauben, sie seien nur ein Einzelwesen, sind sie dennoch in verschiedenen energetischen Feldern involviert. Sie sind auch ein untrennbarer Teil einer innigen

Seelenfamilie. Ein Feld ist ein Energieraum mit einem bestimmten Bewusstsein. In einem Feld wirken bestimmte kollektive Glaubensmuster und alte Erfahrungen. Allerdings ist jeder Einzelne in einem Feld auch bestimmten ähnlichen Begrenzungen unterworfen. Unser Familiensystem wirkt mit allen Strukturen, Gefühlen und Gedanken auf uns. Vor allem beeinflusst uns das Gewissen unseres Familiensystems. Jeder Ort, auch Gemeinden und Städte, Länder und Gegenden tragen eine bestimmte Energie. Sie alle haben eine einzigartige Schwingung. Deshalb zieht es uns ja wie magisch an bestimmte Orte, und andere meiden wir lieber.

Auch eine Schulklasse, ein Verein oder ein Unternehmen sind aufgeladene Felder, und jedes Unternehmen hat ein kollektives Bewusstsein. Es ist ein Feld voller Informationen. Die Frage ist dabei nur, was hat es abgespeichert? Ist es aufgetankt mit der Energie des Mangels? Zieht es Mitarbeiter und Kunden mit Mangel an? Wenn ein Unternehmen kein Vertrauen ausstrahlt, so wird auch ihm gegenüber Misstrauen entgegengebracht. Öffnet sich hingegen eine Organisation für neue Impulse, so entsteht zum Beispiel eine Resonanz für erfolgreiche, seelisch gesunde und erfüllte Mitarbeiter.

Indem wir einen Beruf lernen, integrieren wir uns in eine Sparte oder Branche. Wenn Sie Arzt werden wollen, betreten Sie das medizinische Feld. Wählen Sie den Beruf des Schreiners, feiern Sie eher den Tag des Schreiners.

Auf das Berufsfeld der Trainer, Coaches und Therapeuten möchte ich gern etwas näher eingehen. Ich kenne diesen Bereich seit 1991, und wie jedes Berufsfeld erlebte es über die Jahre ständige Veränderung. Begeistert erlebte ich die Neunzigerjahre, in denen die Unternehmen reichlich Geld für Incentive-Reisen hatten und ausgaben. Tagungen, Konferenzen, Meetings fanden an schönen Plätzen statt, und es wurde viel in Schulungsbereiche investiert. Dieses Berufsfeld hat daher viele Menschen angezogen.

Mittlerweile hat sich das Bild allerdings gewandelt. Wenn größere Unternehmen früher drei Pressebeauftragte hatten, haben sie heute noch einen. Viele mittelgroße Firmen können sich gar keinen eigenen Pressesprecher mehr leisten und beauftragen daher externe Berater. Genauso verhält es sich im Trainingsbereich. Was ich in diesem Feld spüre, ist eine zunehmende Angst und Konkurrenz unter den Anbietern von Coachings und Seminaren. Warum ist das so, wo doch jeder Coach einzigartig ist und somit auch seine Arbeit?

Ich habe oft beobachtet, dass sich mehrere Coaches zusammentaten, aber eher aus Furcht und Mangel, und nicht aus Kooperation. Der Gedanke dahinter war, es gäbe mehr Sicherheit, wenn der andere beispielsweise mehr gute Verbindungen hat. Es hat nie lange gedauert, bis diese Art Gemeinschaften auseinandergingen, meist unter unguten Diskussionen. Wenn wir dieses Feld betreten und in uns noch eine Art Unsicherheit mitschwingt, werden unsere Arbeit und unser Erfolg uns dies ganz direkt widerspiegeln. Meine Beobachtung geht dahin – ohne zu bewerten –, dass viele Menschen in dieser Branche immer noch zu sehr mental unterwegs sind. Vertrauen in uns selbst zu haben ist aber keine mentale Angelegenheit.

Ich möchte an dieser Stelle auch sagen, dass dieses Feld ein Pool von reichem Wissen, wunderbaren Ideen und liebevoller Arbeit mit Menschen ist. Sie können diese Kraft des Feldes nutzen. Womit Sie in Resonanz gehen, entscheiden Sie.

Krankheit

Durch eine Erkrankung hat ein spezielles Energiefeld Wirkung auf uns. Ein bekanntes Feld ist zum Beispiel Krebs. Mit der Diagnose steht man in dem Informationsfeld »Daran kann man sterben«. Dadurch werden innere Ängste wach. In ein Energiefeld der Krankheit und nicht in einen Kampf gegen die Krankheit zu gehen, braucht ein starkes Bewusstsein.

Religiöse Bewusstseinsfelder

Wir können heute in der ganzen Welt erkennen, wie ein Energiefeld über Jahrtausende wirkt. Es ist zu spüren, dass so ein Feld Segen und Fluch enthält. Es enthält Liebe, Wunder, Glauben und Halt, und es enthält Angst, Hass, Macht und Gier. Womit wir in Resonanz gehen, hat mit dem zu tun, was wir bewusst oder unbewusst in uns tragen. Da die Energie des Feldes Themen in uns berühren würde, haben Menschen große Angst oder Ablehnung gegenüber einem bestimmten Feld. Wenn wir aber erkennen, warum, kann das Feld ein Lehrer für unser Erwachen sein.

Regierungen, Parteien, Militär, Werbebranche, Börse, Medien

Ganz wertfrei möchte ich auch diese Bereiche ansprechen und Sie bitten, sich Ihr eigenes Bild über diese Felder zu machen. Fühlen Sie sich hinein. Wenn Sie selbst in eines dieser Felder involviert sind, dann beobachten Sie, was es Ihnen bringt, welches Ihrer Bedürfnisse es erfüllt. Forschen Sie in sich selbst nach, ob es ganz stimmig für Sie ist, sich dieses Bedürfnis durch dieses Feld zu erfüllen. Fragen Sie sich auch, womit Sie dieses Feld aufladen. Welche Impulse und Energien geben Sie hinein? Es gehört vielleicht zu Ihrer Lebensaufgabe, für öffentliche Medien zu arbeiten oder Journalist zu sein. Was geben Sie an diesem Platz in das Informationsfeld? Übernehmen Sie die Verantwortung für das, was Sie in dieses Feld geben? Wenn Sie an der Börse arbeiten, fragen Sie sich, ob es auch Ihre Seele erfüllt, fremdes Geld Gassi zu führen? Setzen Sie sich damit auseinander, was es Ihnen neben dem Geldverdienen noch bringt.

Forschung, Wissenschaft, Pharmaindustrie, Geldwesen

In diesem Segment ist zu beobachten, dass neue Impulse von Menschen kommen, die am Rand des Feldes agieren. Mit einem Fuß auch mal außerhalb des Feldes, sind sie offener. Die begrenzende Überlagerung des Feldes hat sie nicht komplett im Griff. Innerlich unabhängigere Insider können die neuen Impulse im Feld dann aufgreifen. Ein Beispiel sind revolutionäre Ideen zu neuer Energieversorgung. Damit meine ich keine Sonnenkraft oder Windräder. Dieses Feld zeigt, wie sich Pioniere einerseits an Neues wagen, indem sie beispielsweise die Raumenergie nutzen wollen, und wie andererseits die Lobby des Feldes dem entgegenwirkt. Die Pharmaindustrie und das Geldwesen wären andere Beispiele für die begrenzende Wirkung eines Feldes.

Massenbewusstsein

Dieses kollektive Bewusstsein, in dem die meisten Menschen zu einer bestimmten Zeit mitschwingen, ist nichts Lokales. Es hat keinen festen Platz. Es ist wirklich nur Energie. Die Funktionsweise ist eher wie ein Perpetuum mobile. Es lohnt sich nicht, sich graue Haare wachsen zu lassen und nach den Verantwortlichen zu suchen. Natürlich wird es gefüttert von diffusen Medien und der Angst der Menschen. Die Wirkung des Massenbewusstseins ist unglaublich hypnotisch. So kann ein Mensch sich der Fülle bewusst sein, und dennoch legt sich der Glaube des Massenbewusstseins, zum Beispiel der Glaube an Mangel, überlagernd darüber.

Das Lösen aus Feldern

Ein Weg in die innere Freiheit heißt, sich der Felder bewusst zu sein, in denen wir leben. Spüren Sie gleich einmal in sich hinein: Rebelliert Ihr Bedürfnis nach Zugehörigkeit, wenn Sie sich aus einem Feld lösen?

Zunächst einmal darf es uns auch guttun, zu einem Feld dazuzugehören. Ein Verein beispielsweise kann für uns ein Stück Heimat sein. Daran ist nichts falsch. Allerdings sollten wir uns stets erforschen, wann Felder uns daran hindern, wir selbst zu sein, oder wann sie uns begrenzen und wir in eine Abhängigkeit von ihnen geraten oder einen Mangel in uns durch sie zu kompensieren versuchen. Ist dies bei Ihnen der Fall, kann Ihnen dieses Buch ein Begleiter in die eigene Freiheit sein.

Übrigens, aus dieser Sicht kann jedes Feld ein guter Lehrmeister für uns sein. Ich fühle heute die Wahlmöglichkeit, in ein Feld einzutauchen, mich inspirieren zu lassen und Wissen und Informationen aufzunehmen, mit denen ich in Resonanz gehe. Da ich keine Angst vor der Kraft von verschiedenen Feldern habe, kann ich mich frei hinein- und herausbewegen. Ich brauche dabei keine Gedanken an meinen Schutz zu verschwenden, ganz gleich, ob ich am Rand eines Feldes oder schon mittendrin stehe. Wenn wir ein Feld mit einer Herde vergleichen, muss ich nicht die Bewegung der Herde mitmachen. Ich kann unabhängig von ihr meine Richtung bestimmen.

Spirituelle Gemeinschaften

Immer mehr Menschen schließen sich auf ihrem Weg zur Selbstfindung zu neuen Gemeinschaften zusammen – manche suchen Gleichgesinnte für ein gemeinsames Lebensumfeld, und andere richten sich eher nach der Wahl ihres Herzens, mit welchen anderen Suchenden sie sich verbunden fühlen. Auch in diesem Bereich sehe ich, dass es Gemeinschaften gibt, die sehr eng sind. Sie bieten Raum, um sich aneinander festzuhalten, oft um sich vor dieser bösen Welt zu schützen. Ein Weggehen aus der Gemeinschaft wird ungern gesehen, und ein ehemaliges Mitglied wird ausgeschlossen und verurteilt. Ein solches Feld funktioniert über Macht, Neid und Angst. Andererseits steht jeder Mensch in der eigenen Verantwortung, sich zu entwickeln und sich immer wieder zu hinterfragen.

Wollen wir Menschen wachsen, bedeutet dies, ausreichend Vertrauen in uns zu finden, mit jeder Situation im Leben umgehen zu können. Die Bewusstseinsfelder der Liebe lassen uns genügend Raum, uns frei zu entfalten. Ich weiß, dass immer mehr bewusste Menschen dieses Feld für neue Formen von Gemeinschaft mit Liebe nähren und stärken. Dies gibt vielen Menschen, die eine Orientierung suchen, neue Perspektiven, da sie damit in Resonanz gehen können.

Ein Seelenbild für meine Arbeit – und wie es dazu kam

Claudius ist ein Geistwesen, der Sprecher einer Seelengemeinschaft, der ich mich sehr verbunden fühle. Er übermittelt uns Wissen aus der geistigen Welt. Seine Botschaften werden gechannelt durch das Medium, die spirituelle Beraterin Susanne Sonnenschein. Susannes Vater hat die letzten vier Jahre seines Lebens Claudius als Volltrancemedium gechannelt. Diese Botschaften sind in drei Bänden »Dialog mit Claudius«, erschienen im Drei Eichen Verlag, zusammengefasst. Susanne arbeitet als Halbtrancemedium seit 2000 und hat mich und viele andere Menschen seitdem begleitet. Unsere Arbeit ist miteinander verbunden. Claudius ist Freund und Lehrer für uns. In einem Gespräch mit Claudius im Oktober 2010 bekam ich eine besondere Aufgabe aus der geistigen Welt.

Ein Auszug aus diesem Gespräch mit Claudius
Ich: Ja, Claudius, ich bin hier mit dir und Susanne, die Fragen sind weg. Es ist Ruhe da, es ist Vertrauen da.
Claudius: Liebe Freundin, wenn du möchtest, geben wir dir einen Auftrag, eine Hausaufgabe, mit nach Hause: Male ein großes Bild. Male eine Rosenblüte! Male die Rosenblüte, die Sinnbild der Liebe ist, der sich selbst verströmenden, alles verbindenden Liebe. Wisse, die Rose als Symbol der Liebe, die sich hingibt, die sich öffnet, die sich entfaltet, die verblüht, um erneut zu knospen. Male das Bild einer Rosenblüte. Es ist das Seelenbild der reinen Liebe, die sich im menschlichen Sein ausdrückt, in dieser Form.

Dieses Bild hänge in deinen Raum, und jeder, der zu dir kommt, wird damit in Resonanz gehen. Es ist das Sinnbild der Liebe, die jeder Mensch in sich trägt. Es ist das Sinnbild dessen, was du in den Menschen, die zu dir kommen, zur Entfaltung bringen magst. Es ist das Sinnbild dessen, was derjenige, der bei dir ist, in sich finden mag. Dieses Bild wird mit seiner Schwingung deinen ganzen Raum erfüllen.

Ich: Ich sehe es schon vor mir.
Claudius: Wundervoll!
Ich: In einem zarten Rosa.
Claudius: Vergiss nicht die kräftigen Rottöne!
Ich: Alles in einer Rose?
Claudius: So ist es. So facettenreich wie die Liebe selbst. Die zarte, die aufkeimende Liebe, die Liebe der bedingungslosen Hingabe, die Nächstenliebe, die einfach nur dient, ohne zu erwarten. Die Kraft der Liebe, die fähig ist, Wunder zu vollbringen, Meere zu durchschwimmen, Berge zu überqueren. Die Strahlen der Liebe, die Menschen in ihren Bann ziehen, nur durch das pure Sein. Alles ist Ausdruck der Liebe, alles ist in euch, und alles möge euch beflügeln, zur rechten Zeit dem rechten Impuls zu folgen, euch in der sanften Liebe zu fühlen, euch in der begeisterungsfähigen und begeisternden Liebe zu fühlen, euch in der All-Einheit zu fühlen, euch in eurer unglaublichen Strahlkraft zu fühlen. All dies ist potenziell in jedem von euch enthalten.
Ich: Ich freue mich darauf.

Rufe uns, wir werden dich begleiten. Liebe Freundin, wir danken dir. Gesegnet sei dein Weg. Er führt dich in die Glückseligkeit. Er hüllt dich ein in die unendliche Liebe, die Einheit, die Verbundenheit. Tanze durch die fallenden Herbstblätter (2010), und erfreue dich am Wandel der Zeit. So hüllen wir euch ein und schließen den Kreis, ihr Lieben. Ave ...

Gesprächsauszug, Januar 2011, Feedback von Claudius und der geistigen Welt

Ich: Claudius, ich habe das Bild gemalt, mit dir und euch: die Rose. Und ich möchte gern mit dir noch mal darüber sprechen. Es war für mich ein ergreifender Prozess, dass ich einfach die schönste Rose malen wollte, und dann festgestellt habe, dass es die ja gar nicht gibt, sondern viele schöne Rosen, schönste Rosen. Und ... Ja, was sagst du dazu?

Claudius: Nun, siehe, liebe Freundin, verbunden mit der Erkenntnis, dass es die schönste Rose nicht gibt, ist die Erkenntnis, dass jede Rose die schönste Rose ist.

Und das Bild ist wundervoll geworden. Es hüllt deinen Raum ein und lässt zugleich Raum frei für die Individualität, und doch birgt es diesen Punkt der Zentrierung und hilft, Ruhe zu vermitteln, Kraft zu vermitteln – auf sanfte Art und Weise – unaufdringlich und unbeeinflussend.

Es ist dir auf wundervolle Weise gelungen, die Kraft des Geistes, die Kraft der Liebe darzustellen, eine Kraft, die sich nicht durch Demonstrationen der Kraft darstellt. Eine Kraft, die aus dem Unsichtbaren heraus wirkt, die sanft wirkt, die wirkt durch ihre Beständigkeit und durch ihre Bedingungslosigkeit.

Es war ein wundervoller Prozess, und es ist ein wundervolles Geschenk, das du dir und uns bereitet hast. Wir danken dir, liebe Freundin, für die Bereitschaft, diesen Impuls aufzunehmen und umzusetzen. Ave ...

Dieses »Das Seelenbild der reinen Liebe« können Sie sich auf meiner Website anschauen und einen Ausschnitt davon in diesem Buch (siehe Seite 199). Es ist in Öl gemalt und 220 x 150 cm groß.

Wie Sie Ihr Angebot aus Ihrer Seelen-qualität heraus entwickeln können

Schon als ich jung war, war ich daran interessiert, Menschen erfolgreich zu machen. Im Laufe der Jahre spürte ich immer mehr, dass es mir darum ging, sie in ihre ganzheitliche Erfüllung zu führen. In den Neunzigerjahren erkannte ich, dass etwas Wesentliches fehlte, wenn ich Menschen nur in den wirtschaftlichen Erfolg führe. Als persönliche Mentorin oder in Schulungen und Trainings fragten mich Teilnehmer immer wieder: »Wie komme ich wirklich an das heran, was ich kann? Wie komme ich an das, was »Meines« ist, an meine Gaben und Fähigkeiten?« Die meisten kannten ja kaum ihre weltlichen, offensichtlichen Stärken. Ohne es greifen zu können, hatten sie aber eine Ahnung, dass noch etwas in ihnen schlummert. Ich war oft traurig, dass ich im Rahmen dieser Seminare nicht tiefer in die Zusammenarbeit mit den Teilnehmern gehen konnte. Die Unternehmen waren nur ausgerichtet auf Umsatzsteigerung und erkannten nicht, dass das seelische Potenzial der Menschen die Schatzkiste für ihr Wachstum ist.

Andere kamen zu mir und wollten wissen, was ihre Aufgabe in diesem Leben sei. Sosehr sie sich auch darum bemühten, sie kämen der Antwort auf diese Frage einfach nicht näher. Bei den einen gab es viele Dinge, die sie interessierten, ohne jedoch ihre Passion zu finden. Andere ließen sich tief auf eine Sache ein, nur um dann zu merken: »Das ist nicht das Richtige für mich.«

Ich wusste von mir selbst, dass diese Suche allein mit Anstrengung und Willenskraft nicht funktioniert. Aus meiner Schulzeit kannte ich die Angst, Fehler zu machen, noch gut. In meiner Kindheit stand ich unter Leistungsdruck, und ich fühlte, dass dieser Druck verhinderte, dass sich das, was ich mitbrachte, entfalten konnte. Doch wenn ich einfach nur Kind sein konnte, war ich mir selbst, meinen Fähigkeiten und meiner Kreativität am nächsten.

Um an unsere Gaben heranzukommen und sie entfalten zu können, müssen wir uns sicher, geborgen und geliebt fühlen. Dann bringen wir sie ganz natürlich zum Ausdruck. Wir spielen wie Kinder und entdecken dabei unsere Talente. Ich ging also der Frage nach, wie können sich Menschen wieder sicher, geborgen und geliebt fühlen. Dies führte mich immer weiter in die Ebene der Seele. Dort ist der Ursprung für die Erfüllung all unserer Bedürfnisse.

Ich male seit Jahren persönliche Seelenbilder und beobachte, wie dies genau geschieht. Die liebvollen Impulse tragen den Menschen in das Geborgen- und Geliebtsein hinein. In den Armen seiner Seele kann der Mensch ankommen. Beim Malen beginnen sich an diesem Punkt die Potenziale des Menschen zu zeigen: Es fließen Botschaften über seine Gaben und Fähigkeiten und den Sinn seines jetzigen Lebens.

Übung: »Malen aus Ihrer Seele heraus«

Ich liebe das Malen als Medium. Es ist so einfach umsetzbar. Egal, ob mit Buntstiften, einem Kuli oder mit Pastellkreide, ist es ganz spontan umsetzbar. Sich Zeit für einen gemütlichen Malnachmittag zu nehmen, um mit Aquarellfarben, mit Acryl- oder Ölfarben zu malen, ist Nahrung für die Seele. Nehmen Sie sich einfach ein Blatt, und malen Sie intuitiv, was kommt. Es muss nichts Konkretes sein. Es gibt keine Zensur. Bewerten Sie nichts von dem, was kommt. Es ist vollkommen egal, ob ein Teil in Ihnen denkt, das kann doch ein dreijähriges Kind malen. Vertrauen Sie einfach. Unsere Seele spricht oft durch Bilder zu uns.

Linien, Kreise, Punkte. Trauen Sie sich auch, Dinge zu verwischen, mit den Händen zu malen, und überlassen Sie das Bild Ihrer Seele. Staunen Sie, was daraus wird. Sie können auch die

Augen beim Malen schließen und das Bild ein paarmal drehen, damit Sie nicht wissen, wo oben und unten ist. Werden Sie locker und kreativ. Beobachten Sie sich, wenn doch Erwartungen aufsteigen sollten. Sagen Sie diesem Anteil in sich:»He du, wir spielen, wir brauchen kein Ergebnis abzuliefern, willst du mitmachen?« Wenn Sie wollen, können Sie auch Musik mit einbeziehen. Schauen Sie sich Ihre Bilder immer mal wieder an. Vielleicht erkennen Sie erst später die darin enthaltenen Botschaften und haben ein »Aha-Erlebnis«.

In einer Gruppe »Malen & Coaching« hatte ich zu Beginn diese Übung gemacht. Eine Frau war das erste Mal dabei. Rosemarie war es anzusehen, dass es ihr nicht gut ging. Während des Malens fragte sie mich flüsternd, ob ich auch schwarze Pastellkreide hätte. Ich fand keine, und so malte sie weiter mit dunklem Lila, Rot, Grün und Blau. Nach einer Weile hatte sie einen großen Mund über das ganze Blatt gemalt. Aus diesem Mund kam ein Schrei – wie eine Explosion in alle Richtungen.

Wir spürten den Schmerz in diesem Bild. Ich begann mit ihr zu arbeiten, und der Schmerz löste sich mit vielen Tränen. In diesem geschützten Raum der Malgruppe fühlte sie sich geborgen und getragen, und auch die anderen Teilnehmer in der Gruppe fühlten sich immer leichter. Zum Ende schauten wir uns noch einmal alle Bilder an. Wir waren sprachlos von Rosemaries Bild. Es strahlte uns eine Sonne an, aus einem großen roten Mund. Es waren immer noch dunkle Töne darin, doch leuchtete auf einmal Gelb und Orange und Rosa heraus. Eine Verwandlung war eingetreten, wir hatten vorher alle nur diesen Schrei gesehen, und nach der Arbeit mit Rosemarie war für uns gemeinsam eine Sonne da.

Übung: »Lassen Sie Ihre Seele schreiben«

Was bringen Sie mit in diese Welt? Ihre Seele kennt Ihr wahres Potenzial. Um in einen Schreibfluss zu kommen, hilft es, für eine bestimmte Zeit einfach draufloszuschreiben. Schreiben Sie, ohne auf Rechtschreibung und Grammatik zu achten – einfach die Worte fließen lassen.

Diese Übung ist sehr reinigend für den Verstand, da er innerlich loslassen kann und leer wird. Sie befreit eine tiefere Stimme in Ihrem Inneren. Nach und nach übernimmt Ihre Seele, und es kommen Worte von ihr. Nehmen Sie nun ein leeres Blatt, und fühlen Sie Ihre Seelenpräsenz. Beginnen Sie, ohne nachzudenken, einzelne Wörter und auch Sätze über Ihre Seelenpräsenz auf dieses Blatt fließen zu lassen. Bleiben Sie spielerisch in diesem Prozess, solange er sprudelt. Ist er anfangs noch zögerlich und zäh, wiederholen Sie diese Übung öfter einmal wieder.

Ihr »Satz« – wie bringen Sie Wörter in die Ebene der Form?

Sie haben nun ein ganzes Blatt voller Impulse und Inspirationen aus Ihrer Seele aufgeschrieben. Können Sie in diesen Wörtern einen roten Faden erkennen? Gibt es verschiedene Wörter, die Ähnliches beschreiben? Wenn Sie mit Menschen arbeiten wollen, dann achten Sie zum Beispiel auf Wörter wie begleiten, helfen, führen, unterstützen, beraten, inspirieren. Jedes Wort hat eine eigene Energie und Kraft. Was oder welche Wörter auf diesem Blatt ziehen Sie am meisten an? Wählen Sie die Wörter, die Ihr Auge besonders in den Blick nimmt. Es kann auch sein, dass ein

Wort weiter nach vorne tritt, klarer oder größer wird. Sie können diese Wörter auch auf einzelne Zettel schreiben und sich daraufstellen, um Informationen aus Ihrem Unterbewusstsein zu bekommen.

Was bringt Ihre Begleitung einem Menschen? Zum Beispiel, erfolgreich zu sein, authentisch zu sein, echt zu sein, lebendig zu sein, im Einklang zu sein, sich ausdrücken zu können, sich zu finden, seine Gaben zu finden, Liebe zu erfahren, Frieden zu finden, seine Seele zu finden und sich mit ihr zu verbinden. Formen Sie mit diesen Wörtern einen Satz. Er wird nach und nach zu Ihrem Satz, der Ihnen zeigt, warum Sie hier in diesem Leben sind. Dieser Satz wird Sie zu Ihrer Berufung und Ihrem konkreten Angebot führen. Es wird ein Angebot sein, das mit der Kraft aus Ihrem Inneren verbunden ist.

In Gruppen half diese Schreibübung den Teilnehmern sehr, sich zu sortieren.

Wenn Sie Menschen zu etwas einladen wollen, ist es gut, zu schauen, was die Motivation hinter Ihrem »Tun« ist, zum Beispiel dem Malen, Wandern, Singen, Komponieren, Tanzen, Kochen, Gärtnern oder Nähen. Doch was bewirkt es in Menschen, mit Ihnen zu wandern? Bringt es sie mehr in Ihre Mitte? Was können Sie durch Ihre Musik einem Menschen geben? Was kann ein Bild von Ihnen einem Menschen bringen?

Verankern Sie Ihren Satz in sich. Er wird Ihnen dienen und Sicherheit geben. Sie werden ihn brauchen, wenn Sie in dieser Phase sind, sich ausdrücken zu wollen und aus Ihrem Wesen einen Beruf entstehen zu lassen.

Vielleicht werden Sie manchmal gefragt: »Was machst du beruflich?« Ihr alter Job erfüllt Sie nicht mehr, aber etwas Neues ist noch nicht klar da. Sie spüren es schon in sich, dass da etwas kommen will, und finden aber nur Bruchstücke heraus, die Sie schwimmen lassen. Wie toll wäre es dann, ganz locker zu sagen: »Ich öffne Menschen lange verschlossene Türen, damit sie sich selbst wieder spüren.« Sie werden staunen, wie schnell Sie gefragt werden:»Das klingt ja spannend, wie machst du denn das?« Und dann erwidern Sie ganz in Ihrem Element:»Ich veranstalte Malnachmittage mit anderen Menschen« oder»Ich unternehme Wandertouren in kleinen Gruppen« oder»Komm doch mal zu meinem Kochkurs für die Seele«. Dabei ist es so wie mit dem Satz »Ich liebe dich«. Wenn ein Mensch das zu Ihnen sagt, wird der Satz bei Ihnen in der gleichen Tiefe ankommen, aus der heraus er gesagt wird. Er wird entweder flüchtig an Ihnen vorbeiwehen oder sie tief berühren. So ist es auch mit Ihrem Satz. Kommt er aus der Tiefe Ihres Herzens, berührt er auch andere Menschen.

Prüfen Sie auch, ob Sie Ihren neuen Ideen automatisch mit einer negativen Grundhaltung begegnen. Schauen Sie etwa jede Ihrer neuen Ideen gleich kritisch an, oder tun Sie das Vorhaben als»unrealistisch« ab? Können Sie Ihre neue Idee wirklich zunächst einmal in Ihrem Vertrauen baden lassen, ganz gleich, wie abwegig sie Ihnen erscheint. Es ist gut, ständig neue Impulse in sich zu bewegen und mit ihnen zu spielen. Wenn es sich um ein Projekt handelt, das Sie in der Ebene der irdischen Realität verwirklichen wollen, dann nähren Sie es. Hauchen Sie Ihrem Projekt Leben ein. Es braucht himmlische und seelische Nahrung, aber auch irdische Nahrung. Es braucht die Liebe Ihres Herzens.

Verbinden Sie Ihr Vorhaben vor allem auch mit der Energie der Erde. Diese Energie wird Ihrem Projekt eine Form geben. Lassen Sie Ihrem neuen Baby Luft zum Atmen. Halten Sie es nicht klein und gefangen. Lassen Sie es zeitweise auch einmal ganz los. Es braucht viel Freiheit, um sich entfalten zu können.

Kapitel 11

Die Verwirklichung Ihrer Berufung

Aus der Praxis – für die Praxis.

*Wie erschaffen Sie aus Ihrem reichen
Seelenpotenzial irdische Fülle?*

*Wie gelingt die Überwindung der Trennung
zwischen Arbeit und Leben?*

Das Thema Geld heilen

Es ist wichtig, dass erwachende Menschen sich wieder dem Thema Geld öffnen, dass sie alles, was damit zusammenhängt, verstehen, Vorurteile auflösen und Verantwortung übernehmen. Mit Geld wurde in der Vergangenheit viel Macht ausgeübt, manipuliert und getötet, und daran hat sich bis heute nicht viel geändert. Mit dieser Energie wollen erwachende Menschen häufig nichts zu tun haben, ja sie gilt vielen als geradezu »schmutzig«. Manchmal bringen wir schon als Last in unser Leben mit, dass ein Teil in uns Geld ablehnt. Wir arbeiten dann zwar einerseits hart, um Geld zu verdienen und uns zu versorgen, gestatten uns aber andererseits nicht, zuzulassen, dass es leichter zu uns kommt. Kommt es zu uns, schicken wir es bisweilen sogar weg. Wir sollten daher lernen, uns dem Geld wieder zu öffnen, denn damit können wir viele neue Ideen und unsere Herzensprojekte in die Welt bringen.

In der Welt herrscht ein kollektiver Glaube an Mangel. Es ist der Glaube, dass nicht genug für uns persönlich da ist und nicht genug für alle von uns. Viele Menschen sind in diesem Glauben aufgewachsen. Wie oft hieß es doch, mach die Tür zu, mach das Licht aus, lass das Wasser nicht zu lange laufen.

Drei Kilometer von meinem Haus entfernt gibt es eine Quelle im Wald. An diesem speziellen Platz hatte ich einmal ein sehr eindrucksvolles Erlebnis – ein Mangel-Fülle-Erlebnis. Ich war wieder einmal Wasser holen und ließ dieses herrlich frische, lebendige Wasser in Flaschen fließen – mehrere Kästen davon, ganz in mich versunken, Flasche für Flasche. Als die letzte voll war, machte ich eine Bewegung, als ob ich den Hahn zudrehen wollte. Wie absurd, eine Quelle zudrehen zu wollen. Ich hielt sofort inne, musste schmunzeln, und eine Woge des Gefühls von Fülle überflutete mich. Die Quelle zeigte mir ihr Wesen. Sie ließ mich ihre Energie des Gebens und Verschenkens fühlen. Um mich herum war eine vollkommene Fülle – und diese Quelle sprudelt, ob ich da bin oder nicht, ob sie gesehen wird oder nicht.

Ein Ziel entwickeln

Nach meinem Ausstieg aus der Wirtschaft habe ich lange dagegen gekämpft, wieder ein Ziel zu haben. Welcher Irrtum damals, welche Sackgasse. Ich war doch durchdrungen von dem, was ich tue! Ich ging meinen Weg mit meinem ganzen Herzen, und doch dauerte es lange bis zu einem eindeutigen »Ja«. Es gab den Glauben in mir, ein Ziel bringt mich weg vom Hier und Jetzt. Es kam mir wie Verrat an dem jetzigen Moment vor.

Also was tun? Der erste Schritt war für mich, ganz bewusst eine Entscheidung für mein nächstes kleines Ziel zu treffen. Denn wir haben immer Ziele. Es ist auch ein Ziel, ziellos zu malen, zu schlafen, zu meditieren oder zu essen.

Meditation: »Alles ist da – jetzt«

Dies ist eine Übung zu den verschiedensten Blickwinkeln auf das Thema »Vergangenheit – Gegenwart – Zukunft«. Schöpfe aus deiner inneren Vorstellungskraft, während du in Ruhe sitzt, liegst oder auch stehst, was besonders gut für diese Übung ist.

Dein Leben ist wie ein Fluss in der Zeit. Stell dir vor deinem inneren Auge einen Fluss vor, der zu dir passt. Was ist es für ein Strom? Führt er viel Wasser und fließt dennoch ruhig dahin? Hat er Stromschnellen und schlängelt sich durch viele Kurven? Oder hat er eher ein kleineres Flussbett und fließt quicklebendig über Steine. Führt er glasklares, kühles Wasser? Oder hat dein Lebensfluss schon viel aufgenommen? (Pause)

Geh einfach ein Stück an seinem Ufer spazieren, schau ihm zu und fühle ihn. Bist du fasziniert von ihm? Gibt es Wald oder eher Wiesen an seinen Ufern? Was blüht und gedeiht um ihn herum? Vertiefe dich ganz in deinen jetzigen Lebensmoment.

Um einen weiteren Blick zu bekommen, erhebe dich nun wie ein wunderbarer Vogel. Dein Fluss liegt unter dir. Du siehst seine Windungen. Staunst du über seine Kraft? Wenn du ihn frei und leicht in der Luft kreisend von oben betrachtest, liegt er majestätisch unter dir? Hat er deine Achtung und Liebe? Empfindest du Nähe und Verbundenheit mit ihm? Ist es neblig in der Luft oder sonnig? Du bist ganz in diesem Moment, du beobachtest. (Pause)

Steige jetzt wie ein Vogel auf in die Lüfte. Als fliegender Beobachter siehst du jetzt deinen Fluss kleiner, dafür aber einen viel größeren Teil von ihm. Du genießt diesen Moment – getragen von deinen Flügelschwingen, treibst du im Wind, ohne viel tun zu müssen. Du siehst von oben, was dein Fluss für Biegungen macht. Oder siehst du Wasserfälle? Spüre einen Moment lang in solch eine Bewegung deines Flusses hinein. Was war die Veränderung in deinem Leben, die du jetzt von oben betrachten kannst? Gibt es vielleicht viele Kurven hintereinander, sodass er aus dieser Perspektive an einen Darm erinnert? Oder bildet er viele kleine Äderchen, die Wollfäden ähneln, bis sich dann dein Fluss fast gerade und wundervoll leicht dahinschlängelt? (Pause)

Wenn du jetzt noch höher aufsteigst, siehst du die Quelle deines Flusses. Wo entspringt er? Sprudelt er aus hohen Bergen, oder beginnt er seine Reise als leises, kleines Rinnsal? Oder zieht er tiefe Furchen auf seinem Weg in ein felsiges Tal? Mach dir bewusst, dass jetzt, in diesem Moment, auch die Quelle da ist. Ohne diesen Hier-und-Jetzt-Moment verlassen zu haben, kannst du auf die Quelle und auf die Vergangenheit deines Lebensflusses schauen. Atme tief ein, und lass deinen Blick den Fluss entlangwandern bis zum heutigen Punkt deines Lebens, deiner Gegenwart. Du kannst dich gern ausruhen und entspannen an seinem Ufer. (Pause)

Wenn du in den hohen Lüften weilst, dann verfolge mit den Augen deinen Fluss bis zur Mündung in den Ozean. Kannst du feststellen, dass jetzt auch schon die Mündung da ist? Das ist bewusstes Sehen. Du siehst, dass Quelle und Ziel seiner Reise gleichzeitig da sind. Atme diese Erkenntnis tief ein, damit sie in dir verankert bleibt. Wenn du wieder an der heutigen Kurve deines Lebens sitzt, kann es sein, dass du vergisst, dass dein Ziel schon da ist. Auch dein Lebensweg ist schon da. Kennst du dein Ziel in diesem Leben? Nimmst du deine Lebensaufgabe an? (Pause)

Hör der Quelle zu! Woher kommt sie? Geh durch sie an diesen Ort der Stille. An diesem Ort hast du dir vorgenommen, was durch dich in dieses Leben sprudeln wird. Was ist deine Passion? (Pause)

Werde jetzt aktiv. Geh symbolisch an einen Platz im Raum, der dein Ziel, die Mündung in den Ozean, repräsentiert. Spüre dort hinein. Du hast deine Lebensaufgabe erfüllt. Kannst du diese Freude in dir fühlen? Wenn du mit Menschen arbeiten willst, dann erlebe jetzt, wie du dies tust. Wie schmeckt diese Erfüllung?

Tauche immer tiefer in dieses Gefühl ein, bis es dich ganz und gar durchdringt. Fühle die große Dankbarkeit dafür, dass du deinen vollen Ausdruck erlebst. Lass eine Ziel-Repräsentanz in dir entstehen, ein Bild, eine Situation, eine Landschaft – farbig, wenn du magst. Diese Repräsentanz wird dich zu sich ziehen. Es ist die wahre Motivation in deinem Leben. Dahin willst du. Sie wird dein Leitstrahl sein. (Pause)

Begib dich jetzt wieder an den Punkt der Gegenwart. In dir schwingt jetzt das Wissen, dass deine Zukunft schon da ist. Sie entsteht gerade jetzt aus deiner Gegenwart. Du hast tief beschlossen, von nichts mehr weg zu wollen. Du lebst jetzt mit deiner »Hin-zu-Motivation«. Deine Seele weiß, wie sie dorthin kommt. Sie kennt den Weg. Bewege dich jetzt in achtsamen, kleinen Schritten von deinem gegenwärtigen Punkt zu deinem »Ziel-erreicht-Punkt«. Atme diesen Weg ein. Nimm all die Energie und

Informationen, die auf diesem Weg liegen, auf. Vertraue zutiefst, dass sich dir Schritte zeigen und dich Erfahrungen finden. Horche in dich hinein, was du brauchst, um deinen Weg zu gehen. Hast du alles dafür? Fehlt noch etwas? Bitte um Begleitung. Drücke deinen Herzensdank aus, wie Naturvölker dies für den Regen tun, der noch nicht da ist. Dennoch fühlen sie schon ihre nassen Füße und tanzen im Regen. Begib dich mutig mit der Quelle und Liebe in dir in Richtung deiner Bestimmung. Erschaffe hier und jetzt deine Zukunft.

Alles hat einen Sinn, wir erkennen ihn oft erst später

Ich habe über sechs Jahre während meiner Ausbildung zur Porzellanmalerin große Genauigkeit gelernt. All diese Tage habe ich verbracht mit Hinsehen, Aufnehmen, Fühlen, Wiedergeben und Malen, was ich sehe. Fächer wie Anatomie, Schriftlehre oder Farblehre forderten volle Präsenz. Stundenlanges Anschauen eines Gesichtes, um ein Porträt zu zeichnen, oder stundenlanges Betrachten der Perspektive und der Fluchtlinien in der Architektur. Durch zehn Jahre Zen-Erfahrungen vertiefte ich dieses Fundament der Achtsamkeit. Dort hieß es immer wieder: Geh vom Ursprung aus. Und ich tat es immer wieder, in jedem Moment neu. Die Angewohnheit vieler Menschen ist es aber, der Gegenwart zu entfliehen. Die Gegenwart ist oft mit Schmerzen verbunden. Oft sind diese Schmerzen Wiederholungen alter Erfahrungen aus lang vergangener Zeit. Unser Verstand dreht sich im Kreis, damit er sich lebendig vorkommt. Er ist süchtig nach Denken, Denken, Denken.

Unser Leben ist voller Ziele und Aufgaben

Anders als in einem Seminar gibt es in unserem Leben viele unterschiedliche Ziele zur gleichen Zeit. Viele Menschen wollen Familie, Kinder und Beruf unter einen Hut bringen, und dies zu schaffen, ist schon einen Orden wert. Vor allem gibt es viele Ziele, die in der Zukunft liegen, und diese fordern von uns, ständig wachsam und achtsam zu bleiben, denn wir können uns in ihnen verlieren oder verzetteln. Ein wertvolles Geschenk, das uns hilft, unsere Ziele zu erreichen, ist die Erfahrung, dass wir auf dem Weg dorthin durch Widerstände gehen müssen.

Ich habe weltweit an Zen-Seminaren teilgenommen und Ausbildungen in Energiearbeit gemacht. In solchen Seminargruppen gab es allerdings kaum konkrete Ziele. Es drehte sich alles darum, aufzustehen, zu meditieren, Pausen zu machen, etwas zu essen, zu schlafen, Aufgaben für die Gemeinschaft zu erledigen, beim Kochen zu helfen, den Zaun zu streichen oder zu putzen.

Als ich bei einem Seminar zusammen mit einer anderen Teilnehmerin die Aufgabe bekam, drei Autos zu putzen, hatte ich nicht viel Lust dazu. Ich koche für mein Leben gern, aber Autoputzen kommt für mich an vorletzter Stelle auf der Skala ungeliebter Tätigkeiten. Als dann eine Dame des Seminarhauses auch noch mit einer Zahnbürste vor mir stand, mit der alle Rillen gereinigt werden sollten, stieg heftiger Widerstand in mir auf. Doch sie meinte es ernst. Es waren sommerliche 30 Grad, und ich sah neidisch zu den Gartenzaunstreichern hinüber. Wir hatte nur bunte Sarongtücher umgebunden und machten uns ans Werk. Es war furchtbar zäh und nervig. Mein Verstand überlegte dauernd, wie er sich drücken könnte. Plötzliche Bauchschmerzen wären aber zu auffällig gewesen – das kapierte sogar mein Verstand. Wir hatten uns durch das Waschen des ersten Autos gequält und spülten es mit dem Wasserschlauch ab. Das war eine schöne Erholungspause. Wir kühlten uns die Füße und entspannten uns in die Situation hinein.

Wir nahmen uns des zweiten Autos freundlicher an und reinigten es innen, bis kein Stäubchen mehr zu sehen war. Dann schäumten wir es außen ein und fingen an, Spaß daran zu haben. Wir mussten immer mehr lachen bei dem Gedanken, wie das wohl aussah, zwei Mädels, die vor Spaß stöhnend das Auto einseiften. Durch unser Gekicher sahen schon die Gartenzaunstreicher überrascht zu uns herüber. Sie spürten die Veränderung. Von uns ging pure Freude aus. Vom Frust zum sexy Carwash. Wir duschten das Auto mit dem Gartenschlauch und uns gleich mit.

Dann kam Auto Nummer drei. Wir waren fast froh, dass wir noch eins zu putzen hatten. Es war obendrein das von unserem Seminarleiter. Es war nichts zu sehen, was hätte sauber gemacht werden müssen. Ich war überrascht, keine Widerstände mehr in mir zu spüren, obwohl ich nichts von unsinniger Arbeit hielt. Ganz mit Hingabe, also zenmäßig, achtsam, ohne Bewertung überließen wir uns diesem Flow. Und es war wundervoll. Das Auto sprach mit uns. Ich sah immer wieder Bilder vor mir, was es alles erlebt hatte. Ich hörte Stimmen und sah, wer damit gefahren war. Es war ein Gefühl tiefster Wertschätzung in mir für diesen Moment. Ohne die Pflicht, diese Aufgabe zu erfüllen, wäre ich achtlos an dem Wagen vorbeigeeilt.

Seit dieser Erfahrung betrachte ich Widerstände in mir anders. Es gibt den Satz »Tu, was du liebst, und liebe, was du tust.« Ich habe kennengelernt, welche Wirkung es hat, sich der Arbeit und dem, was gerade ist, mit Liebe und Hingabe zu widmen.

Wir wollen Freiheit – aber sind wir reif dafür?

Weltweit stehen Menschen auf, um für Freiheit zu kämpfen. Ihr Kampf trägt beides in sich: »Weg von« Diktatur, Gewalt, Armut und Manipulation und »Hin zu« Freiheit, Achtung, Liebe, Gemeinschaft und Wohlstand. Der Ruf nach Freiheit in der Welt spiegelt den inneren Ruf des Menschen nach Befreiung seiner Seele wider. Darin besteht die Dynamik von Veränderung. Mit Freiheit ist die Verantwortung des Wählens verbunden. Viele Menschen in der westlichen Welt sind vom »Wählen« überfordert. Es kommen Menschen zu mir, die voller Panik sind, eine falsche Entscheidung zu treffen, junge Menschen, die nicht wissen, was sie mit ihrem Leben anfangen sollen. Sie stehen vor zahllosen Möglichkeiten wie vor vollen Regalen und wissen nicht, was zu ihnen passt oder ihnen guttut. Sie können oft auch deshalb nicht wählen, weil sie nicht wissen, was sie wirklich brauchen. Daher ist Konsum oft nur ein Ersatz. Und immer mehr Menschen sind in ihrem finanziellen Rahmen begrenzt und können sich vieles schon gar nicht mehr leisten, was sie zwangsweise in ihrer Wahlfreiheit einschränkt. Auch dies kann ein Weg sein, nicht wählen zu müssen. Doch gerade aus diesem Bewusstsein der Freiheit heraus können wir uns tief auf eine Aufgabe einlassen und ihr dienen.

Selbstständig sein oder Arbeitnehmer?

Als Metapher wollte bei einer Umfrage unter den Löwen im Zoo die Mehrheit von ihnen »die Entfernung der Gitterstäbe, doch mit Einhaltung der regelmäßigen Mahlzeiten«. Selbstständigkeit heißt, die Gitterstäbe zu entfernen, also frei zu sein. Doch frei zu sein bringt Konsequenzen mit sich. Man muss für sich selbst sorgen, für Lebensunterhalt, Krankenversicherung, neue berufliche Perspektiven und vielleicht für eine Familie. Ich glaube, es war immer schon eine große Stärke von Deutschland, dass es viele Selbstständige und kleine Betriebe gab – viele Leute, die einfach ihr eigenes Ding machten. Sie hatten einen direkten Bezug zu ihrer Arbeit, und diese Verbindung gab ihnen etwas Erfüllendes.

Für viele Angestellte ist dieser Bezug zur eigenen Arbeit oft verloren gegangen. Die Firma, für die sie arbeiten, hat einen Kuchen zu verteilen. Und um von diesem Kuchen regelmäßig ein Stück zu bekommen, verkaufen sie ihre Arbeitskraft, ihre Zeit und ihre Fähigkeiten, leider nicht selten, um immer weniger dafür zu bekommen. Viele Arbeitnehmer halten auch an einem ungeliebten Job fest und leiden, wenn dieser wegzufallen droht. Doch auch wenn die wenig erfüllende Arbeitsstelle vermeintliche Sicherheit bietet und oftmals deshalb in Kauf genommen wird, wird heute auf dem globalisierten Arbeitsmarkt diese Sicherheit immer brüchiger. Vielleicht bietet das ja die Chance, für eine eigene Selbständigkeit.

Sokrates wurde bei einem Strandspaziergang von einem seiner Studenten gefragt:»Meister, wie werde ich erfolgreich?« Die Schüler waren daran gewöhnt, dass Sokrates nicht sogleich auf eine Frage antwortete. So gingen sie still weiter am Strand entlang. Bei einer Gelegenheit schnappte sich Sokrates diesen Schüler und tauchte ihn in das flache Wasser. Der Schüler strampelte heftig. Erst nach einiger Zeit ließ Sokrates ihn los und zog ihn heraus. Der Schüler japste nach Luft und sog den Atem tief in sich hinein. Sokrates sagte:»Wenn du etwas so sehr willst wie diesen Atemzug, dann wirst du erfolgreich.«

Das Feuer der Begeisterung

Leidenschaft möchte sich ausdrücken. Sie möchte frei sein. Sie möchte nichts zurückhalten. Sie ist pures Leben. Sie ist authentisch und überwindet alte Gefühle des Bedauerns und des Aufschiebens. Sie ist das Feuer echter Begeisterung, so klar und eindeutig, dass sie keine Kompromisse eingehen will.

Diese eigene Passion zu spüren ist eine klare fokussierte Entscheidung. Sie können diese Passion in Ihrem Inneren finden.

Spüren Sie Ihrer tiefsten Sehnsucht nach. Dort finden Sie Ihre wahre Passion und das Glühen Ihrer Leidenschaft. Sie wird nur »Leiden schaffen«, wenn Sie sie zurückhalten, deckeln und unterdrücken. Wenn Sie versuchen, sie zu manipulieren oder zu kontrollieren. Diese Urkraft ist so gewaltig, dass sie nicht auf Denken und inneres Verhandeln reagiert. Gehen wir mit dieser Kraft »verkopft« um, wird sie gewaltige Dinge in Bewegung setzen, um uns aus dem Verstand zu katapultieren. Sie können einer Passion nicht dauerhaft den Rücken kehren, sie täuschen oder die Augen vor ihr verschließen.

Wenn Sie diese Energie aus Angst nicht fließen lassen, wird sie sich in Wut verwandeln und sich gegen Sie selbst richten, um Sie unerbittlich aufzufordern, sie in Ihr Leben hineinzulassen. Das große Verlangen einer erwachten Seele will keine Macht, will nichts aus Gier oder Eigennutz. Diese Leidenschaft will sich selbst fühlen und erleben.

Wenn Sie diese enorme Kraft zulassen, heißt das nicht, dass Sie jubelnd auf dem Tisch tanzen müssen. Diese Kraft wird Ihr Charisma. Charisma ist auch zu spüren, wenn Sie einfach nur still präsent oder eher zurückhaltend und bescheiden sind. Es gibt schon ganz junge Menschen, von denen diese Strahlkraft ausgeht, die andere Menschen fasziniert. Charismatische Menschen kommen manchmal aus ganz einfachen Verhältnissen, wie Paul McCartney.

Die Beatles haben schon in jungen Jahren durch ihre Passion und ihr Charisma die Menschen berührt. In den feindseligen Zeiten des Kalten Kriegs zwischen Ost und West sahen 350 Millionen Menschen die Uraufführung des Songs von John Lennon, »All you need is love«. Die wahre Leidenschaft, die die »Pilzköpfe« aus Liverpool ausstrahlten, faszinierte die Menschen und öffnete ihre Herzen. So konnten sie ihre Botschaft von Liebe und Bewusstsein in alle Welt hinaustragen. »Alles, was du brauchst, ist Liebe – Love is all you need.«

Kapitel 12

Aufbau einer eigenen Selbstständigkeit

Was brauchen Sie, um Ihr Ziel zu erreichen?

Welche Motivation haben Sie
und woher kommt sie?

Worin besteht Ihr Vorhaben in der Praxis?
Womit starten Sie:
wann, wie, wo, mit wem, warum?

Was ist Ihr Ziel?

Sie müssen Ihr Ziel ganz genau kennen, umso eher erreichen Sie es. Sie müssen es schmecken, riechen, sehen, hören, fühlen! Und vor allem: Wie wird es sich anfühlen, Ihr Ziel erreicht zu haben? Das Grundmodell des Erfolges ist ganz einfach: Wir möchten von einem »gegenwärtigen Zustand« zu einem »erwünschten Zustand«. Egal, ob in der Liebe, in der Gesundheit, im finanziellen Bereich oder im Beruf wollen wir von einem Ist-Zustand zu einem Soll-Zustand. Vorher sollten Sie sich genau prüfen: Gibt es einen Anteil in Ihnen, der »Nein« sagt zu Ihrem Ziel? Ein innerer Kalter Krieg zwischen einem »Ja« und einem »Nein« verbraucht viel Lebensenergie und kann zum heißen Krieg werden, wie Krankheit und Leid uns immer wieder deutlich aufzeigen.

Fragen Sie diesen Anteil in sich: »Warum hinderst du mich daran, meine Berufung zu leben, meine Vision auf die Erde zu bringen, finanziell gut leben zu können, warum hinderst du mein Unternehmen am Wachstum? Warum lässt du mich nicht beginnen, mir meinen Traum zu verwirklichen?«

Eine Formel aus meinen Seminaren in Unternehmen lautet:

$$\text{Motivation} = \text{Erreichbarkeit} \times \text{Wert}$$

Wenn wir glauben, dass ein Ziel unerreichbar für uns ist, gehen wir es nicht an. Wir haben wenig Motivation, da wir denken, es sowieso nicht zu schaffen. Wenn ein Ziel für uns innerlich nicht wirklich wertvoll ist, tun wir auch nichts oder zu wenig dafür, um es zu erreichen. Stellen Sie sich einmal in aller Ruhe die folgenden Fragen:

Was ist Ihnen Ihr Ziel wert?

Wie erreichbar ist Ihr Ziel?

Welche Motivation haben Sie, und woher kommt sie?

Wie steht Ihr Ziel zu Ihren irdischen Bedürfnissen?

Und wie erfüllt Ihr Ziel Ihre seelischen Bedürfnisse? Haben Sie darüber schon einmal nachgedacht? Die einzige Landkarte, das zuverlässigste Navigationsgerät zu Ihrem Ziel ist Ihre Seele.

Was sind Ihre äußeren und inneren Ressourcen?

Ich habe schon einige Menschen begleitet, die ohne Geld den Weg in ihre eigene Berufung gegangen sind und erfolgreich wurden. Aus eigener Erfahrung weiß ich, dass es möglich ist, aus einem materiellen Minusbereich erfolgreich seinen Seelenweg zu gehen. Wertvolle innere Ressourcen, wie Mut, Kreativität, Lernwille, Interesse an Menschen, die Bereitschaft, das eigene Weltbild zu verändern, Einsatzwille, Wachheit, Beobachtungsgabe, Vertrauen und Lebensfreude, haben mich immer wieder durchhalten und wachsen lassen.

Wie können Sie sich die benötigten Ressourcen für Ihr Ziel erarbeiten?

Ganzheitlich erfolgreich zu werden haben wir in der Schule ebenso wenig gelernt, wie den Umgang mit Gefühlen. Wir lernen, dass Erfolg oft einen hohen Preis hat, den Preis, uns selbst als Person hinter alles zu stellen. Natürlich gehört auf dem Weg zum Erfolg auch Anstrengung und bisweilen sogar Verzicht dazu, doch es gehört nicht dazu, sich selbst zu verlassen. Es ist wichtig, eine neue Balance zu finden. Wir müssen eine Verbindung zwischen der herkömmlichen Betriebswirtschaft und der kreativen Entfaltung unserer eigenen Potenziale schaffen. Zahlen, Daten und Fakten sind genauso wichtig wie das Lernen, Erweitern und Trainieren unserer inneren Ressourcen. Dann »er-folgt« Erfolg auf allen Ebenen und bedeutet »Erfüllung«.

Der Lehrmeister ist das Leben selbst

Was verbinden Sie damit, Geld zu haben oder kein Geld zu haben? Bedeutet Geld Sicherheit für Sie, den Rücken frei zu haben oder Anerkennung bei anderen Menschen? Oder bedeutet es für Sie, oberflächlich zu sein oder über Leichen zu gehen? Ist es für Sie »spiritueller«, kein Geld oder gerade genug Geld zum Leben zu haben? Gehören Sie nur dann zu einer Gemeinschaft oder Familie, wenn Sie wenig haben oder es sich hart erarbeiten müssen? All solche Urteile trennen Sie vom Geld, trennen Sie aber auch vom Leben. Alle Bewertungen lassen Sie die Dinge nur mit dem Verstand und nicht mit dem Herzen betrachten. Auch wenn Sie in einer Beziehung das Geld ganz von Ihrer Liebe trennen, wird sich diese Trennung auf Ihre Partnerschaft erstrecken und auch das Schlafzimmer erreichen.

Das Verlieren kennenlernen

Erst wer verloren hat und aufgeben will, wer die Nase vollhat, mit dem Rücken zur Wand steht, den Meeresboden kennt, wird verstehen, dass er seinen Weg nicht mit dem Verstand gehen kann. Gerade die Erleuchtung äußert sich eher als ein Verlieren. Sie ist kein Sieg, sondern eine Niederlage, da wir alles aufgeben und loslassen müssen.

An welcher Kontrolle halten Sie noch fest? Was hindert Sie daran, diese Kontrolle loszulassen? Was hindert Sie daran, Ihrer Seele, anderen Menschen und dem Leben zu vertrauen? Was hindert Sie daran, anzunehmen –»seelisch-geistig« und »irdisch-körperlich«?

Ich musste erst alles Geld und die damit verbundene materielle Sicherheit verlieren, die Gesundheit und damit das Vertrauen in meinen Körper, mich aus meiner Partnerschaft lösen, um ganz auf mich allein gestellt zu sein und dadurch zu lernen, anzunehmen! Ich musste es auf harte Weise lernen, eine größere Kraft, meine wirkliche Kraft zuzulassen.

Ein Verlierer hat es »einfacher« als ein Gewinner, sich seiner negativen, einengenden Konditionierungen bewusst zu werden. Erst sucht er Gründe im Außen, bei den Umständen, dann bei anderen Menschen und bei der Gesellschaft. Irgendwann muss ein jeder aber begreifen, dass er sich selbst ändern muss.

Die Chance eines unlösbaren Problems

Viele Menschen kommen zu mir mit Problemen. Meist sind sie sehr gute Problemlöser und fühlen sich gut, wenn sie wieder ein Problem aus der Welt geschafft haben. Sie sind stolz, erleichtert und bekommen dadurch Energie. Es ist unglaublich, was Menschen schaffen können. Wenn sie einen Energieschub brauchen, finden sie auch ein neues Problem.

Auch in Partnerschaften sorgen Menschen für Tiefs, damit es Hochs gibt, die ihnen eine Menge Energie geben. Ihre Persönlichkeiten sind süchtig danach, da sie sich dadurch lebendig fühlen.

Ich selbst erlebe allerdings tagtäglich, dass die Essenz des Lebens tiefste Einfachheit ist. Probleme sind komplex. Wenn Menschen zu mir kommen, sind sie schon an dem Punkt, an dem sie Hilfe und Unterstützung suchen. Sie schildern mir ihr Problem, und ich erkenne bald die Zusammenhänge. Dadurch sehen sie, dass sie kein kleines Problem haben, sondern vor einer größeren Herausforderung stehen.

Es gibt Situationen, in denen Menschen mit einem unlösbaren Problem konfrontiert sind. Das ist ihre Chance! Es ist die Chance, eine größere Kraft zuzulassen. Es ist die Chance, aufzugeben und das Ruder ihrer Seele zu übergeben. Das geschieht nur, wenn die Problemlösungs-Helden-Identität vor der Erkenntnis steht: »Das kann ich nicht, dafür habe ich keine Lösung.« Menschen kreieren sich unbewusst Krankheiten, finanzielle und seelische Zusammenbrüche, um zu erwachen und sich ihrer Seele anzuvertrauen. Es liegt ganz an Ihnen, ob Sie einen Zusammenbruch in einen persönlichen Durchbruch verwandeln. Es geht nur darum, annehmen zu lernen und eine größere Kraft zuzulassen. Wir können eine begrenzte Realität loslassen und in eine neue Wahrnehmung der Realität hinein erwachen.

Klarheit erlangen

In drei Sätzen: Wer sind Sie? Was tun Sie? Und warum tun Sie es?

Der Weg des Vertrauens
Vertrauen in sich »Selbst-Vertrauen«
→ daraus entsteht »Vertrauen in Sie, die Person«
→ daraus entsteht »Vertrauen in das Unternehmen«
→ daraus entsteht »Vertrauen in das Produkt, Angebot«
→ daraus entsteht »Vertrauen in die Zukunft«

Der Mensch ist das Erste und Wichtigste. Wenn man ihm nicht vertraut, vertraut man auch seinem Unternehmen und seinen Produkten nicht. Nur von einem Menschen kann Vertrauen ausgehen und Vertrauen in sein Unternehmen fließen. Seine Produkte, »Schöpfungen«, tragen dann Vertrauen und können Vertrauen weitergeben. Kann ein Mensch sich nicht selbst vertrauen, wird das für andere Menschen spürbar sein, und auch seine Mitarbeiter werden nicht vertrauen.

Handeln mit Kopf und Herz

Ich selbst habe mich lange gegen Systeme, Strukturen und Methoden in der Führung von Menschen gesträubt. Für mich war das Bauchgefühl das einzig Wahre.

Ein Mann, der eine wunderbare Führungspersönlichkeit ist

und von dem ich viel gelernt habe, schenkte mir zu einer Ehrung 1998 ein Buch. In dieses Buch schrieb er mir folgende Widmung: »Mozart wurde einst von einem Schüler gefragt, wie man eine Symphonie schreibt. Er antwortete: ›Sie sind noch jung. Fangen Sie doch mit einem einfachen Lied an.‹ Der Schüler fragte: ›Aber Sie haben doch schon mit zehn Jahren Symphonien geschrieben.‹ Und Mozart antwortete: ›Das ist richtig. Ich habe aber auch nicht gefragt, wie?‹. Liebe Frau Freudenberg, eine Ihrer Stärken liegt darin, dass Sie nach dem Motto, der Erfolg ist in mir, zu leben scheinen. Daher brauchen Sie weniger nach dem ›Wie‹ zu fragen.«

Während der Neunzigerjahre lernte ich, mich zu beobachten, und notierte Dinge, die ich tat, die erfolgreich waren. Um meinen Erfolg duplizieren zu können, erkannte ich den Vorteil von Strukturierung und einem roten Faden. Als Malerin wusste ich, auch einer Blume liegt eine Geometrie zugrunde. Auch Musiker im Free Jazz haben ein Klanggerüst, einen roten Faden, der sie experimentieren lassen kann. Ich wurde zum Spezialisten dafür, Trainings-Leitfäden in kompakter Form auf drei Seiten zu erstellen. Für verschiedenste Unternehmen komprimierte ich dicke Schulungshandbücher auf zehn Seiten, mit denen dann auch gearbeitet wurde. Mein Vorteil war, ich kannte die Praxis.

Lassen Sie sich nicht entmutigen

Es wird immer Einwände geben, da wir Menschen verschieden sind. Es gibt Menschen, die sind eher verstandesorientiert, und Menschen, bei denen ist die emotionale Seite stärker ausgeprägt. Wir nehmen auch ganz unterschiedlich wahr: durch Sehen, Hören, Anfassen und Spüren. Ich habe das Gefühl, dass es nicht wirklich bei mir ankommt, wenn mir jemand von einer Speisekarte vorliest, was es zu essen gibt. Lese ich es dagegen selbst, entsteht ein Bild im Kopf.

Lassen Sie sich nicht von Einwänden aus Ihrem Familien- und Freundeskreis verunsichern. Es kann gut sein, dass gerade Ihnen nahestehende Menschen Sie für verrückt erklären. Vielleicht hören Sie von Ihnen Sätze wie:»So kann man doch nicht leben, das ist doch leichtsinnig, das wird doch niemals funktionieren.«

Sie wünschen sich vielleicht nichts mehr, als Ihr eigenes Café zu eröffnen, aber Ihre beste Freundin rät Ihnen, es sich doch noch mal genau zu überlegen, denn schließlich gebe es schon so viele Cafés in dieser Gegend. Es gibt aber *Ihr Café* noch nicht. Oder Sie haben Ihr Projekt gestartet, und die Zahlen sehen nicht gut aus. Dann hören Sie bald besorgte Stimmen oder Sätze wie»Hab ich dir doch gleich gesagt«. Schauen Sie sich Ihr Vorhaben immer wieder klar und selbstkritisch an. Verbinden Sie sich mit den Zahlen genauso wie mit der Seele Ihres Vorhabens. Ich befürworte keinen blauäugigen Optimismus, sondern Vertrauen in Ihre eigenen Fähigkeiten und Visionen. Ich kenne es von mir selbst, dass mein tiefes Vertrauen für andere aussah wie Selbstruin. Ich war für sie wie von einem anderem Stern, und mein»Vertrauen« machte sie sogar wütend. Jetzt, ein paar Jahre später, freue ich mich auf jedes meiner Seminare meines vollen Seminarplans, und mache auch meinen Traum war, Seminare auf den Seychellen abzuhalten. Während meines Schreibens begleitetet mich mein Laptop-Hintergrund mit dem Strand von Mahe auf den Seychellen. Ein Platz, an dem die Seele frei werden kann.

Tun oder empfangen?

Effektivität heißt die richtigen Dinge tun. Effizienz heißt die Dinge richtig tun. Selbst wenn Sie ein perfekter Tapezierer sind, ist es wichtig, dass Ihre Leiter an der richtigen Wand steht. Wir müssen alle selbst lernen, wann es Zeit ist, den Impulsen in uns zuzuhören. Verpassen wir diesen Zeitpunkt, rennen wir vielleicht unnötig in eine Sackgasse. Menschen, die das Empfangen nicht gelernt haben, klettern viele Leitern in ihrem Leben hoch, doch oft an den falschen Wänden. Doch das ist kein Grund zum Kummer, denn auch daraus können wir lernen. Es ist kein Schritt umsonst. Der Wechsel zwischen Empfangen und Tun ist ein ständiger Fluss. Passivität ist auch eine Aktion. Es ist die Aktion, der Stille zu lauschen und zu sein. Es ist ein Zeichen von Kraft, sich zu zentrieren und Energie und Liebe aufzutanken.

Wenn Sie in die Führung Ihrer Seele gefunden haben und ihr zutiefst vertrauen, können Sie selbst ein Seelencoach sein: ein Mensch, der anderen den Weg zu ihrer Seele zeigen kann. Auch wenn Sie kein Bedürfnis haben, daraus einen Beruf zu machen, können Sie das in allem, was Sie tun, weitergeben. Es geht von Ihnen etwas aus, was andere Menschen spüren werden und was sie anzieht. Wird der Kontakt zu Ihrer Seele zu einem Normalzustand Ihres Lebens, sind Sie einzigartig und konkurrenzlos. Sie sind ein Standard, an dem sich andere Menschen orientieren können. Sie sind für sie eine Inspiration aus der Quelle der Einheit und Liebe.

Kürzlich begann ich an meinem Seminarplatz mit einer größeren Gruppe aus Teilnehmern von drei Seelencoach-Gruppen der vergangenen Jahre eine Intensiv-Ausbildungsreihe. Mit Worten lässt sich kaum beschreiben, wie unglaublich schnell darin ein tiefes Energiefeld voller Liebe und Vertrauen entstand. Es haben sich dort Menschen zusammengefunden, die in ihrem Alltagsleben eine noch tiefere Verbindung zu ihrer Seele erfahren wollen. Einige von ihnen arbeiten schon in therapeutischen Berufen, andere möchten die Verbindung zu ihrer Seele in ihrem Berufsumfeld mit einbringen, und wieder andere verspüren eine große Sehnsucht nach ihrer Berufung, mit Menschen zu arbeiten. Sie alle haben gelernt, ihre eigene Seele in den Fokus ihrer Aufmerksamkeit zu stellen, und sie möchten weiter lernen, auch die Seele ihres Gegenübers zu erkennen.

Mein Anliegen ist es in diesen weiterführenden Ausbildungen, die Teilnehmer noch tiefer »in die Stille« zu führen: durch absichtsloses Sitzen, Zen-Meditation und Energie-Übungen zur Erhöhung der Sensitivität, die den Geist ruhig werden lassen und die Energien zentrieren. In dieser größeren Gruppe gibt es auch einen Part »Theorie und Verantwortung«, denn es geht für die Teilnehmer nun darum, »selbst zu tun«. Sie beginnen, selbst Coachings und Aufstellungen zu leiten, wodurch ein eigener Erfahrungsschatz entsteht. Dieses Neuland wird mit der Zeit zum sicheren Boden.

Ein »Auswilderungsprozess«

In dem Dokumentarfilm *Christian der Löwe* aus dem Jahr 1971 wird ein junger Löwe, der in einem englischen Zoo geboren wurde, in Kenia ausgewildert, das heißt, ihm wurde die Freiheit wiedergegeben, nachdem er von Menschen großgezogen worden war. Wenn Sie den Film gesehen haben, können Sie sich an diesen Blick erinnern? Haben Sie den Ruf der Freiheit gehört?

Ich habe in meiner Praxis keine Seehundbabystation, aber ich habe hier so manchen Adler, dem der Flügel gebrochen war, so manchen Puma, der nichts von seiner Anmut und Kraft wusste, und so manchen Delfin, der gefangen war und das Spielen verlernt hatte. Ich möchte sie alle frei fliegen, jagen, spielen und schwimmen sehen.

Ich selbst bin früher auch einigen Lehrern begegnet, die nicht an meiner Freiheit interessiert waren. Eine Zeit lang hab ich dann – verstrickt und eingelullt – in einer Pseudowelt verbracht. Meine Seele ist so stark an Freiheit interessiert, dass sie mich geweckt hat. Auch das Leben selbst war ein Lehrmeister, der es mir nicht erlaubte, es mir an einem Ort zu gemütlich zu machen und wieder einzuschlafen.

Ich wusste, für mich ist es wichtig, Menschen offen und parallel zu ihrem Alltag zu begleiten und keine Abhängigkeit zu erzeugen. Dadurch, dass ich über so entscheidende Jahre einem Menschen nahe bin, entsteht ein untrennbares Band der Liebe, eine

Verbindung von Seele zu Seele. Gerade weil ich eine so tiefe Liebe zu den neugeborenen Seelengefährten fühle, kann ich sie freilassen. Erinnern Sie sich bei solch einer Auswilderungsszene in einem Tierfilm auch an die Blicke der Menschen, die ihre Schützlinge gehen lassen müssen? Sie sehen in ihren Augen Abschiedsschmerz, dass es ihnen nicht leicht fällt, diese Wesen, die Teil ihres Lebens geworden sind, loszulassen. Erkennen Sie, wie groß ihre Liebe sein muss, sie gehen zu lassen? In der Auswilderungsphase müssen sie allerdings ihre Schützlinge bestimmt auch härter rannehmen, um sie von der menschlichen Fürsorge zu entwöhnen, was ihnen sicher selbst fast das Herz bricht.

Auch ich gehe mit den alten Hasen im Seelencoaching-Prozess immer direkter und klarer um. In einer Gruppe ist das nicht immer einfach, da jeder Teilnehmer an seinem ganz eigenen Punkt der Entwicklung steht. Ich spüre sehr genau, wann ein Seelencoach-Baby mehr Zeit, Kraft und Geborgenheit braucht, weil es noch zu früh ist für die Wildnis des Lebens. Jeder darf gerne so lange bleiben, wie es für ihn stimmig ist. Durch mein gleichbleibendes Vertrauen in die Menschen sehe ich, wie eine Stärke in ihnen wächst. Dann kommen oft die Momente, in denen sie in all meinem Tun die Liebe wahrnehmen können. Sie spüren meine Liebe zur Freiheit, die ich ihnen schenken möchte, weil sie alles in sich haben. Und ich sehe die unendliche Dankbarkeit und Liebe in ihren Augen.

Kapitel 13

Mensch und Seele – in dieser Welt

*Wenn unser Leben eine Bestimmung hat,
inwieweit gibt es dann auch einen freien Willen?*

*Wie können wir Unternehmen ganzheitlich
erfüllender und erfolgreicher gestalten?*

*Wie können wir mit dem Wandel und dem
Chaos der Welt umgehen?*

Der freie Wille – Geschenk und Lernaufgabe

Ich habe mich oft gefragt, was auf unserem Seelenweg schon vorbestimmt ist und wie das zu unserem freien Willen passt. Wir, als Krone der Schöpfung, sind diejenigen, die Entscheidungen treffen, jeden Tag und letztlich auch in jeder Minute unseres Lebens. Doch häufig sind wir uns dessen gar nicht bewusst. Treffen wir bewusste Entscheidungen, wenden wir unseren freien Willen an. Wir wägen ab und hinterfragen alle Bedingungen, um dann zu einer Entscheidung zu gelangen. Doch auch in den vielen kleinen unbewussten Entscheidungen spricht unser Wille, und sei es nur der Wille zum Überleben, der instinktive Wille.

Dieser Willensanteil ist geprägt durch unsere Bedürfnisse, durch unsere Prägungen, durch unsere Persönlichkeitsstrukturen, durch alles, was unsere menschliche Persönlichkeit ausmacht. Menschen jammern:»Hätte ich wirklich einen ›freien Willen‹, würde ich so manches anders machen in meinem Leben.« Wenn Sie ein anderer Mensch wären, würden Sie so manches anders machen. Doch Sie sind immer der, der Sie aufgrund Ihrer Persönlichkeit sind. Sie stehen im ganz eigenen Erfahrungs- und Erkenntnisprozess. Sie tragen ganz eigene Glaubensmuster in sich, die Sie zu Ihren Entscheidungen bewegen, und hier ist die Antwort von Claudius, unserem Begleiter aus der geistigen Welt:

»Liebes Menschenkind, mach dir bewusst, du kannst in deinem Rahmen frei entscheiden, doch auch in der freien Entscheidung bist du aufgefordert, dich unter höhere Gesetzmäßigkeiten unterzuordnen. Doch dann hast du den freien Willen in dir, wie gehst du damit um, und was machst du damit?«

Erkennen Sie an, Ihr freier Wille dient nicht nur dazu, Dinge zu verändern, sondern auch, sie anzunehmen. Wir sind fähig, kreativ auf Impulse und Situationen zu reagieren. Doch häufig sind Menschen unfrei und nutzen die Kreativität nicht.

Wo beginnt der freie Wille?

Wir entscheiden uns, in dieses Leben einzutauchen, bei diesen Eltern, unter ganz bestimmten Bedingungen. Es ist der Wille der Seele in diesem Leben, bestimmte Erfahrungen zu durchlaufen. Wir werden geboren und stehen als Säugling in einer symbiotischen Beziehung zu unserer Mutter. Unser freier Wille ist lediglich darauf beschränkt, dass wir bestimmte Bedürfnisse erfüllen wollen. Wir brauchen Nahrung, wir brauchen Zuwendung, wir brauchen Schlaf und die liebevolle Anwesenheit eines Menschen. Doch je mehr wir unsere eigene Persönlichkeit entwickeln, umso stärker entwickeln wir auch diesen »freien Willen«, und wir beginnen ein »Ich« auszuprägen, das Ego. Nun, dieses Ego formt sich, und hier sind manche Eltern erstaunt, wie ausgeprägt der Wille eines Dreijährigen sein kann und wie vehement seine Erfüllung eingefordert wird.

Wir stehen immer auch in Reflektion zu unseren Eltern. Es kann sein, dass es unser Wille ist, zu spielen. Doch die Eltern zwingen uns, ins Bett zu gehen und zu schlafen. Dann ist der freie Wille da, doch wir können ihn nicht umsetzen. Hier durchleben wir bereits die ersten Erfahrungen, ob wir mit unserem Willen etwas anfangen können und wie wir mit unserer Frustration umgehen, wenn der Wille nicht erfüllt wird.

Jeder von uns ist einzigartig vom ersten Atemzug an. Selbstverständlich sind wir beeinflusst durch unsere Erziehung, die uns dient, um bestimmte Persönlichkeitsanteile und Charakterzüge zu entfalten. Wir kennen Menschen, die willensstark sind, die immer das tun, was sie wollen, die sich durchsetzen. Mitunter bezeichnen wir diese Menschen als Egoisten. Sie gehen ihren eigenen Weg, ohne Rücksicht auf andere. Und es gibt Menschen, die den eigenen Willen scheinbar völlig vergessen haben, die sich aufopfern für andere, die lediglich in einer passiven Haltung reagieren. Es gibt Menschen, die die Situation von außen betrachten und sagen:»Welch ein willenloser Mensch. Er macht sich zum Opfer seiner Umgebung, ist Spielball seiner Mitmenschen.« Beide Urteile hinken der Wahrheit hinterher, denn der freie Wille kann immer nur so frei sein, wie der Mensch frei ist.

Ist ein Mensch in sich nicht frei, ist der freie Wille nichts anderes als das Produkt der Prägung.

Auch jener Mensch, der scheinbar egoistisch seinen Weg geht, der immer weiß, was er will und seinen Willen umsetzt, trägt Ängste in sich. Er trägt die Angst in sich, sich nicht mit anderen auseinandersetzen zu können. Er glaubt, nur dann wertvoll zu sein, wenn er in Sicherheit ist, und in Sicherheit kann er nur dann sein, wenn er die Kontrolle besitzt. Die Kontrolle besitzt er nur dann, wenn er selbst am Schalthebel sitzt. Somit ist auch dieser Wille kein wahrhaft freier Wille, sondern er ist Ausdruck einer Lebensstrategie.

Ein Mensch, der sich anderen zur Verfügung stellt, der immer zur Stelle ist, wenn er gerufen wird, braucht einen starken Willen, bereit zu sein, sich für andere einzusetzen und sich selbst in den Hintergrund zu stellen. Auch dies kann eine Willensentscheidung sein.

Alles, was wir tun, hat immer eine Konsequenz. Nehmen wir eine größere Sichtweise ein, würden wir sehen, welche Auswirkung unser Wollen auf die Gemeinschaft hat und wie es damit auch auf uns selbst zurückwirkt. Dann würden wir andere Bewertungskriterien heranziehen, wenn wir Entscheidungen treffen. Könnten wir der Gedankenenergie folgen, die wir in das wissende Feld senden, würden wir sehen, wie sie all jenen Menschen zufließt, die damit in Resonanz gehen, und wie sie, wie ein Bumerang, zu uns zurückkommt. Wir könnten sehen, dass wir niemals nur Einzelwesen sind und damit unser freier Wille immer auch auf die Gemeinschaft wirkt, so wie auch wir beeinflusst sind von allen Informationen aus diesem gemeinschaftlichen Feld. Wenn wir also verstehen, dass wir diesen freien Willen haben, jedoch nicht einfach nur als Geschenk für uns, sondern dass es unsere Lernaufgabe ist, verstehen wir, welche Verantwortung mit dem freien Willen einhergeht. Tiere treffen auch Entscheidungen, jedoch instinktiv. Sie hinterfragen sie nicht. Ein Tier, das Hunger hat, geht auf die Jagd. Instinktiv weiß dieses Tier, wann es an der Zeit ist und wo es hingehen muss, um die Nahrung zu finden. Es braucht dazu keinen Routenplaner und keinen Zeitplan. Das Tier folgt dem Instinkt. Doch der menschliche Wille kann über das, was er denkt und macht, reflektieren. Er kann es immer wieder hinterfragen. Ein Mensch steht mit seinem freien Willen immer auch im Zwiegespräch mit seinem Gewissen. Ein Beispiel: Wir wollen an Gewicht verlieren, abnehmen und mehr Sport treiben. Nun, wie häufig erkennen wir, dass unser freier Wille uns in solchen Situationen nur bedingt hilft. Es gibt das, was unser Ego will, was wir glauben zu wollen, das, was unser Unbewusstes will, und das, was unser spirituelles wahres Selbst will. So haben wir schon drei verschiedene Willensfaktoren in uns und müssen untereinander abwägen, was wir damit machen. Wir stehen auch in der Verantwortung für die Konsequenz. Wenn wir also abnehmen wollen und unser Unbewusstes Halt, Zuwendung und Abgrenzung braucht und diesen Schutz nicht verlieren will, dann sind wir aufgefordert, uns mit unseren inneren Anteilen auseinanderzusetzen. Auch ein Mensch, der egoistisch den eigenen Weg geht, der scheinbar sehr willensstark ist, ist aufgefordert, sich mit seinen angstvollen inneren Anteilen auseinanderzusetzen.

Erkennen Sie, wenn Sie Ihren freien Willen annehmen, sind Sie Herr über Ihren Willen. Fragen Sie sich, wodurch er motiviert ist und wo er Sie hinführen möchte und zu welchem Preis. Lösen

Sie sich von Bewertungen, und nehmen Sie immer die Stimme Ihres Herzens mit hinzu. Dann entsteht aus dem Willen eine Absicht, eine Ausrichtung auf Ihren Weg. Damit sind Sie nicht Ihrem Willen unterworfen, sondern Sie benutzen ihn, so wie Sie eine andere Gabe auch gebrauchen. Frei sind wir mit unserem Willen erst dann, wenn wir gelernt haben, ihn bewusst einzusetzen.

»Mitfühlende Psychologie«

Die herkömmliche Psychologie oder Psychiatrie ist sehr mental. Sie funktioniert immer weniger, um Menschen mit Problemen wirklich zu helfen. Was ich sehe und spüre, sind Begrenzungen, da sie frühere Leben nicht mit in Betracht zieht. Als Reinkarnationstherapeutin weiß ich, dass sie dadurch auch nur einen begrenzten Blick auf die Vergangenheit eines Menschen und sein jetziges Leben hat. Die alte Psychologie kann die Seele nicht erfassen und nimmt sie fühlend und erlebbar nicht mit hinzu. So bleibt sie eng und begrenzt. Wenn psychologische Probleme im Verstand stecken bleiben, kommt kein ganzheitlich heilender Prozess in Gang.

Es ist nicht die Chemie, sondern die mitfühlende Haltung eines Menschen mit einem offenen Herzen, die einen Weg zeigen kann. Ich glaube, dass die wertfreie Haltung in der Aufstellungsarbeit das Tor für Heilung öffnet. Hätte ich die Einstellung »Ich bin okay und du nicht, weil du ein Problem hast«, würde ich mich über den anderen stellen und damit Heilung verhindern. Ich versuche nicht, zu reparieren oder zu verbessern, sondern ich schaffe Vertrauen und den Raum, dass ein Mensch sein Herz öffnen kann für die Verbindung zur eigenen Seele. Mitgefühl ist Liebe und Akzeptanz, und das ist die beste Medizin. Wenn wir von Herzen auch fachliche Kompetenz anerkennen, können wir mitfühlend für uns und jedes Wesen da sein.

Wie kann ich meine Seele wahrhaftig in die Gemeinschaft einbringen?

Ein jeder Mensch kann seine seelische Weite an seinem Arbeitsplatz einbringen. Die Ausbildung zum Seelencoach haben Menschen mit unterschiedlichsten Berufen gemacht, und nicht jeder eröffnet eine eigene Praxis. Sie bringen ihre Erfahrungen in ihr Alltagsleben und in ihr berufliches Umfeld ein. Zu den Teilnehmern an Seelencoaching-Gruppen gehören zum Beispiel Heilpraktikerinnen, Altenpflegerinnen, eine Ärztin, Arzthelferinnen, Menschen, die mit Massage arbeiten, Fußpflegerinnen, die auch Fußreflexzonenmassage machen, eine medizinische Übersetzerin, eine Naturfriseurin, eine Küchenplanerin, Mitarbeiter im Gaststättengewerbe und im öffentlichen Dienst, Mitarbeiter und Führungskräfte in Politik und Regierung und im Steuerbereich, Selbstständige im Handwerk, Büroangestellte, Lehrerinnen, Mitarbeiter in der Hotelbranche, Hausfrauen, Mütter, Businessfrauen und -männer, zum Beispiel mit eigener Beratungsfirma im PR-Bereich, Spezialisten in der Computerbranche, Geschäftsführer, ein Klangtherapeut, ein Chef im Fitnessbereich, ein innovativer kreativer Unternehmer in der Metallverarbeitung oder aber auch Menschen mit dem Beruf des Lebenskünstlers. In all diese Bereiche kann die Kraft ihrer Seelenarbeit hineinwirken: Man kann überall ein Seelencoach sein.

Pioniere des Wandels – neue Unternehmenskultur

Es gibt wunderbare Vorbilder, die mit ihrem Unternehmen neue Wege gehen, wie beispielsweise Bodo Janssen, ein junger Unternehmer, angenehm bodenständig und zugleich offen für das Leben. Vielleicht kennen Sie die traumhaft schönen Upstalsboom Hotels, die seine inneren Werte repräsentieren. Sie können sich dazu einen Film auf YouTube *Der Upstalsboom Weg* ansehen, der beim Cosmic Cine Festival 2014 Gewinner in der Kategorie Kurzfilm war. So lernen Sie Bodo Janssen kennen und verstehen meine Freude und Begeisterung. Er sieht Mitarbeiter in seinen Hotels als individuelle Menschen, achtet und wertschätzt sie. Ganz einfache Aussagen in dem Film berühren mich sehr, wie zum Beispiel, wenn man etwas verändern will in seinem Unternehmen, muss man bei sich selbst anfangen. Genau das tat er mit Meditation und innerem Wandel, nicht nur einer Veränderung seines Denkens. Er veränderte den Weg seines Unternehmens von der Ressourcenausnutzung zur Potenzialentfaltung der Mitarbeiter. Das ist Wertschöpfung durch Wertschätzung, sich und anderen gegenüber. Er ging mit Führungskräften und Mitarbeitern einen Weg des Innehaltens und Bewusstwerdens in Kloster-Retreats. In anderen Seminaren gingen sie der Frage nach, was sie erfüllt und wie sie dies mit Freude in ihre Arbeit einbringen und darin entfalten können.

Vor einigen Tagen hatte ich mit Bodo Janssen ein inspirierendes Gespräch über ganz verschiedene Dinge, die dennoch einen gemeinsamen Nenner haben. Ein Thema war zum Beispiel, wie man durch sein eigenes Leben Vorbild für seine Kinder sein kann. Da er meine Tochter kurz kennengelernt hatte, kamen wir darauf, wie viel Kinder so ganz nebenbei aufnehmen, wenn wir ihnen unsere Werte vorleben. Er erzählte mir auch von seinen Seminaren zum Thema Führung. Breit schmunzelnd berichtet er, wie überrascht die Teilnehmer jeweils sind, wenn er das Wort »Ziel« mit dem Wort »Sinn« ersetzt. Die Sinnsuche ist immer noch neu für viele Führungskräfte. Er zeigt ihnen dann, welch positive Wirkung und Ausstrahlung Sinnerfüllung in der Arbeit hat. Viele Menschen in Führungspositionen lieben und nutzen eher pragmatische Methoden, denn das gibt ihnen Sicherheit. Anstatt um Methoden geht es in Bodo Janssens Seminaren um das Fühlen, was Mitarbeiter brauchen und leben wollen.

Beide begleiten wir Menschen auf unsere Weise, zu mehr Selbsterkenntnis und besserer Wahrnehmung. Ich spüre, dass es ihm als erfolgreichem Unternehmer ebenso viel Freude bereitet wie mir, Menschen dort abzuholen, wo sie stehen, und zu ihren Potenzialen zu führen.

Er erzählte mir begeistert von seinem neuen Filmprojekt, einem Kurzfilm mit dem Titel *Vom Hamsterrad zur Freiheit*. Dieser Film fängt in Frankfurt an und zeigt die Plackerei in einer Tretmühle, die Enge und Überforderung im früheren Arbeitsleben, und er endet mit dem Bild von Bodo Janssen allein auf einem Segelboot auf hoher See. Es vermittelt ein Gefühl von Weite, Einssein und Freiheit.

Wachstum und Erfolg entstehen durch die Balance von männlicher und weiblicher Kraft. Eine sehr prägende Erfahrung aus meiner früheren Seminarzeit in Unternehmen war die Erkenntnis, dass beide Kräfte notwendig sind. Ich beobachtete in den verschiedensten Unternehmen den weiblichen und den männlichen Part. Für mich ist ein Unternehmen ein Wesen, das etwas gebären will. Es möchte etwas in diese Welt bringen. Es ist ein lebendiger Organismus, dessen Kind, zum Beispiel ein Projekt, ein bestimmtes Produkt oder eine Aufgabe ist. Um dieses Projekt in die Welt zu bringen, braucht es die weibliche und die männliche Energie. Ich habe Firmen kennengelernt, in denen zwei Frauen das Sagen hatten. Ein Unternehmen davon war etwas ganz Besonderes und super erfolgreich. Eine der beiden Chefinnen war ganz klar, hatte geniale analytische Fähigkeiten und war unbestechlich ausgerichtet. Die andere Frau war sehr sensitiv, wagemutig, offen, sehr kreativ und voller kopfloser Hingabe an den Moment. Ich wusste und verstand, dass der Erfolg ihrer Firma das Ergebnis von beiden war. Sie waren zwei geschäftliche Partnerinnen, die sich anerkannten und nicht infrage stellten. Die eine schüttelte zwar regelmäßig den Kopf über die andere, doch wahrscheinlich wussten sie, dass es so sein musste, wie es war. Keine sagte, dass das andere Vorgehen, das sie nicht so verstand, weniger wichtig sei. Es ist nicht bedeutsam, ob es zwei Frauen sind, zwei Männer, ein Mann und eine Frau oder eine Einzelperson. Es geht darum, beide Qualitäten einzubeziehen. Ich kenne diese Erfahrung auch von einem langjährigen Freund, der mit einem Partner sehr erfolgreich im Seminarbereich ist. Er ist der klare, analytische, strukturierte Part, der letztendlich Ergebnisse bringt. Sein Kollege bringt den weichen, eher weiblichen Part ein. Chaotisch und sehr kommunikativ holt er mit offenem Herzen die Geschäftspartner auf der menschlichen Ebene ab. Er öffnet die Türen, damit Ergebnisse überhaupt erst möglich sind. Die beiden sind seit 30 Jahren in den obersten Vorstandsetagen unterwegs und haben noch nicht einmal eine Website. Dieser Freund von mir reist schon sein Leben lang abseits vom Tourismus mit wenig Geld durch die Welt, lebt ganz einfach ohne unnötigen Luxus, zahlt viel Steuern und spendet jedes Jahr enorme Summen. Ich weiß, er ist glücklich.

Ein Unternehmen, für das ich lange selbstständig gearbeitet habe, hat mich das Gegenteil gelehrt. Super erfolgreich kam es in den Prozess der technischen Entwicklung. Es gab immer bessere Computer und Systeme. Lange Zeit regelte eine liebevolle Mitarbeiterin alle Abläufe im Büro. Sie war unsere Mama, sie war Seelsorgerin und Ansprechpartner für alle Mitarbeiter und deren Probleme. Sie hatte dieses Tochterunternehmen eines großen Unternehmens von Anfang an begleitet, über zehn Jahre hatte sie es mit aufgebaut und für Wachstum gesorgt. Ich kannte sie als Vorbild, Führungskraft, Mitarbeiterin und Herz des Unternehmens. Sie war damals Ende 50 und wollte sich nicht recht mit den neuen Computerdingen anfreunden.

Da ich immer an der Schnittstelle zwischen Vorständen und Geschäftsleitung einerseits und Führungskräften und Mitarbeitern andererseits stand, hatte ich beide Seiten im Blick. Doch schien es manchmal keine Brücke zwischen beiden zu geben. Ich bekam mit, dass unsere Unternehmens-Mama auf der Abschussliste stand. Es war für mich unvorstellbar, dass sie nicht mehr da sein sollte. Die Unternehmensleitung war der Meinung, sie bringt keine Zahlen mehr. Ich konnte es nicht fassen. Darum ging es doch schon lange nicht mehr, es ging um sie als Mensch. Ich sprach damals mit einigen der einflussreichen Personen und erklärte ihnen meine Sicht. Es war leider aussichtslos, und ich fand kein Verständnis. Ich fühlte, dass dies dem Unternehmen sehr schaden würde, und gab dieser Firma vielleicht noch drei Jahre. Das sprach ich auch laut aus. Ich machte mir dadurch keine Freunde, doch ich war selbstständig tätig. Nach knapp zwei Jahren war diese Firma pleite. Sie hatte zwar hervorragende Produkte zur richtigen Zeit und tolle Leute. Doch dieses Unternehmen hatte seine Seele rausgeworfen. Dadurch, dass die »Mama« des Unternehmens hatte gehen müssen, war es nicht mehr beseelt und verlor eine Seite der Kraft – die weibliche Seite.

Unternehmen werden immer mehr die Erfahrung machen, dass beide Kräfte für den Erfolg notwendig sind. Soll etwas in diese Welt geboren werden, braucht es die männliche und die weibliche Energie. Jedes Projekt braucht beide Nahrungsquellen, genauso wie Himmel und Erde. Laden wir den Himmel ein, ist unsere Aufgabe oder unser Produkt beseelt. Es ist voller Licht, Liebe und wahrer Inspiration. Soll es wachsen, braucht es die Verbindung zur Erde. Unsere Erde ist ein Wesen, das uns liebt und trägt. Sie schenkt uns einen Körper und allen Dingen eine Form. Mit tiefen Wurzeln im Zentrum der Erde wird all das, was wir zum Ausdruck bringen möchten, sichtbar, greifbar und erfolgreich werden. Ich freue mich auf die Zeit, wenn Kreativität und Seelsorge einen Platz in den Businessplänen bekommen und ihr Wert auch finanziell gewürdigt wird. Jedes Unternehmen, das diese Bereiche einbezieht, wird erfolgreich und gesund wachsen und die Menschen bereichern und erfüllen. Es wird zum neuen Standard, es wird ein Vorbild werden.

Bewusstes Leben in einer sich rapide wandelnden Welt

Mit unglaublichem Tempo ist die Veränderung in unserer Welt in vollem Gange. Es ist nicht abzusehen, in welche Richtung manch ein Prozess sich bewegt. Immer wieder werden Statistiken veröffentlicht, die Alarmsignale aufzeigen, und mutige Menschen erheben ihre Stimme, um darauf aufmerksam zu machen.

Eine Studie des Einzelhandels besagt, dass 20 Prozent der Geschäfte innerhalb von fünf Jahren nicht mehr da sein werden. Bummeln durch kleine Gassen, individuelle Lädchen und Fachgeschäfte seit Generationen wird es immer weniger geben. Der Kauf im Internet und in Großmärkten hat Konsequenzen. Diese Entwicklung wird eine Armutswelle nach sich ziehen. Uns muss klar sein, wenn wir zu wenig bezahlen, dann geht das auf Kosten der Qualität und der Menschen, die es hergestellt haben, denn sie bekommen zu wenig Geld für ihre Produkte und ihre Arbeitskraft. Oft werden Billigprodukte auch unter unmenschlichen Bedingungen und nicht ökologisch hergestellt. Es fehlt die Würdigung, dass unser reiches Leben in Wohlstand nur auf Kosten anderer möglich ist. Bezahlen wir zu viel, heißt dies aber nicht automatisch, dass es an die Menschen geht, die die Ware geschaffen haben, sondern Einzelne verdienen daran besonders gut.

Auch im gesellschaftlichen Bereich ist ein bewusstes Leben heilsam für uns selbst und andere, denn es gibt so viele Menschen auf der Welt, die ebenso wie unsere Mutter Erde Liebe brauchen. Auf dem Zukunftsgipfel in Berlin wurde die Vereinsamung der Menschen als Problem kommender Generationen benannt, gerade in den Städten. Es fehlen den Menschen reale soziale Kontakte. Jugendliche streicheln ihr Handy – man nennt es den »Tamagotchieeffekt«. WhatsApp verarbeitet 50 Milliarden Nachrichten pro Tag und kann Menschen über den Planeten hinweg verbinden, wie das Internet auch. Es kann uns aber auch von der realen Wirklichkeit distanzieren.

Das »Und« in der Welt

Die Welt, in der wir leben, ist gekennzeichnet von Spaltung und einem immer größer werdenden Spagat. Es gibt heutzutage unglaubliche innovative Technologien, und es ist erstaunlich, was Menschen schaffen können, doch gleichzeitig werden noch 90 Prozent der Landwirtschaft und der Landschaftspflege auf der Welt per Handarbeit erledigt. Wir können heute weltweit spontan per Mail und Telefon in Kontakt treten, und gleichzeitig gibt es 300 000 Transportschiffe auf den Weltmeeren, die 90 Prozent der Waren des Welthandels befördern.

Wenn ich in die Welt schaue, nehme ich Schönheit wahr. Als Malerin sage ich oft:»Oh wie schön, das muss ich malen.« Mir ist bewusst, dass dahinter – auch ohne dass sich gerade eine Katastrophe ereignet – der Ausdruck der Welt das Chaos ist. Blicken wir nur als Mensch auf die Welt, fühlt sie sich chaotisch und unvorhersehbar an. Wir Menschen versuchen ständig, die Welt zu verstehen und das Chaos einzuordnen. Weil die Menschen den Sinn des Lebens nicht mehr fühlen, suchen sie ihn überall, vor allem in Beziehungen und materiellen Dingen. Sie wollen nur weg vom Chaos und sehnen sich nach Kontrolle und Sicherheit.

Doch das Chaos können wir nicht beherrschen, denn wir sind ein Teil davon. Das Chaos beinhaltet ungeahnte Energie. Wenn wir es schaffen, uns dem Chaos zu öffnen und uns fallen zu lassen, bekommen wir Zugang zu diesem gewaltigen Energiepotenzial. Dann sind wir im Einklang mit dem Chaos, und der wahre Spaß beginnt. Haben Sie schon einmal von der Theorie gehört, dass der Flügelschlag eines Schmetterlings im Amazonas einen Gletscherfluss in Grönland auslösen kann?

Dieses bekannte Statement stammt aus der Chaosforschung und bestätigt die Vernetzung des Ganzen. Wetterforscher haben mit riesigen Computern experimentelle Simulationen der Wetterentwicklung durchgeführt. Sie wollten herausfinden, welche Auswirkungen es auf das globale Wetter hat, wenn sie immer kleinere Impulse in das System eingeben. Obwohl die Impulse schließlich kaum mehr messbar waren, hatten sie immer noch einen enormen Einfluss auf das Wettergeschehen, das sich vollkommen veränderte: Auch bei der Größenordnung eines Schmetterlings-Flügelschlags veränderte sich das Ganze.

Es hat also doch einen Sinn, etwas zu tun, auch wenn es uns noch so klein und unscheinbar anmutet. Es verändert etwas im Ganzen. Ihre Motivation und Ihr Handeln bedeuten und bewirken also etwas in der irdischen Welt und darüber hinaus.

FALLBEISPIEL: »EINHEIT UND VIELFALT«

Ich möchte eine Aufstellung von Maria beschreiben, da ich schon viele Menschen erlebt habe, die fragend, weinend, wütend und verzweifelt vor diesem Thema standen. Es ist ähnlich wie das Thema »Himmel und Hölle«, das den Menschen bisweilen wie eine undurchdringliche Wand erscheint.

Maria, noch ganz jung, kommt immer mit dem Flugzeug aus Madrid zu meinen Seelencoaching-Gruppen. Sie arbeitet bei der Regierung und macht derzeit den Master für politische Wissenschaften. Ich fühle und auch sie fühlt, dass es ihre Bestimmung und Berufung ist, Liebe zu geben, ein Kanal für Liebe zu sein, Liebe fließen zu lassen. Ihre Lebensaufgabe ist also, die Einheit zu finden und in allem zu erkennen.

Sie wollte eine Aufstellung machen, weil sie ihren Wert nur vom Kopf her kannte, aber nicht wirklich fühlen konnte. Obwohl sie die Liebe für das Ganze in sich spüren konnte, vermochte sie ihren eigenen Wert darin nicht zu fühlen. Ein weiterer Punkt war die Bewusstmachung ihrer inneren Wertehierarchie. Zuvor hatten wir uns zwei Tage lang mit unseren bewussten und unbewussten Werten beschäftigt. Der höchste Wert für Maria war Frieden. Ich spürte sofort, dass dieser Wert durch ein »Weg von« motiviert war: nur weg von Disharmonie und Unfrieden.

So begann ich die Aufstellung mit Maria und stellte ihr gegenüber einen Stellvertreter für Unfrieden und Disharmonie. Zwischen beiden war ein großer Abstand, und sie nahm ihre Arme sofort zum Schutz vor die Brust und ihre Hände vors Gesicht. Ich gab ihr etwas Zeit, diese Situation zu fühlen, und mit sanften Worten lösten sich auch die verkrampften Arme. Doch ich wollte ihr die Situation, in der sie stand, noch deutlicher sichtbar und fühlbar machen.

Halbblind stellte ich Maria einen Stellvertreter für den Himmel gegenüber, und mit Abstand einen Stellvertreter für die Erde neben den Unfrieden. Total ablehnend und weinend reagierte sie auf den Himmel, ohne zu wissen, was da stand. Sie wollte nur weg.

Ohne zu wissen, dass ich auch die Erde hinzugenommen hatte, sagte sie zu dem Stellvertreter, was er repräsentiere sei realer, fester, greifbarer. Schließlich stellte ich noch einen Stellvertreter für ihren eigenen Wert neben den Himmel.

So konnte sie auf den Konflikt in ihrem Inneren schauen. Auf der einen Seite die reale Welt, mit ihr aber auch Unfrieden, und auf der anderen Seite der Himmel und ihr eigener Wert. Es ist ihr wirklicher Wert, den sie nur spüren kann, wenn sie sich ihrer Seele öffnet. Er ist ewig und unzerstörbar. Er hat keine Form und ist nicht abhängig von irdischen Erfolgen oder der Wertschätzung durch andere Menschen. Erst wenn wir das Ganze gefunden haben und das Ganze uns durchströmt, können wir wirklich ein Individuum, ein Ganzes, sein.

Maria schaute auf diesen riesigen Ozean wie ein Tropfen, der Angst hat, sich darin zu verlieren. Was hat ein Tropfen für einen Wert? Wie viele Tropfen gibt es allein schon in einer Welle? Loszulassen und sich in den Ozean fallen zu lassen ist wie untergehen und sein »Ich« zu verlieren. Ich sagte Maria, wenn ihr »Ich« den Ozean nicht fühlt, ist es ein isoliertes »Ich« – einsam, klein, nicht echt und nicht ganz.

Durch ihr großes Vertrauen zu mir konnte die Energie meiner Worte in sie hineinfließen. Diese Energie, die jetzt von außen zu ihr kam, berührte ihre eigene Weisheit und öffnete bei Maria wieder das Tor zum Fühlen, das sie vor langer Zeit einmal verschlossen hatte, um sich zu schützen. Doch jetzt wollte sie sich wieder selbst fühlen, ihren Wert fühlen, überhaupt wieder fühlen. Was das heißt, machte ich ihr noch einmal deutlich. Es heißt, »alles« fühlen. Es heißt, wie ein offenes Haus zu sein, durch das der Wind weht.

Ich gab ihr das Bild eines Strandes mit: Sie sei der Strand und die Wellen die Gefühle. Es kommt eine Gefühlswelle, wie Traurigkeit oder Wut, und schon ist sie wieder weg. Sie, der Strand, ist immer noch da. Und wieder eine Welle, oh, Enttäuschung, wie schlimm, und schon ist sie wieder zurück im Meer. Und wieder eine Welle, was für ein Prachtstück, Freude, Jubel … und nein, bitte bleib, doch schon ist auch sie wieder vereint mit dem Meer. Anstatt ihr nachzuschauen, bleibt der Strand offen für die nächste Welle. Maria, bleibe verbunden mit dem lebendigen Energie-Ozean und lass ihn durch dich fließen.

Maria verstand immer mehr, dass ihr Leben in der Welt ein ständiger Spiegel für sie sein wird und für den Wert, den sie sich gibt. Sie erkannte, dass das Formlose hinter den realen Dingen der eigentliche Wert ist. Zum Ende ihrer Aufstellung stand sie im Kreis mit allen Anteilen und war bereit, eine Verbindung einzugehen. Sie war tief berührt von der Einheit hinter allen Dingen. Auch der Unfrieden hatte seinen Platz. Maria machte Frieden in sich.

Es gäbe noch viel mehr Aufstellungsbeispiele, in denen sich Menschen nach dem Himmel sehnen und vor der Erde flüchten. Die Erde steht oft außen vor, sie wird bewertet, verurteilt und als Gefahr gefürchtet. Beides ist eine Sackgasse, da es keine Trennung, nur unterschiedliche Ebenen gibt. Es gibt das Formlose und die Form. Es geht darum, in der Vielfalt die Einheit zu erkennen.

Fühl-Übung: »Liebe ist …«

Diese Übung kann immer neu aus dem Jetzt entstehen. Sie können sie überall machen, laut oder still. Sie können sie machen, während Sie im Zug sitzen oder zu Hause durch Ihre Wohnung schlendern. Wenn Sie möchten, folgen Sie diesem ersten Teil und machen dann ganz frei für sich weiter. Lassen Sie die Liebe fließen, und lassen Sie sich von der Liebe erfüllen.

Ich liebe die Straße, den Abend, die Luft, das Essen heute, unser Gespräch, ich liebe dein Lachen, ich liebe meine Arbeit, ich liebe euch, ich liebe meine Fragen, meine Ohnmacht, meine Irrwege, ich liebe nichts, das Nichts, ich liebe mein Atmen in diesem Moment, den Spaß der Kids einer Freundin, ich liebe Antworten, die in mir aufsteigen, und ich liebe das Knistern des Holzes im

Ofen. Ich liebe diese weiche Wolle meines Pullis, ich liebe die Teetasse, an der ich gerade meine Hand wärme, und ich liebe das zarte Muster auf dem Porzellan. Ich liebe, was ich nicht sehen kann und was dennoch diese Räume erfüllt. Ich liebe es, zu fühlen, ich liebe auch, was nicht zu verstehen ist. Ich liebe es, abends ins Bett zu gehen. Ich liebe meine Hand, ich liebe diese Bewegung, die sie gerade macht. Ich liebe meine achtsamen Schritte zur Küche, ich liebe dich, Baum vor meinem Fenster, ich liebe meine Vergangenheit, die Resignation und meine Art, wieder aufzustehen und weiterzugehen. Ich liebe roten Wein, ich liebe die Stille, die Form von meinem Schuh, diesen wundervollen Schatten an der Wand, ich liebe dieses Lied und was es in mir auslöst, ich liebe die Dankbarkeit in mir, es hören zu können. Ich liebe das Warum, die Ungewissheit, ich liebe das Leben, ich liebe das Leben mit dem Wissen, dass an anderen Plätzen auf der Welt Menschen einen anderen Moment erleben. Ich liebe, wie sich die Liebe ausdehnt, durch mich strömt und weiterfließt. Sie fließt weiter und berührt. Ich liebe, ich liebe, ich liebe …

Es gibt nur ein ewiges Leben, einmal hier und einmal woanders. Wir alle sind nur ein gemeinsames ständiges Leben. Und die Liebe, sie ist die ganze Zeit über interessiert daran, alles noch Ungeliebte mit einzuschließen.

Danke, dass ich da sein kann.

Seelencoach sein im Alltag

Wie könnte eine Prüfung für die Ausbildung zum Seelencoach aussehen? Für mich konnte es keine bessere Aufgabe geben, als nach neun Monaten »neu geboren« mit der eigenen Seele in Kontakt zu gehen und ihr zuzuhören. Es ist immer ein ganz besonderer Tag. Die Teilnehmer der Seelencoaching-Gruppe sind furchtbar aufgeregt und spüren das unglaublich starke Energiefeld. Jeder von ihnen hat ein Kissen, stellvertretend für die eigene Seele. Sie können ganz verschieden mit ihr in Kontakt gehen. Sie können sich auf das Kissen setzen und fühlen, sie können das Kissen betrachten und aufnehmen, was kommt, oder sie nehmen das Kissen liebevoll an ihr Herz oder legen es sich auf den Bauch. Es breitet sich eine tiefe Stille aus. Göttliche Stille, berührende Stille. Alles ist da. Es gibt keine direkte Frage, es geht nur darum, offen zu sein, um Impulse zu empfangen.

Es zeigt sich, wie stark das Vertrauen in der Gruppe gewachsen ist. Nach unendlicher Stille, ohne jede Zeitvorgabe, bekommen alle die Aufgabe, einen Brief mit den Botschaften und Antworten ihrer Seele zu schreiben. Was gibt es zu tun? Was ist der nächste Schritt? In diesem offenen Raum male ich für jeden Teilnehmer eine Energiekarte. Es ist eine »Healing card«.

Zur Abschlussrunde bekomme ich die Seelenbriefe mit Namen und lese sie, ohne die Namen zu nennen, vor. Da ich weiß, von wem der jeweilige Brief ist, kann ich, natürlich ohne den Teilnehmer oder die Teilnehmerin anzuschauen, ein ganz individuelles Feedback geben. Ich habe diese liebevollen und dankbaren Briefe persönlich von meinen Seelengefährten bekommen, doch es liegt mir am Herzen, einige Erfahrungen mit ihrer Seele weiterzugeben.

Zitate aus Seelencoach-Briefen

»Ich bleibe in meiner Göttlichkeit, in Vertrauen, in der Liebe zu mir und zu allem, in der Leichtigkeit, in der Dankbarkeit, in der Gegenwart.«

»Hab Vertrauen, ich bin immer da. Du bist nie allein – ich bin da. Halt inne! Bleib ganz bei dir, suche nicht im Außen, alles ist in dir. Genieße jeden Augenblick. Das Glück liegt in jedem Atemzug,

in einem kurzen Blickkontakt, im Lachen eines Kindes, in einer Melodie. Hab keine Angst vor deiner Stärke, dir wird nichts geschehen. In tiefer Liebe bin ich bei dir.
Deine Seele«

»Zwischen Himmel und Erde. Ich bin hergekommen, um hier zu bleiben. Zwischen Schmerz und Verzweiflung gibt es Licht. Das Licht hat mich geweckt und verbunden. Lebe auf dieser Welt. Lebe die Tiefe des Lebens. Es gibt keine Grenzen. Das Licht in dir wird sich ausbreiten in der Welt, so kann es die Herzen der Menschen erreichen, die es brauchen, sodass sie zurückfinden können. Jetzt beginnt es. Das Licht ist gekommen in alle Ecken, du hast die bedingungslose Liebe akzeptiert, wir sind eins.«

»Reich mir deine Hände, ich gehe den Rest des Weges an deiner Seite. Ich bin da, wenn wir an einer Kreuzung stehen, ich stehe zu jeder deiner Entscheidungen. Es gibt kein Richtig und kein Falsch. Ich werde dich niemals verurteilen. Wir beide gehen den Weg mit Leichtigkeit und voller Liebe. Dein Herz wird dich führen und dir wundervolle Menschen schicken, die uns begleiten. Wir gehen den Weg in Verbundenheit, in der Dankbarkeit. Auch wenn du stolperst und mich vergisst, werde ich bei dir sein. Meine Liebe wird dich tragen, dich auffangen und niemals loslassen. Wir gehen unseren Weg in unserem Tempo, Herzschlag für Herzschlag. Ich umhülle dich mit allumfassender Liebe. Freude, Lachen sind unsere Wegweiser, Dankbarkeit und Verbundenheit unsere Rastplätze. Wir gehen den Weg, du und ich, vertrau mir. Ich bin du, und du bist ich. Wir sind mit allem verbunden. Es freut sich sehr Deine Seele.«

»Ich bin bewusst in meine Seele gefallen. Sie zeigt mir, wie groß sie ist. Mit ihr brauche ich keine Angst zu haben. Sie verlässt mich nie. Ich kann mich abwenden. Mit ihr spüre ich Vertrauen, Liebe,

Leichtigkeit und Mut. Ich kenne noch ganz viele Facetten von ihr nicht, und ich freue mich, sie mehr kennenzulernen, um sie in die Welt zu tragen. Ich möchte Werkzeug meiner Seele sein. Sie weiß, was zu tun ist, wo mir der Kopf manchmal ein Bein stellt. Die Seele zeigt mir den Weg zur bedingungslosen Liebe, den ich gerne gehen will. Gemeinsam sind wir ein starkes Team auf Mutter Erde.«

»Ich komme mir vor, als hätte ich eine lange Reise mit vielen schmerzhaften Erfahrungen gemacht, dankbar und still im Nachklang. Ich spüre die Liebe zu Gott in mir und bin versöhnt mit allem Erlebten. Ich spüre einen Neubeginn, eine Erntezeit. Eine Reife, die jetzt mit Behutsamkeit, Achtsamkeit und unendlicher Liebe die zweite Hälfte meines Lebens in sich ausbreiten möchte. Wo immer mein Weg mich hinführt, ich liebe ihn jetzt schon! Ich freue mich, ich vertraue, es ist wundervoll ... Danke!«

»Innehalten, tief durchatmen und Gefühle noch mehr zulassen. Ich werde diesen Dingen dankbar entgegentreten und sie dankbar annehmen. Jegliche Gefühle, die in mir aufkommen, sind ein Geschenk, mir und meiner Seele näher zu kommen! Wir zusammen sind groß, stark und voller Leben! In uns steckt unendliche Liebe, die geteilt werden möchte. Es wird gute Tage geben, und es werden schlechtere Tage kommen. Dank meiner Seele werde ich die schlechteren Tage besser aufnehmen und den besseren Tagen noch ein bisschen mehr Licht geben. Die Meditation wird mir helfen, mir noch näher zu kommen und offen zu sein für alle Möglichkeiten, die Tag für Tag neu in mein Leben treten. Lerne, noch mehr zu vertrauen. Lerne, dass alles, was geschieht, nicht ohne Grund passiert. Es ist ein Geschenk, hier sein zu dürfen. Werde täglich bewusster, was für ein Geschenk das Leben ist.«

»Ich habe meine Seele gefragt, was es für mich jetzt zu tun gibt. Und sie sagt: Ich soll geduldig sein. Ich soll so lange nichts tun und einfach nur aufmerksam, präsent sowie offen sein, bis ich einen klaren Impuls bekomme, meine Situation aktiv zu verändern. Ich soll vertrauen, dass ich immer zum richtigen Zeitpunkt am richtigen Ort bin und die mir am dienlichsten Aufgaben gestellt bekomme, die für mein Wachstum nötig sind! Ich soll auch, wenn es sich für mich zuspitzt, nicht in Panik und Aktionismus verfallen. Anstelle dessen einfach mein Herz noch weiter öffnen und heilen, indem ich zulasse, was mir und durch mich geschieht.«

»Es ist schön, meine Hände auf das Seelenkissen legen zu dürfen. Es fühlt sich warm, weich, ruhig, geborgen und sanft an. Ich muss mit meinen Händen nichts tun, sie dürfen einfach nur auf ihm ruhen. Ich fühle mich im Einklang mit ihm. Ich nehme es mir zu Herzen. Überall will Liebe hinströmen.«

»Ich gehe den Weg der Glückseligkeit! Ich bin die Quelle meines Lebens. Ich schöpfe jeden Augenblick meines Lebens und stehe in Verbindung mit meiner Seele. Es ist alles in vollkommener Ordnung. Alles fließt in meinem Leben, und ich kann in Liebe und Vertrauen annehmen. Alles ist möglich. Unendlicher Dank!«

»Das Leben ist wie eine Perlenkette. Die unterschiedlichen Erfahrungen, Erkenntnisse und Gefühle sind die einzelnen Perlen, die sich zu einer einzigartigen Kette zusammenfügen. Dabei ist jede Perle von einer ganz eigenen Farbe, Form, Struktur und Oberfläche. Es sind Edelsteine, Halbedelsteine und ganz einfache Steine dabei. Alles fügt sich zu einer wunderbaren Einheit zusammen. Es sind raue und glatte Steine dabei, eckige und runde, die sogar Farben haben wie Bananenblau, Grasrot und Kirschgelb. Jetzt ist es aber wichtig, dass du dir die Kette umlegst und damit hinausgehst und sie der Welt zeigst. Es wäre schade, wenn du die Kette nur in deiner Wohnung von einem Ort zum anderen legst und die Steine polierst, um sie nur allein anzuschauen. Öffne die Tür, trit nach draußen mit der Pracht deiner Kette. Du wirst vielen Perlenkettenträgern begegnen und feststellen, wie unterschiedlich sie alle sind. Du wirst sehen, wie besonders jeder Einzelne ist und wie sie alle doch aus dem gleichen Urelement geformt sind.«

»Die Botschaft meiner liebevollen, prächtigen Seele! Klarheit in der Ausdrucksform. Habe großes Vertrauen in dein höheres Selbst. Integriere die Heilarbeit immer mehr. Gehe immer wieder in die Verbindung, entdecke dich selbst, und liebe dich mit Hochachtung. Danke an meine Seele, dass du in meinem Körper wohnst. In tiefer Dankbarkeit bin ich froh, so eine tolle Seele zu haben.«

»Mit meiner Seele Hand in Hand durchs Leben gehen. Mich mit ihr erfahren, in meiner wunderbaren Weiblichkeit und Schönheit offen zu sein. Den Mut haben, mich zu zeigen. Gesehen zu werden und zu sehen. Leben, lieben, tanzen, fühlen, mich fühlen, uns fühlen. Mir selbst zu erlauben, Leichtigkeit.«

»Ich fühle mich eins mit meiner Seele, spüre Wärme, Liebe und Klarheit. Erlaube dir, glücklich zu sein. Schaue nach deinem Wohlbefinden. Alles andere kommt von allein. Vertraue auf dein Wissen und deinen Plan. Alles fließt, ist da.
Ich liebe … Starkes Gefühl der Selbstliebe, bleibe dir treu.«

»Meine Seele ist ein Herz. Das war sie schon immer, bloß hatte ich verlernt, vergessen, sie so zu sehen. Mein Weg ist es, Menschen zu helfen, in meinem Beruf wie auch im Privaten. Ich möchte mich aber nicht mehr selbst verlassen und ausgenutzt fühlen. Ich möchte mehr Ruhephasen, um meine Seele zu hören und Energie zu tanken! Mein liebes Leben, ich danke dir, unter anderem für diesen steinigen Weg, der mich wieder zu dem gemacht hat, der ich sein soll, es aber vor langer Zeit vergessen hatte.«

»Ich fühle mit vollem und vor Freude singendem, tanzendem Herzen die innige, liebevolle Verbindung mit meiner Seele. Diese wundervolle, sanfte, göttliche Kraft, die mich durchstrahlt, einhüllt und trägt, meine geliebte Seele, der ich mich voll und ganz anvertraue und mich führen lasse. Wundervolle Dinge werden geschehen. Der Wandel ist da. Wir gehen in Liebe, mit Sanftheit, Klarheit und Heilung zu gebrochenen Herzen. Wir bringen Frieden, Kraft, Licht, Herzensfreude. Wir bauen Brücken ins Licht. In Liebe und Freude. Danke.«

»Mein Leben war geprägt von Unsicherheit, Starrheit des Herzens und der Gefühle. Doch dann kam die Öffnung des Herzens und dann der Gefühle. Nun bin ich in der Heilung. Das alles zu erleben und zu durchleben hat mein Leben in den neun Monaten verändert. Ich habe dieses Geschenk angenommen. Die geistige Welt hat mich getragen, geführt und gehalten. Sie lässt mich die göttliche Liebe spüren, jeden Tag, jede Nacht, jede Stunde, Minute und Sekunde. Ich bin ich, für immer und alle Zeiten. Meine Seele ist mein Zuhause, da bin ich angekommen. Ich sage zu allen Menschen, zu meinem Seelenkreis »Danke« und Licht und Liebe. Eines Tages kehre ich in die geistige Welt zurück, der Quelle allen Seins, nach Hause. Meine Erkenntnis ist – Ich will leben – so ist es.«

»Ich bin bei dir, was immer du auch machst oder was geschieht. Spüre Dankbarkeit für deine Erdung und auch für den Himmel und für unser weites Universum. Vertraue deinem Gespür und deiner Liebe zu allem, was dir begegnet. Freude, Trauer, Licht, Schatten – es braucht alles, um eins zu sein.«

Nachwort von Claudius

Wir grüßen die Leser dieses Buches, die sich als Menschen auf den Weg gemacht haben, um ihr Seelenpotenzial bewusst wahrzunehmen und aus dieser bewussten Erkenntnis heraus ihr Leben zu gestalten. Der Mensch ist ein wundervolles Lebewesen. Der Mensch ist fähig, zu denken und zu fühlen und zu hinterfragen. Der Mensch ist das einzige Geschöpf auf dieser Erde, das fähig ist zu fragen:»Was ist der Sinn dieser Schöpfung? Weshalb bin ich hier, und was bedeutet für mich die Begegnung mit meinem Nächsten; was bedeutet für mich die Begegnung mit der Erde, den Pflanzen und Tieren? Wo liegt meine Verantwortung?« Ein bewusstes Leben zeichnet sich dadurch aus, dass ihr immer wieder diese Fragen stellt, dass ihr erkennt, dass ihr so viel mehr seid, als Menschen, die sich ernähren, geboren werden und irgendwann wieder sterben und sich dazwischen schöpferisch ausdrücken. Ihr seid Menschen, weil ihr Geist und Seele seid, weil ihr geistige Wesen seid, die sich entschieden haben, im Menschsein das göttliche Bewusstsein auszudrücken, in all seinen Facetten. Ihr habt euch entschieden, Mensch zu werden, um zu lieben und um zu leiden, um alle Qualitäten spüren zu können. Und ihr habt euch entschieden, Mensch zu werden, um zu erfahren, welche Widerspiegelung ich im Außen entdecke, wenn ich in der Angst, in der Wut oder in der Freude stehe. Was zeigt mir mein Leben? Wie kann ich mich selbst auf kreative Weise immer wieder neu erschaffen, immer wieder neu ausdrücken? Dieses Leben ist eine Abenteuerreise, und wir drücken dies mit all unserer Hochachtung aus, die wir für euch fühlen, die ihr euch auf den Weg gemacht habt, diese abenteuerliche Reise zu unternehmen. Und es ist ein Geschenk für euch und für alle, wenn ihr erkennt, dass ihr in euch dieses wundervolle göttliche Potenzial tragt und dass ihr vertrauen könnt, dass es euch niemals verloren geht – dass es euch sicher den Weg weist, durch Höhen und Tiefen hindurch, nicht nur eine Tür. Wir erweitern unser Sein für mehr Freiheit und Wahlmöglichkeiten im Einklang mit unserer Bestimmung.

Kapitel 6 »Beseelter Schmetterling« | 140 x 120 cm / Öl auf Leinwand
Wie ein Hauch, sacht, leise, sanft, belebt Geist-Seele den Körper. Ein Bild ist auch Musik. So wie Musik einen Raum mit Energie und Schwingung erfüllt, spricht ein Bild mit einer Frequenz, die wir als Stimmung wahrnehmen. Es streichelt uns, wenn wir nur kurz einen Blick erhaschen, im Vorbeigehen. Betrachten wir die Form mit offenem Herzen, fühlen wir die Essenz.

Kapitel 7 »Lichtschale« | 100 x 100 cm / Öl auf Leinwand
Das Liebesspiel zwischen Himmel und Erde tanzt in jeder unserer Zellen. Es ist ein ständiges Empfangen und Geben. Geist und Materie durchströmen sich stets und ständig. Das ist die wahre Feier des Lebens.

Kapitel 8 »Meisterschaft (Diamant)« | 100 x 70 cm / Öl auf Leinwand
Es ist ein Tun und ein Nicht-Tun. Wie können wir Verantwortung für den Weg unserer Seele übernehmen? Indem wir entscheiden (Tun), still zu werden (Nicht-Tun). Erlauben ist »Tun« – einfach sitzen ist »Nicht-Tun«. Meditation ist lauschen, auf das hören, was man nicht hören kann. Sie ist ein Weg, aus dem Denkkarussell auszusteigen, und führt zu Gewahrsein und Präsenz. Egal, wie jung oder alt, schon ein paar stille Minuten am Tag verändern Ihr Leben.

Kapitel 9 »Kreativität« | Energiebild / Acryl auf Malkarton
Die beste Medizin für Burn-out, Überforderung und Ausgebranntsein ist Zugang zu finden zur unendlichen Fülle. Erst wenn wir erfüllt sind von der Quelle allen Lebens, kann echte Fülle weiterfließen zu unseren Liebsten. Sie wird unsere Schale vor Liebe überfließen lassen zu allen Menschen und weiter bis zum kleinsten Piepmatz … So werden wir selbst zur Quelle.

Kapitel 10 »Das Seelenbild der reinen Liebe« | 150 x 220 cm / Öl auf Leinwand
Der Geist der bedingungslosen Liebe, die sich verströmt und verschenkt.

Kapitel 11 »Seelenbild – Ich bin« | 70 x 100 cm / Öl auf Leinwand
Ich existiere. Ich existiere ewig. Ein Seelenbild für Weite, seine Potenziale leben und sein Nest in Himmel und Erde haben. In den Geist eintauchen und sich hier auf der Erde zu Hause zu fühlen, weil das Zuhause in einem selbst ist.

Kapitel 12 »Mut, sich zu zeigen« | 100 x 70 cm / Öl auf Leinwand
Symbolisch zeigt dieses Bild, wie schüchtern und zaghaft Menschen zu Beginn wagen, sich authentisch in der Welt zu zeigen. Dabei strahlt ihre Schönheit schon, und sie breiten ihre Flügel aus. Sie sind durch den Wandlungsprozess von der Raupe zum Schmetterling gegangen. Sie haben schon alles erlebt und erfahren, was die Symbole der verschiedensten Kulturen in dem Schmetterlingsflügel zeigen. Der kraftvolle Baum steht für ihre tiefen Wurzeln und die Verbindung zum Licht. Vor was sollen sie sich denn noch fürchten? Vor nichts mehr.

Kapitel 13 »Blume des Lebens« | 100 x 100 cm / Öl auf Leinwand
Erkennen und fühlen Sie Ihren inneren Diamanten?
Erst durch das Annehmen aller Facetten Ihres Selbst entsteht ein wunderschönes Ganzes. Ein Individuum ist ganz, und ganz sein bedeutet heil sein. Sie sind ein Schöpfer, der sich zum Schmuckstück macht. Das ist wahre Meisterschaft. Sie sind dann so klar, dass das göttliche Licht durchscheinen kann. Sie sind so im Reinen, das Sie Schönheit reflektieren.

Bild zum Nachwort »Die eigene Fülle–Quelle« | 100 x 100 cm / Öl auf Leinwand
Ein Licht, ein Leben, was in uns allen lebt. Unbeschreiblich schön in seiner Vielfalt, seiner Form und in seinem Ausdruck. Wie absurd, zu überlegen, wer das schönste Licht in sich trägt. Es in sich zu fühlen heißt »Du als Tropfen findest den Ozean«.

Quellenangabe:
Die Texte über Kommunikation, Sucht, Vertrauen, freier Wille sind von dem Geistwesen Claudius inspiriert, übermittelt durch das Medium Susanne Sonnenschein.